《德稻知识资本丛书》出版工作
委　员　会

总顾问：李卓智

总策划：夏　军

执行策划：韩　毅　巫　睿

出版统筹：鲁艳芳

组稿委员会成员：姜奕峰　乔颖异　史雪峰

　　　　　　　　　　金　璐　韩国艳　柳　媛

本书责任编辑：梁　欣

DE TAO 德
GROUP 稻

德稻知识资本丛书

价值总览报告运动
含义、势头、动因和重要性

THE INTEGRATED REPORTING MOVEMENT
MEANING, MOMENTUM, MOTIVES, AND MATERIALITY

［美］艾博思
［美］迈克尔·P. 克鲁斯 ／著　　王彦博 ／译
［美］悉妮·里沃特

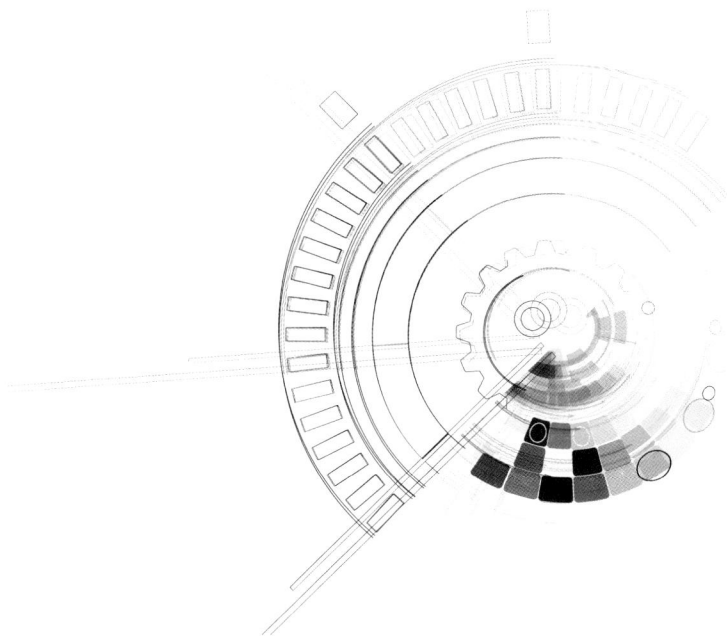

人民东方出版传媒
东方出版社

中文版序一

由衷祝贺德稻可持续发展战略大师艾博思教授（Prof. Robert Eccles）的新书中文版出版！这本书是教授关于价值总览报告的第二本书，与第一本相比，这本书更加详细地阐释了价值总览报告的理论、方法、具体实践和国际案例。本书中文版的出版，对中国企业进一步学习、了解和应用价值总览报告，推进企业信息披露和商业的全面可持续发展，从而全面增强中国企业走出去的国际竞争力和公信力，乃至在全球范围内树立一种优秀的中国商业模式，有着极为重要的意义。

价值总览报告即 Integrated Reporting，简称为 IR，国内和国际上也用综合报告、整合报告等作为其中文名，它涵盖财务、公司治理、环境、社会责任、未来发展前景等信息，比传统意义上的财务报告，和现在流行的可持续发展报告或企业社会责任报告（CSR）要更进一步。除了传统意义上的财务表现，价值总览报告更深入地关注企业无形资产和隐形成本，并评价这些资本对公司发展短期、中期和长期的影响。其核心价值为资本的提供者和其他重大利益攸关者披露公司是如何创造可持续价值和规避风险，以及它对"四大资本：金融资本、自然资本、制造资本、人力资本"的影响，帮助投资者作出更理智全面的决策。因此，我们认为价值总览报告这一中文命名更能直观体现 IR 通过对企业财务和非财务信息的披露，为企业打造创造价值的故事的精髓。

价值总览报告的先行者毫无疑问是丹麦，它要求大型公司将财务信息与非财务信息整合到一起。其中最有代表性的是总部位于丹麦首都哥本哈根的制药公司诺和诺德公司（Novo Nordisk），该公司是世界领先的糖尿病护理公司，是丹麦首家发布环境报告的企业，2004 年改名为"年度报告"。自 2004 年以来，诺和诺德将其环境与社会表现（包括水和能源消耗、减少废弃物、员工离职率、管理团队的多样性、新的专利申请和慈善捐款等信息）整合入其年度财务年报中，即融合财务信息与非财务信息的价值总览报告。诺和诺德公司认为实现财务的盈利不是企业的唯一目标，他们将可持续发展视为推动创新的一种方式，同时发现，与利益相关者互动有助于抓住商业机会以及避免麻烦。诺和诺德 2007 年位列道琼斯可持续发展指数医药行业榜首，2012 年被《Corporate Knights》评选为"全球最可持续发展公司 100 强"第一位，2013 年以市值计算位列世界最有价值的百家公司之一。我们从诺和诺德公司十几年如一日对价值总览报告的坚持上，看到了其在提高可持续发展能力、规避风险、打造企业品牌上所做的不懈努力。企业发展需要兼顾非财务指标才能为公司股东和其他重要利益相关者带来长期利益。

李克强总理 2015 年初说："中国经济发展进入新常态，精神面貌要有新状态。"本书中文版的出版是在十三五规划出台的前夕，习总书记提出，十三五是全面建设小康社会的关键时期，是深化改革开放、加快转变经济发展方式的攻坚时期。这一任务政府不应独自承担，中国企业界也负有重要责任。要实现新面貌，需要新思路和新工具，价值总览报告正是有利工具，是未来体现和加强"新面貌"的重要方式。

　　通过价值总览报告的披露，公司将更好地应对"新常态"，响应政府号召，提高自身的抗风险能力，同时也使企业认识到保护环境、投资自然资本和对社会福祉的贡献同样重要。这些信息不仅对政府，也对重要利益相关者，如投资者、客户和员工同样重要。价值总览报告可以体现公司的品牌和数据，特别是对于上市公司而言，可以增加企业本身的价值，规避风险，从而提高企业未来的总体价值；对于上市公司的管理体系而言，价值总览报告将为其长远发展打造声誉；对于上市公司的投资者而言，编写价值总览报告可以使投资者发现企业的现有价值和未来价值，对其评估企业的价值有很大帮助。当然，价值总览报告对于中国的环境治理也非常重要，如果与污染有关的企业都有披露环境、社会信息的要求，每家企业都定性定量地在非财务报告中公布其对自然资本的投资和对环境的保护，那么中国的环境问题将会有根本性的转变！

　　德稻集团在近十年内由一家传统的地产金融公司，逐步转型成为从事创新教育和创新行业的知识型企业。我们以"汇聚世界大师、采集全球智慧、培育行业精英、助力企业发展"为理念，汇聚了全球近500位各大支柱产业中的领军大师。2015年2月，德稻集团在上海举办了"未来新经济可持续发展模式"国际闭门峰会，同时也成立了由艾博思教授领衔的德稻可持续发展战略智库，简称为DSSC。DSSC作为一家民间智库，致力于帮助中国企业发展价值总览报告，帮助企业创造价值、规避风险，同时把可持续发展作为一个行业具体落实到企业和社会并产生价值。2015年DSSC、中国可持续发展工商理事、普华永道正在大力推进价值总览报告项目，旨在建立中国价值总览报告的各类企业的标准和评估体系。今后，我们希望通过价值总览报告的推广，使中国企业的路能够越走越宽，让它们在投资时不仅考虑模式也注重综合价值的实现。这样，不仅企业能成功，市场、社会和环境都会受益，这才是真正的可持续发展和繁荣。我们相信，如果我们的企业采用了价值总览报告，企业将会为股东创造更大的效益，享受可持续发展的利益。

最后，再次祝贺艾博思教授新书中文版的出版！希望以本书为契机，价值总览报告能够在中国掀起商业可持续发展的创新风暴！

李卓智

（德稻投资开发集团创始人、董事局主席）

中文版序二

可持续发展新阶段的宣言和指导

"企业财务信息和非财务信息的结合、披露和使用方式，关系企业能否立于不败之地。"

全球可持续发展正在进入新的阶段。如果说第一阶段是可持续发展理念的形成和扩展，第二阶段是可持续发展战略的制定和初步实施，那么第三阶段就是可持续发展机制形成的新阶段。一些国际组织、企业和国家正在努力建章立制，出现了可持续发展的制度化趋势。在这一关节点，艾博思和迈克尔·P.克鲁斯的著作《价值总览报告运动：含义、势头、动因和重要性》的英文版和中文版陆续出版，可以说是应时而生，意义深远。

本书的重要意义首先在于，从评估机制的角度第一次对可持续发展的新阶段进行了系统说明，把它概括为"价值总览报告"的一种"运动"，揭示了该运动的本质是围绕"价值总览报告"机制所形成的社会化趋势，指出了这一运动的目标是"可持续发展社会的建设"。作者历数了 2010 年以来国际价值总览报告委员会（IIRC）、可持续会计准则委员会（SASB）和企业可持续发展报告联盟（CSRC）的成立、全球报告倡议组织（GRI）公布的《G4 可持续发展报告指南》、气候披露标准委员会（CDSB）修订的《报告框架》、IIRC 发布的《国际〈IR〉框架》和联合国支持发起的"可持续证券交易倡议"（SSE），强调了该"社会运动"的重要性。作者作为这一新阶段的倡导者宣称："正如财务报告对今日资本市场的形成起到了关键作用一样，在可持续发展报告的支持下，价值总览报告也能够有助于建设我们明日所需的资本市场和社会。"可以说，这是可持续发展新阶段的宣言书。

本书的另一重要意义是方法论层面的。本书在第五章和第六章集中说明了价值总览报告的机制如何在企业层面上得以形成。第五章重点研究了重要性，它以董事会的年度《显著受众与重要性声明》体现出来，实际是价值目标体系及其形成；第六章讨论公司如何通过"重要性矩阵"将重要性原则付诸实践，"说明了如何使用'可持续价值矩阵'，将《声明》转变为管理决定。公司通过发布《声明》，向金融资本提供者和其他利益相关者阐明目标；而'可持续价值矩阵'则在公司报告、利益相关者参与、资源投入以及创新机会等方面，为管理层提供指引。"这样，重要性矩阵向可持续价值矩阵转变，企业能够更精确清晰地制定可持续发展战略。笔者认为，本书在这一意义上也是可持续发展阶段的指导书。本书的主要作者艾博思作为哈佛商学院的著名教授和国际上价值总览报告的权威专家，对本书的学术内涵和理论贡献了然在胸，书中读者们可以读到这样的判断："若要说本书在观念上有什么独树一帜的创新，那就在第五章和第六章。"

本书的出版对于中国还有特殊的重要意义。笔者在与艾博思教授合写的一篇论文（《中国可持续发展新评估体系的战略构想》，《中国科学院院刊》2004 年第 4 期）中指出："当前中国的可持续发展面临三大挑战：一是经济增长的可持续和经济转型的后续动力不足，二是某些资源环境负载达到极限状态；三是某些关系国民健康和权利的产品和相关主体行为挑战法律和道德底线。这三个方面都要求确立包含经济绩效指数、环境绩效指数和社会责任评估指数的新评估体系，覆盖国家、区域、企业三个层面的行为主体，以实现经济、环境和社会责任的综合评估。"论文在提出可持续新评估体系构成的具体建议时，强调以价值总览报告为基础的评估，是新评估体系战略在企业层面的具体体现："价值总览报告的使用方式对于现代企业发展至关重要。企业财务信息和非财务信息的结合、披露和使用方式，直接影响企业的生命周期和发展潜力，关系企业能否立于不败之地"。中国企业尤其大型企业应率先行动。

最后，笔者也想指出，本书主要作者艾博思教授不但是价值总览报告的倡导者、指导者，也是活动于前沿的实践者。他不仅是国际价值总览报告委员会成员和可持续会计准则委员会的第一任主席，而且最近荣任了 Arabesque Group（总部设在伦敦、研究中心在法兰克福的 ESG 责任量化基金）的非执行董事长。在《价值总览报告运动：含义、势头、动因和重要性》中，我们既可以读到南非在国家层面上支持价值总览报告的案例分析，也可以看到对 124 份公司价值总览报告的分析和世界 500 强公司报告网站的评估，尤其是如何利用信息技术推动价值总览报告的具体思路，还有关于确保运动成功的四点建议。这一切都富有实践价值。可以相信，这些对于价值总览报告的广泛推进，尤其对于其作为国际标准的形成将发挥重要作用。

段培君

（中央党校战略学首席专家、战略哲学创始教授
哈佛大学高级研究员、国际管理科学院研究员）

序　言

真正的领袖，不仅志在带领人们前往未知的成功之地，而且胸怀明确的征程计划。

对向往将公司带上经济、环境和社会可持续发展之路的我们来说，"价值总览报告"正是计划中关键的一环。

艾博思和迈克尔·克鲁斯的著作《价值总览报告运动》之所以如此重要，是因为今日之领袖，可借力于此书的论证，推动运动的发展。

可持续发展不只是大势所趋，不只是公关动因，也不只是"理应如此"。可持续发展关乎经济增长和改革创新，关乎赢得争夺人才和市场的鏖战。可持续发展即是认识到，当今，公众对公司宗旨、价值观和全球影响的关注，毫不亚于对其产品、包装和价格的关注。价值总览报告是高瞻远瞩的理念，其提供的方法，能够催生新的公司战略、模式、文化和思维，推动商业乃至世界可持续发展。

作为 SAP 公司的首席执行官，我为能够身先士卒，倡导艾博思和克鲁斯详尽阐述并积极支持的运动而深感自豪。SAP 是一家跨国技术公司，共有 66000 位员工，超过 260000 家客户。在从孤立的可持续发展战略，走向制定全公司可持续发展战略（与孤立战略大为不同）的过程中，我们开始将财务和非财务绩效呈示于统一报告。这一大胆的转型，让我们实现了下述目标：

第一，提升透明度，加强责任承担。这也是如今客户、股东、合伙人越来越强烈的要求。

第二，更全面地落实 SAP 的核心愿景，即造福世界，改善生活。同时，也通过确保对气候变化等重大议题的切实处理，让 SAP 更好地履行作为全球性公司的责任。

第三，更统筹兼顾的公司陈述。

第四，更好地适应另一大新兴趋势，即对简约的追求。

在今天，特别是对首席执行官来说，"复杂"是最棘手的问题之一。这于我已是老生常谈。公司无论大小都深受其扰。希望更深入理解公司营运的需求，让人应接不暇。与此同时，由于信息数据极速增加、沟通渠道多管齐下、管理层级错综复杂、技术架构杂乱无序，公司营运之复杂也变得前所未见。对简约化的渴望，由此而生。

就可持续发展来说，应该作何抉择是明确的：将财务和非财务报告整合在一起，能减少重复、提高效率，击退复杂化的侵袭。在当前的经济环境下，少可以胜多。

价值总览报告还可促成新的竞争优势。在纷繁变化的世界中，能为其客户指明方向的，只有公司自身。先行采用价值总览报告的公司，相比那些忽视甚至抵制价值总览报告运动的公司，就会处在为客户服务的优越位置。在 SAP，我们将借由价值总览报告习得的经验与信息技术的力量结合，从而协助我们的客户追踪能源消耗和温室气体排放（同 SAP 一样，覆盖整个公司、平均到每位员工），并着手将数据与公司收益和利润率挂钩。

如此，可持续发展就不再停留在报告的纸面；而更让人振奋的是，如此一来，经济、环境和社会事务便联系在一起。这其中的机遇，或许能创造弥足珍贵的价值。公司领导层如今面临的挑战，不仅是要经营得当，还是要通过对各领域事务如何相互影响的理解，推动改革创新。

在 SAP，我们相信社会投资，如志愿活动、经济援助、技术捐赠等，尤其在新兴市场，能够改善员工的参与和效率，增强吸引新客户的能力。举例来说，我们相信，通过利用可再生能源、精简员工差旅，从而减少我们的碳足迹，不仅有助于环境保护，还能够改善公司员工的健康水平、提升 SAP 作为雇主的吸引力、增进客户的忠诚度。同时，随着对供应商提出该等要求的公司日趋增多，也能为 SAP 带来丰厚的收益。

展望未来，价值总览报告运动必将在创新的驱动下加速发展。随着云计算、数据分析、内存技术的兴起，公司对数据的追踪、评估、比较和分享将变得更为便捷，价值总览报告也将更易于推广和执行。当然，卓越的公司总是会先于形势而变。

我向来认为，只有设立打破成规的目标，才能有打破纪录的成果。打破成规，正是可持续发展的重中之重。作为商界领袖，我们的作为将载入史册，而我们的功过，将取决于对他人的影响和为后世留下的成果。因此，在阅读本书时，请您抚躬自问，从业绩、员工、公司乃至我们共同的世界出发，深思这本重要著作的意义。

比尔·麦克德莫特（Bill McDermott）

（SAP 首席执行官）

前　言

　　自我们第一本关于价值总览报告的著作《统一报告：为可持续发展战略作价值总览报告》[①]（*One Report：Integrated Reporting for a Sustainable Strategy*）出版已过去四年。在这期间，价值总览报告领域取得了许多振奋人心的新进展。2010 年，国际价值总览报告委员会（IIRC）成立；2011 年，可持续会计准则委员会（SASB）成立。2013 年，全球报告倡议组织（GRI）公布了《G4 可持续发展报告指南》（G4 Guidelines）；同年，气候披露标准委员会（CDSB）修订了《报告框架》（Reporting Framework），并宣布《报告框架》范畴将扩展至包括其他自然资源；IIRC 发布了《国际〈IR〉框架》（The International <IR> Framework）。其他重要事件还有 2009 年由联合国支持发起的"可持续证券交易倡议"（SSE），以及 2011 年由英杰华投资公司（Aviva Investors）赞助成立的企业可持续发展报告联盟（CSRC）。

　　基于上述及许多其他原因，我们认为，回顾价值总览报告运动的时机已经成熟。经慎重考虑，我们使用了"运动"这一术语来描述价值总览报告的现状。这场运动的成员包括公司、投资者、支持机构和倡议，以及为编制价值总览报告提供产品和服务的公司。除南非外，

---

　　① 中译本名：《统一报告：企业可持续发展战略整合报告体系》。

尚没有国家行使监管干预支持价值总览报告。如今对价值总览报告的采用，大部分是由社会运动促成的。所涉组织和个人视价值总览报告为必不可少但绝不构成充分条件的机制，能够帮助公司制定更可持续的战略、让投资者作出更为长期的投资决定，从而共同支持可持续发展社会的建设。正如财务报告对今日资本市场的形成起到了关键作用一样，在可持续发展报告的支持下，价值总览报告也能有助于建设我们明日所需的资本市场和社会。

本书第一章是对价值总览报告在南非兴起的专题研究。价值总览报告运动的成员都很清楚南非的牵头作用。以"要么加以采用，要么解释原因"为基础作出规定的，南非是各国里的第一个，也是迄今为止唯一一个。读者可以在这一章中进一步了解其背后的完整故事。

第二章到第四章考察了价值总览报告运动的现状。虽然这些章节中的主题对价值总览报告的支持者来说是耳熟能详的，但我们是从一场运动的视角，在书中对此作了审视。第二章提出了价值总览报告含义演进的四个阶段。这四个阶段相互重合，从公司试验阶段，到早期评注阶段，再到编集成典阶段，最后是新近开始的建章立制阶段。第三章从采用、促因和意识三个角度，审视了价值总览报告运动的势头。第四章则分析了运动中不同行动者的动因。

第五章重点研究重要性。在价值总览报告乃至一般的财务报告里，重要性都是一个关键而又难以捉摸的概念。第六章讨论公司如何通过"重要性矩阵"，将重要性原则付诸实践。若要说本书在观念上有什么创新的话，那就在第五章和第六章。我们在第五章中，介绍了董事会的年度《显著受众与重要性声明》（简称《声明》）；在第六章中，说明了如何使用"可持续价值矩阵"（简称"SVM"），将《声明》转变为管理决定。公司通过发布《声明》，向金融资本提供者和其他利益相关者阐明目标；而 SVM 则在公司报告、利益相关者参与、资源投入以及创新机会等方面，为管理层提供指引。

在第七章，我们对 124 份公司自行声明的价值总览报告作了仔细分析，从而评估了在《国际〈IR〉框架》发布之前价值总览报告的质量。在第八章，我们运用同样的方法评估了世界 500 强公司的报告网站。这两章的内容为第九章打下了基础。在第九章，我们讨论了信息技术对价值总览报告的作用，还讨论了利用信息技术推动价值总览报告的思路。我们认为，价值总览报告运动需要更充分意识到信息技术的重要作用，而第九章的目的就是要让对话围绕这一主题展开。

在最后一章，我们就如何确保运动的成功提出了四点建议。第一点建议，是关于国际价值总览报告委员会在价值总览报告的质量认证上能起到的作用。第二点建议，讲的是怎样才能以最优方式利用市场和监管的力量，促进价值总览报告的采用。最后两点建议集中讨论机构和组织，阐述了会计师事务所和专业会计师协会所起的作用，并强调各大非政府组织（碳信息披露项目、全球报告倡议组织、可持续会计准则委员会等）需要通力合作，支持价值总览报告运动。

若问在 2014 年 5 月本书付印之际，我们对价值总览报告运动持何态度，我们的回答是：谨慎乐观。话虽如此，未来毕竟并非注定，而是尚待人为。我们将继续全力以赴，为价值总览报告运动勉竭绵薄；也鼓励所有关心可持续发展社会建设的同人，与我们共同努力。

艾博思（Robert G. Eccles）

迈克尔·P. 克鲁斯（Michael P. Krzus）

C目录《《
Contents

第一章

南 非

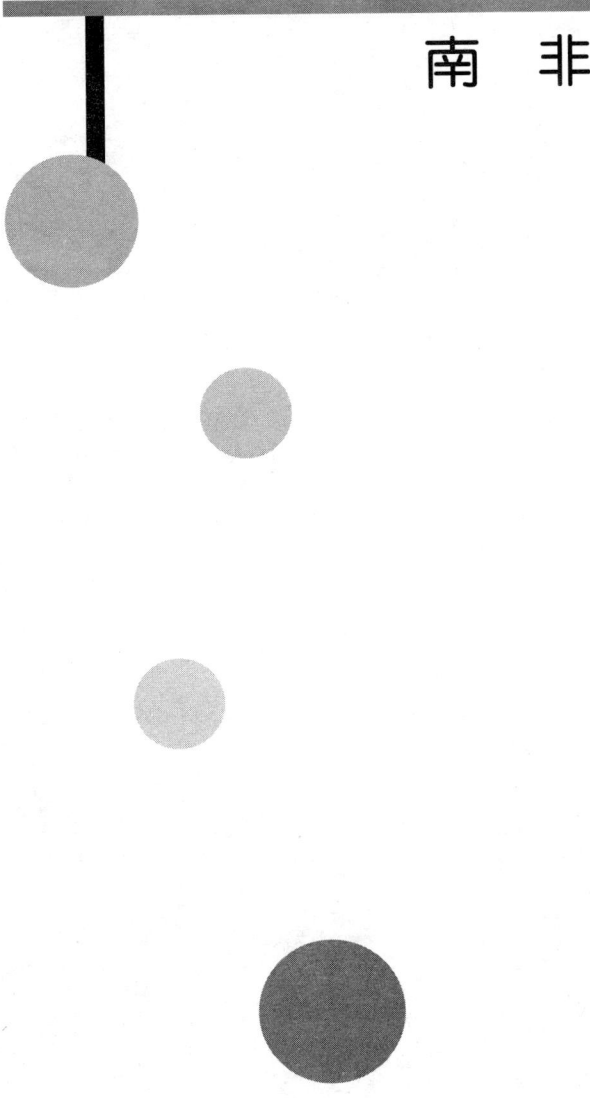

从 2011 年开始，南非规定对价值总览报告"要么加以采用，要么解释原因"（apply or explain）。[1]截至 2014 年，南非仍是唯一一作如此规定的国家。自约翰内斯堡证券交易所（JSE）将遵循《金氏报告与规则（第三版）》（即 King III，简称《金氏（第三版）》，2011 年起将开展价值总览报告纳入其中）列为上市要求以来，约有 450 家[2]南非公司递交了报告，且其中都列报了有用的财务与非财务信息[3]。虽然各种有关可持续发展报告和价值总览报告的提案已在欧盟国家得到递交[4]，且世界交易所联盟（World Federation of Exchanges）2014 年讨论议程上的一项倡议[5]将要求某种形式的非财务报告[6]，但迄今为止，没有迹象显示任何其他国家会像南非这样，实施这一影响深远的要求。

对公司治理与报告议题不大熟稔的人，得知首个对价值总览报告作出普遍规定的国家是南非时，常会感到惊讶。事实上，在 20 年的时间内，该国的公司治理规则从位居落后跃升至国际前沿。将会开启南非价值总览报告征程的治理准则于 1994 年推出，彼时适逢南非首次进行多种族选举。这些治理准则将利益相关者包容性（即非股东的利益和预期在作战略决策时应予以考虑）这一价值观编集入典，以此见证了南非作为新兴民主国家，在提高机构与公司透明度、打击以往腐败风气方面所作的努力。考察价值总览报告在南非对公司、投资者和整个国家的意义，必须以南非公司治理准则的演进为背景；而价值总览报告运动在南非的势头，也比其他任何地方更为强劲。因此，我们将评述起推动作用的关键个人与团体动因为何，并在最后对该国取得的成果作出评估。

一、南非的独特之处

南非与众不同的情况催生了一个疑问，即该国采用价值总览报告的决定，在全球范围内对价值总览报告的发展产生了多大推力？有人可能觉得，一个具有争议历史的、中等大小的国家（2012 年南非人口约 5100 万[7]）采用价值总览报告，对世界上其他地方价值总览报告运动的前景，很难说有什么影响。发达国家不大可能出于相同的原因而改进公司治理。

一般认为，价值总览报告能增进信任，降低通过合资、收购进入或直接打入外国市场的难度。然而，其他发展中国家可能也会有效果类似的激励措施，以吸引外国投资者，并培养本国大公司成为国际舞台上可信的一员。[8]在动荡年代，价值总览报告可能有助于树立一国政府及其经济体系的合法地位，但这绝不表明价值总览报告总是能如此奏效。在政府和商界合法地位较为稳固的国家，尤其在考虑到其成本和风险之后，公营和私营部门都可能认为价值总览报告带来的效益较少。

不过，虽然南非的独特情况可能促使该国最先采用了价值总览报告，但正如默文·E. 金（Mervyn Eldred King）和利·罗伯茨（Leigh Roberts）这两位南非的作者在《整合：21 世纪的经商方式》（*Integrate：Doing Business in the 21st Century*）[9]中所言，在世界各地，将价值总览报告推上议程的根本动力是一致的。默文·E. 金对南非公司治理规则的发展具有核心作用。如今，作为国际价值总览报告委员会（IIRC）

主席，他也是全球价值总览报告的中坚人物。利·罗伯茨是南非价值总览报告委员会（IRCSA）和IIRC技术特别小组的成员，也密切参与了南非价值总览报告运动的发展。他们两位视"价值总览报告"为不断变化的商业环境中，公司管理的四样工具之一；在这其中，最为重要的是"价值总览思维"，其他两样分别是"利益相关者关系"和"良好公司治理"。我们将在下一章"含义"中，详细讨论价值总览报告和价值总览思维之间的关系。

虽然金氏与罗伯茨的分析暗示价值总览报告在别处同在南非一样重要，如何最好地促进价值总览报告的采用却仍然不甚明了。两位作者的四样工具，就像他们提出的、正在改变投资者环境的五种力量[10]一样，虽然影响力因地而异，但对全世界公司都能发挥作用。[11]他们所识别的公司报告十一大问题同样如此。[12]悬而未决的实际问题，则事关范围和战略：是应像别国那样把重点主要放在改进公司报告本身，还是应像南非那样将价值总览报告置于如公司治理规则这样的大背景之下？如何结合好市场力量和监管力量？鉴于南非的战略以"要么加以采用，要么解释原因"为基础，约翰内斯堡证券交易所又起到核心作用，故而可称之为"软性监管"，这与以证监会为支撑的、纯命令式的"硬性监管"是形成反差的。关于这些问题，我们将在最后一章进行讨论。接下来，我们将呈示南非的独特经历，在这个唯一义务采用价值总览报告的案例中寻求启发。

二、南非价值总览报告的征途

1990 年，南非共和国走出了 42 年种族隔离的阴影，前路未卜。由白人控制的国民党当局开始着手谈判，废除种族隔离制度。自 1948 年以来，当局利用该制度，以黑人多数的利益为代价，实行白人至上主义和布尔人少数统治。[13]科萨族律师、反种族隔离人士纳尔逊·曼德拉（Nelson Mandela）获释。他主持的政党非洲人国民大会（African National Congress，简称 ANC），也被种族隔离时代的末任总统弗雷德里克·德克勒克（F.W. de Klerk）解禁。到了 90 年代中期，南非民主进程已经稳固，然而社会进步的背后，却存在财政上的未知数。

截至 1989 年，美国已有 155 所教育机构完全或部分从南非撤资，22 个县、26 个州、超过 90 个城市已经针对在南非经营业务的公司，采取了具有约束力的经济制裁行动。[14]1985 年至 1988 年期间，美国、日本、英国、以色列及多个欧洲国家都通过立法或指令，限制与南非的贸易。[15]与此同时，作为世界上最大的产金国，南非经历了金价的暴跌。1980 年时，每盎司黄金价格为 850 美元；到 1992 年时，每盎司仅 340 美元。金价下挫同政治动荡和经济制裁一道，致使南非于 1986 年，即制裁压力增大之时，在国际货币基金组织取回了最后仅剩的黄金储备。[16]在 1985 年至 1988 年撤资、政治压力和经济制裁的顶峰，南非净资本流出总计 239 亿兰特。兰特因此大幅贬值，进口商品价格高企，年通胀率达 12%~15%。[17]

即便是南非政府因急于吸引外国投资而通过的《1973 年公司

法》[18]，也未能止住由反种族隔离压力造成的私人资本外逃。[19]外国直接投资从 1956 年国内生产总值的 34％下滑至 1990 年的 9％（见图 1.1）。而南非经济的萎靡更凸显了其公司问责制度上的短板。[20]彼时，仅有一些大公司在南非剩存，而且这些公司常常是任人唯亲、有罪不罚之风大行其道的家族企业。[21]虽然纳尔逊·曼德拉等政治人物的和解之辞，让南非后种族隔离时代政府在道义上得到了认可，但是商业环境和经济体系不可靠这一根本问题，对新政府的合法地位构成了严峻挑战。[22]

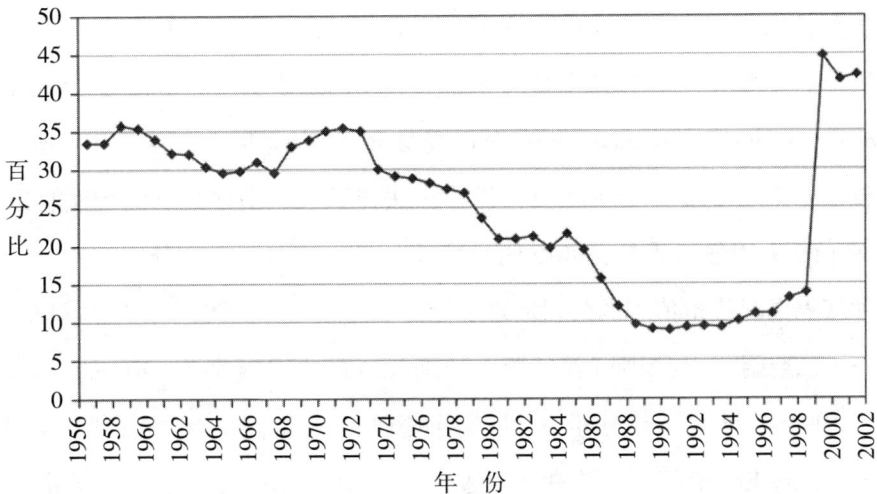

图 1.1　外国直接投资占南非国内生产总值的比例（1956—2002）

来源：约翰内斯·费德克、艾列特·T. 罗姆：《外国对南非直接投资的经济增长影响和决定因素，1956—2003》。[Fedderke, J.W. and Romm, A., 2006, Growth Impact and Determinants of Foreign Direct Investment into South Africa, 1956–2003, Economic Modelling, 23, 738–60.]

（一）《金氏报告与规则（第一版）》

　　根据《1973 年公司法》，公司获准以"国家利益"为由不向审计人员透露相关信息。[23] 这种不透明的商业标准，与 20 世纪 90 年代早期的政治动荡一道，引发了外国投资者对南非的不确定情绪。虽然英国于 1990 年解除了对南非的第一项经济制裁，但最后一项制裁的解除却要等到 1994 年。同时，可能由于缺乏经验[24]，南非新政府在吸引外资上遭遇困难；曾经的种族隔离制度尽管令人憎恶，但还算较为稳定，而如今新政府政治和经济的资力却令人担忧。为化解不确定因素，南非董事协会（Institute of Directors in Southern Africa，简称 IoDSA）[25] 决定重释商业做法，在 1992 年成立了金氏公司治理委员会（King Committee on Corporate Governance，简称金氏委员会），为南非经济向世界市场开放作好准备。委员会主席由曾任公司法律顾问、南非最高法院法官默文·E. 金担任。委员会亦以他的姓氏命名，旨在制定充分反映南非后种族隔离时代价值观的公司治理准则。[26]

　　《金氏报告与规则（第一版）》（即 King I，简称《金氏（第一版）》）于 1994 年问世，其标准超过了当时通行的英国《卡德伯利报告》（Cadbury Report）[27]，提倡完全透明。《金氏（第一版）》的关键主题包括公司董事会的构成、非执行董事的作用，以及非执行董事应由哪些人来担任。这些主题在南非商业历史上都是首次触及。《金氏（第一版）》还提倡披露执行董事与非执行董事的薪酬，制定了有效审计的指导方针，并鼓励公司落实道德准则，以此提出"最高行为标准"的要求。[28] 不过，《金氏（第一版）》并未对可持续发展报告作出要求。

　　默文·E. 金认为，这种方式的公司治理能够让人更全面地了解公司的价值，他解释说："董事会应当考虑到利益相关者的需求、利益和预期……董事会的职责，是要最大化公司的全面经济价值，而非仅仅是账面价值。"[29]南非于是开始着手解决"股东与利益相关者孰轻孰重"这一全世界如今都在激烈争论的问题。金氏的解释清晰表明，董事会的职责面向公司，而非面向投资者或任何特定利益相关者群体。虽然这点在世界上的很多地方符合实际情况，但"董事会要以股东利益为先"仍然是普遍存在的看法，在美国尤其如此——尽管并无法律上的首肯。[30]

虽然《金氏（第一版）》主张基于原则的方法[31]，但约翰内斯堡证券交易所于1995年在"要么遵守规则，要么解释原因"的基础上，将《金氏（第一版）》的要素列入了上市要求。[32]

（二）《金氏报告与规则（第二版）》

继美国、英国和南非国内发生大规模的公司治理失灵之后，《金氏报告与规则（第二版）》（即 King II，简称《金氏（第二版）》）于2002年发布。《金氏（第二版）》包括了有关风险管理、董事会角色和可持续发展的章节，并建议公司制定内部审计章程。[33]对公司来说，"可持续发展"被解释为重视"对营运所在社区的存续和成功有影响的、非财务方面的公司做法，其目标是确保未来的价值创造"。"可持续发展"作为公司社会责任的实质，意味着"实现平衡、综合的**经济、社会和环境**绩效"，也即通常所说的"三重底线"。《金氏（第二版）》指出，可持续发展或非财务议题同既定的公司任务相比，不应也不能被视作位居次席，并指出"将这些议题称作'非财务议题'仅是为了提供及时的便利。毋庸置疑……这些所谓的非财务议题对公司财务有重要的影响"。[34]

透过"综合可持续发展报告",价值总览报告这一概念在《金氏（第二版）》中开始成形。《金氏（第二版）》中的一章专门讨论了综合可持续发展报告,回顾了具有利益相关者包容性的模式,并提议将非洲价值观体系"乌班图"（Ubuntu）精神作为有效公司治理的天然基础。AKA 资本（AKA Capital）和莱利银行集团（The Nedbank Group）董事长、《金氏（第二版）》综合可持续发展报告工作组组长鲁埃尔·科扎（Reuel Khoza）如此解释两者之间的联系："乌班图的宗旨可概括为'Ubuntungubuntu',中文的意思是'我之所以为我是因为你,你之所以为你是因为我们'。我们彼此相联,在互关互切时才是最优状态。"[35]

如上所述,《金氏（第二版）》将重视可持续发展与公司的长久存续联系了起来。如此,《金氏（第二版）》就明确了良好公司治理与透明报告、透明报告与可持续发展、可持续发展与公司绩效（尤其是长期绩效）的关系。这些要素迄今仍是有关价值总览报告讨论的核心。

《金氏（第二版）》发布之后,可持续发展时常出现在南非全国的对话中。虽然《金氏（第二版）》并未立法执行,但约翰内斯堡证券交易所在制定标准,以衡量公司的"三重底线"绩效时,对之作了明确援引。这也较上一版进一步增强了《金氏（第二版）》的效力。可持续股票指数的创立,让南非和约翰内斯堡证券交易所分别在新兴国家中和世界范围内首开先河,通过结构化指数将可持续发展议题推向前台。2008 年,南非内阁通过了《全国可持续发展框架》（National Framework for Sustainable Development）,为可持续发展理念提供了政府层面的支持。[36]

（三）《金氏报告与规则（第三版）》

对公司治理心怀愿景者，仍不满意《金氏（第二版）》中对可持续发展的处理。金氏本人也认为，把可持续发展单独列为一章，会促使公司将之孤立于公司战略与治理之外，是不合适的。为强调可持续发展与商业战略一体化的重要性，金氏委员会修订了规则，添加了一条关键建议，即公司要将具有重要性的财务和非财务数据整合，编制成一份价值总览的年度报告。《金氏（第一版）》和《金氏（第二版）》已经实现了委员会的目标，即推动南非成为公司治理的国际前沿国家，而《金氏报告与规则（第三版）》（即 King Ⅲ，简称《金氏（第三版）》）则再接再厉。不仅如此，国际治理趋势的变化和南非新通过的《2008 年公司法》，也让《金氏（第三版）》成为必需。[37]2009 年，《金氏（第三版）》发布，从 2010 年 3 月开始生效。

与《金氏（第一版）》和《金氏（第二版）》不同，《金氏（第三版）》从"要么遵守规则，要么解释原因"转向"要么**加以采用**，要么解释原因"，在对其中 76 条准则的应用上，变得更为灵活。也就是说，《金氏（第三版）》适用于所有公营、私营和非营利实体，但这些实体可通过解释不适用的原因，自主选择不采用部分准则。这一基于原则而非规则的方法，意在让公司根据自身情况作出调整，相比"要么遵守规则，要么解释原因"，有更多的诠释空间。不过，仍有许多人认为，除非有活跃的股东迫使公司对其行为负责，否则这一方法会妨碍《金氏（第三版）》的成功。由于联合国支持的"负责任投资原则"（Principles for Responsible Investment）[38]认为，南非对机构投资者作为活跃资产所有者的指引不够充分，所以金氏委员会建议制定规则，让机构投资者据此设立预期，确保公司有效应用准则和推荐做法。[39]

《金氏（第三版）》关于价值总览报告的理念强调在统一的年度报告中，从结构上"全局统观、价值总览地呈示公司财务和可持续发展绩效"，并加以评述。[40]《金氏（第三版）》之后对如何呈示这些要素的定义，不仅清晰，而且志在长远。[41]从更高层面上说，《金氏（第三版）》着重指出了价值总览报告不只是年底的例行披露，而是要事事处处将可持续做法与公司营运相结合。包括默文·E.金、利·罗伯茨，以及国际价值总览报告委员会在内的多方，如今都将之概括为"价值总览思维"。这就意味着，审计委员会的技能和责任需要扩展，把非财务方面的考虑事项也包括进来。除此之外，"重要性原则"也是《金氏（第三版）》的重点，因为这一原则能够"将可持续发展议题与公司战略相联系，与'考虑到公司可持续发展大背景'的准则相联系"。[42]《金氏（第三版）》虽然认可如全球报告倡议组织（GRI）的《G3可持续发展报告指南》(G3 Guidelines）等国际框架和指南，但是也建议公司根据自身独特情况制定标准。此外，《金氏（第三版）》还主张对可持续发展报告和披露作独立鉴证。[43]出于对《金氏报告与规则》先驱性的认可，联合国前秘书长科菲·安南（Kofi Annan）聘请金氏担任联合国治理和监督委员会（Committee on Governance and Oversight）主席。[44]之后不久，《金氏（第三版）》还被译入日语。[45]

与此同时，南非价值总览报告委员会（Integrated Reporting Committee of South Africa，简称IRCSA)[46]于2010年5月成立，旨在为南非公司制定价值总览报告指南。2011年1月，委员会发布了《价值总览报告框架讨论文件》(Framework for Integrated Reporting and the Integrated Report Discussion Paper，以下简称《讨论文件》)。这是将价

值总览报告编集成典的首次尝试。

（四）南非价值总览报告委员会的《价值总览报告框架讨论文件》

南非价值总览报告委员会的《价值总览报告框架讨论文件》列出了价值总览报告的三类准则。第一类准则包括定义报告范围和边界的准则。[47]第二类准则涉及报告内容择选的方法和报告信息的可靠性：公司必须确保所提供的信息合适（或相关）、具有重要性、完整、中立，且不包含错误。第三类准则要求公司列报的信息具有可比性和一致性，而且要及时、可核实、易于理解。[48]《讨论文件》还对报告的具体要素提出了建议。报告应包括一份简介，说明其范围和边界，还应包括组织概述，讨论业务模式和治理结构。通过包括有关重大议题、影响和关系的信息，公司的营运背景应得到阐释，风险和机遇也应得到识别。报告应与战略目标和目的一道，包含用于追踪绩效的关键绩效指标（KPI）和关键风险指标（KRI），并证实实现目标所需的能力。《讨论文件》还强调，财务和非财务的组织绩效报告应该包括目标和目的清单，并讨论履行情况。公司应陈述未来的绩效目标，以及实现目标所需的内部活动和组织结构；应透露薪酬政策，并以上述战略目标为背景，对公司的现状和预期绩效作分析评注。

《讨论文件》同时给予重要性这一议题相当大的篇幅，并在讨论第二类准则时指出，对于财务与非财务信息，重要性有不同的定义。对于财务信息，《讨论文件》使用了一般的定义："就财务信息而言，重要性涉及会计数据遗漏或错报对使用者所产生之误导的严重程度，而且通常用金额来衡量。对重要性的判断以相对数额和账目性质为依据。"[49]对于非财务信息，《讨论文件》指出："就可持续发展信息而言，定义如何衡量重要性更为困难，需要作出深思熟虑的判断。"[50]

《讨论文件》建议独立第三方在审计委员会的监督下，为可持续发展披露提供鉴证，并指出"董事会应当确保价值总览报告的完整性"。[51]《讨论文件》用之后在价值总览报告运动成员中颇为流行的隐喻评论道："对许多组织来说，发展合乎理想的价值总览报告将会是一场征途，鉴证范围和程度的发展也将会如此。"[52]

虽然《价值总览报告框架讨论文件》并未要求公司遵循其中的准则和要素，约翰内斯堡证券交易所也没有对公司遵循的程度作过评估，但鉴于参与编制的多方利益相关者团体斐然可观，《讨论文件》在公司界应颇具威信。南非价值总览报告委员会及其工作组的成员包括各家公司及投资方的资深代表、公司及投资者协会、会计师事务所和协会、证券交易所、非政府组织，以及学术界人士。[53]在这份开创先河的文件发布之后，国际会计师联合会（IFAC）对其可持续发展框架作了修订，讨论了可持续商业营运的细节，例如利益相关者参与、目标设定、碳足迹、关键绩效指标，以及价值总览报告的本质等。[54]南非价值总览报告委员会如今正与国际价值总览报告委员会[55]一道，推动价值总览报告的国际协调统一。2014 年 3 月，南非价值总览报告委员会核可了于 2013 年 12 月发布的《国际〈IR〉框架》，并将其作为编制价值总览报告的指引。

三、南非对本国历程的评估

随着南非公司开始实践并发布价值总览报告，四大会计师事务所也开始研究这些报告，以识别趋势和最佳做法。在 2011 年首个基于"要么加以采用，要么解释原因"的义务价值总览报告周期结束后，南非安永会计师事务所（Ernst & Young South Africa）发表了一份简短的《价值总览报告调研结果》，其中考察了 25 家约翰内斯堡证券交易所的上市公司，并就这些公司对价值总览报告的理解及安永获知的效益和挑战作了诠释。[56]安永还从 2012 年开始，每年公布"卓越价值总览报告奖"（Excellence in Integrated Reporting Awards），通过为前 100 名公司的市值提供特别担保，推动最佳做法的完善。普华永道会计师事务所（Pricewaterhouse Coopers）紧随其后，就约翰内斯堡证券交易所百大上市公司在 2011 年 3 月 1 日之后（即《金氏（第三版）》问世后的第二个报告周期内）的情况，发表了分析文章，其中甚至包括了优秀价值总览报告的章节布局截图。[57]在 2011 年至 2013 年期间，德勤会计师事务所（Deloitte）和毕马威会计师事务所（KPMG）也开展了类似的调研，并将结果同白皮书共同发布，其中重申了公司作价值总览报告的理由、阐明了最佳做法，还讨论了一些持续存在的挑战。南非的会计师事务所 Nkonki 也着手设立了涵盖大型上市公司的年度表彰项目。[58]

其他组织也参与进来，反思南非的经历。例如，比勒陀利亚大学艾伯特·卢图利尽责领导中心（University of Pretoria's Albert Luthuli Centre for Responsible Leadership）与南非安永会计师事务所合作，采访了 16 位引领思潮的人物，其中有些在公司治理和报告领域已有二十多年的经验。他们为安永对南非价值总览报告经历的量化评估提供了细致周密的视角。[59]南非注册文秘协会（Chartered Secretaries Southern Africa）为价值总览报告设立了年度奖励项目。南非价值总览报告委员会开始公布对约翰内斯堡证券交易所百大上市公司的调查结果，其中涵盖了报告规模等常规方面。自然，在上述反思成果问世后的一年时间里，研究领域又有了新的进展。我们将在下文对本书写作时最新的报告和调研给予分析，找出其中的趋势。

（一）报告质量

虽然德勤会计师事务所指出了"零星存在的优秀之处"，但四大会计师事务所的共识是，没有一家公司在价值总览报告的各方面都堪作楷模。[60]公司对可持续发展议题的参与度日增，但由于权威报告指引阙如等因素，总体来说，"模范价值总览报告"尚不存在。仅德勤 2012 年的报告就识别了 15 例与价值总览报告或然相关的框架、规定和标准。[61]德勤报告讨论的其他议题包括：对披露战略相关竞争性信息的顾虑、董事会治理问题、董事薪酬的确定，以及对内部控制、鉴证和数据收集的总体调整。安永报告涉及的公司，对价值总览报告的定义和需要列报的信息了解较为深入，而且一致认为价值总览报告不仅仅是年度报告和可持续报告的互见参照。然而，就两者之间的相互依赖关系，这些公司基本都未披露有用的信息。[62]

总体来说，会计师事务所大多指出了下列趋势：未采用价值总览报告的公司将受到孤立；公司陈述将更加清晰易懂且日趋可视化、图形化；报告中关于利益相关者的内容将更为具体；可持续发展议题将进一步融入公司的业务模式。毕马威预计，价值总览报告可能还需要将近三年时间，才能成为得到普遍接受的公司战略和绩效报告形式。所需的具体时间，则取决于公司对落实《金氏（第三版）》和价值总览报告精神的决心。有些公司对价值总览报告所持的是"签到"态度，把编制任务直接外包给审计公司或其他咨询公司，而且视之为成本不菲。

（二）重要性

在公司向价值总览报告迈进的过程中，关键绩效指标的重要性问题依然是重大的障碍，而且在 2011 年至 2013 年调研考察到的所有因素中，这一问题进展最少。南非股东行动主义者（shareholder activists），如"CA 治理"公司[63]总裁特奥·博塔（Theo Botha）等认为，对价值总览报告的采用与相应关键绩效指标的发展是同步进行的。这些关键绩效指标要求对公司特定的重要性作详尽定义。虽然公司为可持续发展报告筛选非财务信息已行之有年，但在调研中许多公司仍然表示，如何确定哪些重大议题最具相关性，是需要关注的难点。除此之外，有太多公司未对重大事项背后的择选方法作出解释，而只是附以"重大议题由董事会确认"这类简单的表述。[64]德勤发现，在其客户中，只有 11% 披露了重要性的评估方法，而且与利益相关者参与之间的联系未得到清晰列报。[65]迄今为止，确定报告中的重要性仍然是公司面对的挑战。尽管如此，得益于经验的累积，这一现象已有所改观。

（三）非财务关键绩效指标的披露

绝大多数意见认为，价值总览报告能够促使管理层重新定义战略，着力确保将可持续发展纳入业务模式。这一意见的例证包括：可持续发展议题在部分案例中由下而上提升至董事会层面、对关键绩效指标数据定义作出改进以利计量和管理、项目决策时考虑到可持续发展议题、对与利益相关者开展持续对话的强调等。尽管如此，公司在作出改进，将重大环境和社会议题纳入整体业务战略之后，并不总能够在报告上加以体现。许多非财务因素所处的背景，仍然未得到列报。[66]公司倾向于在报告中的独立部分披露非财务关键绩效指标，而不对这些指标与公司营运、所处背景的关联作明确考虑。这就导致上述指标与公司绩效的相互依赖关系，未能以全局视角得到充分披露。[67]例如，与环保相关的指标，只有在循环利用或节能减排等措施对公司业务有显著影响时，才堪称重要。

为使非财务信息披露对决策更为有用，安永建议，在报告中给出每生产或消耗一个单位的计量数据，并与行业平均水平共同列报，相互比照，从而赋予关键绩效指标更深刻的含义。[68]鉴于列报的关键绩效指标不总与业务战略相关，毕马威建议进行对标，以识别最相关的关键绩效指标，并将之与战略重点相联。[69]普华永道发现，截至2013年，尽管受调的约翰内斯堡证券交易所上市公司中，55%识别了一项或多项重大资本，但仅有6%在报告中就其全局绩效作了充分沟通。[70]普华永道还发现，受调公司中81%的报告，在对关键绩效指标的定义和所提供的指标使用理由上，存有改进的余地。不过，71%的关键绩效指标得到了量化，这显示出对非财务因素的披露在可比性、易懂性上有所提高。[71]虽然将关键绩效指标封闭于报告单独部分的"孤岛报告"情况仍然显见，但公司若对关键绩效指标和公司战略之间的联系作了思考，便会自然而然地就影响业务价值的最重大议题在报告中加以探讨。[72]

（四）风险披露

安永在为"2013 年度卓越价值总览报告奖"所作的调查中，没有区分财务和非财务风险，而是将之统称为"影响公司价值创造能力"的风险[73]。然而，与非财务关键绩效指标的披露相仿，非财务风险披露的增加也常常未与公司战略或绩效充分关联。就培训员工支出或建设未来能力的奖金等事项，公司的确披露了更多的信息，但与公司目标和战略之间关联的缺失，令会计师事务所感到失望。大多数受调公司对风险作了更为客观的呈示，但公司如何将这些风险与战略目标相联，或是如何将之转化为可度量的关键绩效指标，则不甚清晰。许多报告中提及的风险，其实放到任何南非公司都基本适用。[74]很少有公司强调了非财务风险中蕴藏的业务机遇，或是将非财务因素的风险披露与国际财务报告准则（IRFS）要求的法定年度财务报表披露相互联系。普华永道调研的公司中，97%报告了主要非财务风险，但仅有 52%将之与报告的其他部分相整合；支持通过关键绩效指标等定量信息进行风险披露的公司，更只有 10%。[75]同时，仅有 13%的公司全面、深入地说明了风险的动态情况，以及风险随时间推移可能发生的变化。[76]

（五）董事薪酬和董事会透明度

在《金氏（第三版）》中提出的董事薪酬披露，仍属于争议话题。据普华永道的统计[77]，51%的公司将关键绩效指标和薪酬政策作了明确接轨，德勤[78]也表示披露情况有所改善。然而，如《金氏（第三版）》强调的那样对董事会有效性进行评估的公司，显然仍不多见。而且，报告中罕有与薪酬相关的细节信息，将薪酬与促进实现战略目标挂钩的方法，通常也未得到探讨。安永发现，关于短期奖金的可变部分如何确定，报告中几无任何信息。对关键绩效指标决定奖金的问题即便作了讨论，关于指标如何转化成为实际金额，或是适用于之前还是当前的会计周期，都鲜有涉及。大多数董事薪酬相关的信息也一样隐晦难懂。[79]实际上，许多公司更乐于报告董事会章程和职权范围，而不愿报告董事会在过去一年开展了什么实际活动。在普华永道的调研中，就董事会活动作出说明的公司，只有区区16%。[80]利·罗伯茨表示："对报告中该纳入哪些有关治理的信息，有些公司思前想后，作了好些思想斗争。其实最相关的信息，是反映公司治理如何影响价值创造能力的信息。"[81]

（六）前瞻性信息的披露

虽然自首批价值总览报告问世以来已有所改善，但公司仍然不愿披露太多前瞻性信息。对与环境、社会和治理（ESG）因素相关的信息，情况更是如此。德勤发现，公司披露的关键绩效指标基本都包括了历史趋势和未来目标（从2011财年第一周期的75%上升至同年第二周期的80%），然而对未来绩效的预测仍然不够全面。在受调公司中，仅三分之一设立了可度量的、与公司战略和利益相关者关切事项相联的非财务目标。[82]与此相仿，普华永道发现，仅有13%的受调公司在报告中对未来展望作了有效沟通；仅10%的公司为关键绩效指标设立了未来目标。讨论了未来市场趋势的公司有90%，但只有61%将之与战略决策相联；预期市场份额和预期增长在多数报告中都未得到量化。对哪些因素会对未来市场趋势产生影响，也没有多少说明。不过，68%的公司在报告中载明了所涉预测的时限。[83]

对前瞻性信息披露匮乏的原因，公司给出的理由包括担心遭到监管者的报复、所提供的预测在将来可能对管理层不利、公司报告向来注重的是历史绩效等。毕马威在 2011 年的评估中提出，公司文化需要作实质改变，才能形成真正的前瞻视角，且该视角应以历史绩效为支撑，与公司的战略视角相比对。毕马威同时指出，公司可通过对未来绩效目标和预测谨慎措辞，防范法律风险。[84]利·罗伯茨表示："刚踏上价值总览报告征程的公司，对前瞻性信息披露是望而却步的。但近年来，相关披露已渐有改善。公司开始意识到，只提供利润预估是不够的，应该把重点放在能影响未来价值创造能力的重大关系和因素上，在这方面提高透明度。公司也很能创新，运用比例数、'瀑布图'、'大宗商品评述'以及其他巧妙的办法，来揭示实际存在的关系。"[85]

（七）报告的特点

绝大多数编制报告的公司认为，要将利益相关者乐见的大量细节纳入统一的价值总览报告，同时又要保持报告的明晰和条理，几乎是完不成的任务。安·克罗蒂（Ann Crotty）等记者担心，报告已渐渐趋于"稠密化"，清单式的编制方法，催生出了长达 400 页的报告。然而，会计师事务所的分析显示，公司正慢慢掌握如何平衡报告的透明度和易读性。[86]虽然所有会计师事务所都认为，总体来说报告仍然"太长"，但有证据表明，公司已作出精简报告的努力。在 2011 年安永最初调研的公司中，35% 认为价值总览报告不应超过 50 页，44% 对此持中立态度，但大多数公司拟想的下一份价值总览报告，长度落在 50 到 80 页之间。[87]

在 2012 年和 2013 年，这个拟想的目标长度变成了 80 到 120 页之间。南非注册会计师协会（SAICA）资深执委格雷厄姆·特里（Graham Terry）指出，在将价值总览报告付诸实践时，部分准则之间必定会产生矛盾。除此之外，对什么应纳入报告，什么不应纳入报告，相关的指引也殆不存在。[88]编制报告的公司于是自出机杼。有些公司发现，将《金氏（第三版）》中要求的信息都归入报告，同时避免芜杂累赘的最有效途径，是在报告中给出明确的链接，指向 IFRS 要求的财务报表以及其他详细信息来源（如可持续发展报告）。德勤认为，在链接得到明确突出时，这一做法效果较优。[89]安永指出，那些从零起步确定报告内容和做法的公司，编制的报告常常更精简、更有效。[90]

虽然几乎所有公司都同意其他报告必不可少，但对信息分布的确切方法和位置的回答则各有千秋。对价值总览报告仅仅是年度报告和可持续报告的互见参照这一说法，约翰内斯堡证券交易所前 100 家上市公司全都表示反对。不过，这并不意味着其他报告便会不复存在。在第一个义务价值总览报告周期内，就单独的价值总览报告应同可持续发展报告和涵盖财务报表的年度报告一起发布这一说法，36％的公司同意，43％反对，21％不置可否。[91]金氏委员会成员穆罕默德·阿达姆（Mohamed Adam）和全国商业倡议组织[92]（National Business Initiative）首席执行官乔安妮·雅韦奇（Jo-Anne Yawitch）指出，公司常常太过重视形式（单一报告还是多份报告），应该把关注点转到报告本身的内容上来。[93]

所有会计师事务所都注意到，报告在传递信息概况时，使用了更多图像和图表。重要性"热度图"是尤其有用的一种形式。安永同时指出，在解释影响关键指标动向的因素（如利润的长期变化趋势）时，对"瀑布图"[94]也有了更多的使用。[95]

（八）对互联网的使用

大多数公司在价值总览报告的最初阶段没有使用互联网。不过，四大会计师事务所和许多南非的思潮引领者都指出，对互联网的更有效使用可减少价值总览报告在起步初期的困难。就改进对重要性的处理方法，专职非执行董事奈杰尔·佩恩（Nigel Payne）表示，公司在编制价值总览报告时"应关注当下进展中的五六个议题"，并将其具体细节公布在网站上。换言之，应精心运作公司的价值总览报告站点，同时或可采用可扩展商业报告语言[96]（XBRL），以此减少对报告长度和内容的顾虑。将篇幅更长、细节更多的报告发布在网上，仅在简练的价值总览报告中加以引用——如此，公司在改善报告清晰性的同时，就不会牺牲信息的完整性。

安永发现，至2013年许多公司已对导航辅助工具、图标以及其他形式的交叉引用作了改进，将报告中的信息加以连通，同时还将关于可持续发展、公司治理和风险披露的具体信息发布在公司网站上。许多公司提供了数个"快速阅览"的选项[97]，有些公司还开始使用XBRL[98]，针对不同利益相关者为信息添加标签。

（九）对非财务信息的审计和鉴证

受调公司尽管未请求独立审计公司为非财务信息提供统一的、"合理保证的鉴证意见"[99]，但许多公司都视之为可取的做法。请求对特定关键绩效指标作独立鉴证的公司，数量也在增加。安永指出，虽然许多环境、社会和治理指标获得了某种形式的外部鉴证，但这些指标的选择不总与公司的重大关切事项对接。安永建议，鉴于重大关键绩效指标中的大多数与公司的长期可持续发展最为相关，故而应获得最深入的考虑。根据重要性选定关键绩效指标（无论是财务指标还是非财务指标），都能从经济角度为独立鉴证产生的成本提供合理解释。[100]非财务信息的可信度至关重要。自 2012 年以来，对非财务关键绩效指标的鉴证已得到了报告编制者更多的关注。[101]同年，来自世界各地的会计和法律专家，由南非审计人员独立监管委员会（Independent Regulatory Board for Auditors）牵头成立了一个团队，为价值总览报告拟定合适的鉴证流程。[102]

四、我们对南非历程的反思

南非公司治理的征程，始于其一系列独特的情况。若将义务价值总览报告的历史回溯至 1990—1994 年，这点就会变得清晰起来。彼时，南非废除种族隔离的全面影响尚难以预料。该国在告别种族隔离时代，进入社会与经济包容时代的过程中，剧烈的政治和社会变化产生了许多重大影响。义务价值总览报告的兴起，正是其中的一例。南非新时代的缔造者将公司报告视为重塑国家形象的途径，希望以此吸引种族隔离时代受制裁期间外逃的资本重回南非。[103]在使南非公司成为公司治理标杆的广泛工作中，可持续发展报告乃至之后的价值总览报告，只是其中的一个环节。

话虽如此，南非公司面临的挑战，也困扰着世界各地的公司。股东和其他利益相关者愈发要求公司积极应对环境、社会和治理议题，而价值总览报告能帮助公司确认、管理和沟通应对这些挑战的方法，从而为股东创造长期价值。南非公司正位于这一社会运动的前沿，其经历有诸多可供借鉴之处。不过，我们必须将上述经历置于塑造价值总览报告含义的全球背景之下——这也是本书下一章的主题。

注 释

[1]该规定发布于 2012 年，由耶斯·舒尔申克（Jess Schulschenk）为南非安永会计师事务所编制的报告认为，2009 年《金氏（第三版）》是从"要么遵守规则，要么解释原因"（comply or explain）向"要么加以采用，要么解释原因"（apply or explain）的过渡。从严格的法律意义上讲，作价值总览报告并不具有"义务"性，但为方便起见，我们在本章中均使用"义务"一词，指代《金氏（第三版）》前的"要么遵守规则，要么解释原因"，以及《金氏（第三版）》后的"要么加以采用，要么解释原因"。（耶斯·舒尔申克（与比勒陀利亚大学艾伯特·卢图利尽责领导中心合作编制，由南非安永会计师事务所发布）：《访谈摘要报告》，第 1—40 页。）["Interview Summary Report", Compiled by Jess Schulschenk in collaboration with the Albert Luthuli Centre for Responsible Leadership at the University of Pretoria. Published by Ernst & Young South Africa. August 2012. pp.1–40.] 2010 年 2 月，约翰内斯堡证券交易所在上市要求中，加入了《金氏（第三版）》中包括建议采用价值总览报告在内的准则。上市公司（从 2010 年 3 月 1 日起的财年开始）有义务采用《金氏（第三版）》的准则，否则需解释原因。（南非价值总览报告委员会）[SustainabilitySA. www.sustainabilitysa.org, accessed May 2014.]

[2]并非所有上市公司都编制价值总览报告。编制价值总览报告的

公司具体数目不详。

［3］非财务信息指反映公司在环境、社会和治理（ESG）方面绩效的信息。

［4］欧洲委员会于 2013 年 4 月 16 日公布提案，要求欧盟的大公司在年度财报中列报社会和环境相关议题信息。（欧洲委员会：《欧洲议会和欧盟理事会关于修订第 78/660/EEC 号指令和第 83/349/EEC 号指令中有关部分大型公司和团体对非财务与多样性信息进行披露方面的提案》。）［"Proposal for a Directive of the European Parliament and of the Council amending Council Directives 78/660/EEC and 83/349/EEC as regards disclosure of nonfinancial and diversity information by certain large companies and groups", European Commission. Strasbourg, France. April 16, 2013, http: //eur-lex.europa.eu/LexUriServ/LexUriServ.do ? uri=COM: 2013: 0207: FIN: EN: PDF, accessed April 2014.］在 2014 年 4 月 15 日的欧洲议会全会上，28 个成员国以 599 票同意、55 票反对的表决结果通过了这项提案。［http: //ec.europa.eu/internal_market/accounting/non-financial_reporting/index_en.htm, accessed April 16, 2014.］2010 年 7 月，法国通过了《格勒内勒 2 号法案》（Grenelle II），向要求大型公司作整合可持续发展与财务信息的报告迈近了一步。《法案》第 225 条规定，所有在法国证券交易所上市的公司（包括外国公司在法国上市的子公司）和非上市公司，都必须在报告中纳入公司活动的"社会和环境影响"相关信息；若因视信息不具相关性而未纳入报告，则必须解释原因。（安永会计师事务所：《法国有关可持续发展报告的新法规对美国公司影响几何》。）［Ernst & Young, "How France's new sustainability reporting law impacts US companies" 2012, http: //www.ey.com/Publication/vwLUAssets/Frances_sustainability_law_to_impact_US_companies/$FILE/How_Frances_new_sustainability_reporting_ law.pdf, accessed February 2014.]

［5］巴西证券期货交易所和印度孟买证券交易所已采取具体措施，鼓励上市公司采用可持续发展报告；世界交易所联盟的八家成员交易所也加入了联合国"可持续证券交易倡议"，协助研究证券交易所如何促进公司透明度。世界交易所联盟于2012年发布了第一份"可持续发展披露排名"，为全球证券交易所相关表现的年度变化进行对标。（道格·莫罗：《计量全球证券交易所的可持续发展披露情况》。）[Morrow, Doug, "Measuring Sustainability Disclosure on the World's Stock Exchanges". World-Exchanges.org, http：//www.world-exchanges.org/insight/views/measuring-sustainability-disclosure-world%E2%80%99s-stock-exchanges, accessed February 2014.]

［6］非财务报告也称社会责任会计，指就一个组织的经济活动所产生的社会和环境影响，与社会整体和具体利益相关者（利益群体）进行沟通的过程。（普华永道会计师事务所："审计及鉴证服务"，"什么是公司报告？"。）[PwC, " Audit and Assurance Services", "What is corporate reporting？" http：//www.pwc.com/gx/en/corporate-reporting/frequently-asked-questions/publications/what-is-corporate-reporting.jhtml, accessed February 2014.]

［7］截至2011年，南非人口为51 770 560人。（南非统计局：《2011年人口统计报告》（2012年10月30日前禁止印发）。）["Statistical Release for Census 2011（embargoed until October 30, 2012）", Published by Statistics South Africa for the South African government, Private Bag X44, Pretoria 0001. P0301.4. http：//www.statssa.gov.za/publications/P03014/P030142011.pdf, accessed February 2014.]

［8］实证研究表明，公司治理的改善与市场估值和营运业绩的提高密切相关。（参见：里奥拉·克拉佩尔、伊涅萨·洛夫：《新兴市场

的公司治理、投资者保护与公司绩效》。)[Klapper, Leora F. and Inessa Love, "Corporate governance, investor protection, and performance in emerging markets", *Journal of Corporate Finance* Vol.10, No. 5 (2004), pp.703–728.]

[9] 默文·E. 金、利·罗伯茨：《整合：21 世纪的经商方式》。[King, Mervyn and Leigh Roberts, *Integrate：Doing Business in the 21st Century*, by, Cape Town：Juta and Company, Ltd., 2013.]

[10] 同上，第 40—44 页。这五种力量分别是：支持可持续发展议题的投资者力量逐渐增强、大公司客户对供应商的可持续业务做法提出更多要求、在社会议题方面的监管力度持续加大、公司在应对贫困和贫富差距问题上面临政府压力、因自然资源日益减少而需要减少浪费情况。

[11] 同上，第 5—9 页。

[12] 同上，第 16—22 页。这些问题分别是：（1）报告太重，累坏邮差；（2）内容着眼过去；（3）不完整——仅包括财务方面；（4）不完整——不包括某些无形事物；（5）不完整——不包括某些成本；（6）不同使用者所用报告不同；（7）非财务信息未被公认为主流；（8）报告对行为的影响；（9）只注重眼前利益；（10）未能跟上技术进步；（11）没有编制年度报告的通用系统。

[13] 1994 年的首次多种族民主选举，一般被认为标志着持续 46 年的种族隔离制度寿终正寝。不过，正式废除种族隔离的立法进程在 1990 年即已完成。是年，非洲人国民大会不再被视为恐怖组织，成为合法的政党；所有实行种族隔离制度的法律也都被废止。

[14] 理查德·奈特：《在南非的制裁、撤资和美国公司》。[Knight, Richard, "Sanctions, Disinvestment and U.S. Corporations in South Africa", *Sanctioning Apartheid*, edited by Robert Edgar, Trenton：Africa

World Press，1990.〕

〔15〕丹麦、法国和加拿大首先颁布了对南非投资和石油贸易的禁令，以色列于 1987 年、日本于 1986—1988 年分别效仿。为限制对南非的贷款和出口，美国通过了抵制南非的主要法规《1986 年全面反种族隔离法》。（张秀凤、伊沃·韦尔什、保罗·瓦赞：《社会行动主义投资政策对金融市场的影响：来自抵制南非运动的证据》。）〔Teoh, Siew Hong，Ivo Welch and C. Paul Wazzan，"The Effect of Socially Activist Investment Policies on the Financial Markets：Evidence from the South African Boycott"，*The Journal of Business*，Vol.72，No. 1（January 1999），pp.35-89.〕

〔16〕同上。

〔17〕理查德·奈特：《在南非的制裁、撤资和美国公司》。〔Knight，"Sanctions，Disinvestment and U.S. Corporations in South Africa".〕

〔18〕《1973 年公司法》允许成立私营和公营有限责任公司，大多在南非设有分公司的外国公司从前者获益。其他显示出政府急于吸引外国投资者的政策包括对外国投资者不设批准要求，以及外国投资者与国内投资者在多数情况下受相同法律管辖。《1984 年封闭式公司法》还设立了适合小型企业的第三种公司法律形态，且除银行部门外，对外国所有权或外国所有者权利不设限制。（联合国贸易和发展会议：《各国投资概况：南非》，第 1—29 页。）〔UNCTAD，Investment Country Profiles：South Africa. pp.1-29. http：//unctad.org/sections/dite_fdistat/docs/wid_cp_za_en.pdf，accessed January 2014.〕

〔19〕谢蒂尔·比约瓦特、汉斯·J. 欣德、希尔德古·K. 诺尔达斯：《外国直接投资对经济发展的作用》。〔Bjorvatn，Kjetil，Hans Jarle Kind and Hildegunn Kyvik Nordas，"The role of FDI in economic development"，The Research Council of Norway：Foundation for

Research in Economic and Business Administration. Bergen，December 2001，http：//brage.bibsys.no/nhh/bitstream/URN：NBN：no-bibsys_brage_24613/1/A62_01.pdf，accessed January 2014.］

［20］从 1956 年到 1990 年，外国直接投资占南非国内生产总值比例从 34% 降至 9%。（约翰内斯·费德克、艾列特·T. 罗姆：《外国对南非直接投资的经济增长影响和决定因素，1956—2003》。）［Johannes Fedderke & A.T. Romm，2004，"Growth Impact and Determinants of Foreign Direct Investment into South Africa，1956-2003"，Working Papers 12，Economic Research Southern Africa.］

［21］耶斯·舒尔申克：《访谈摘要报告》，第 1 页。［Schulschenk，"Interview Summary Report"，p.1.］

［22］约翰内斯·费德克、艾列特·T. 罗姆：《外国对南非直接投资的经济增长影响和决定因素，1956—2003》。［Johannes Fedderke & A.T. Romm，2004，"Growth Impact and Determinants of Foreign Direct Investment into South Africa，1956-2003"，Working Papers 12，Economic Research Southern Africa.］

［23］同上。用许多受访者的话来说，公司层面的治理根本"不存在"。第一兰德银行（FirstRand）首席执行官西兹维·纳萨纳回忆 20 世纪 80 年代早期做见习律师的经历时，称当时公司无法无天的情况堪称史无前例。［Nxasana，Sizwe（2012b）.］

［24］谢蒂尔·比约瓦特、汉斯·J. 欣德、希尔德古·K. 诺尔达斯：《外国直接投资对经济发展的作用》。［Bjorvatn，Kjetil，Hans Jarle Kind and Hildegunn Kyvik Nordas，"The role of FDI in economic development"，The Research Council of Norway：Foundation for Research in Economic and Business Administration. Bergen，December 2001，p.17，http：//brage.bibsys.no/nhh/bitstream/URN：NBN：no-bibsys_brage_24613/1/A62_01.pdf, accessed in January 2014.]

［25］成立南非董事协会（IoDSA），是为了赋予组织治理负责人员适当的技能与行为准则，让他们依据南非社会的价值观履行职责。（南非董事协会："关于南非董事协会"。）["About the IoDSA", Institute of Directors: Southern Africa, http://www.iodsa.co.za/？page=About, accessed February 2014.]

［26］耶斯·舒尔申克：《访谈摘要报告》，第1页。[Schulschenk, "Interview Summary Report", p.1.]

［27］《卡德伯利报告》初稿发表于1992年5月，正式名称是《财务方面公司治理委员会报告》，由阿德里安·卡德伯利（Adrian Cadbury）任主席的英国财务方面公司治理委员会编制。该报告就如何减少治理风险和失灵情况，向公司董事会和会计系统提出了建议。报告被誉为国际先驱，之后美国、欧盟、世界银行等制定的规则均部分以之为参考。（《财务方面公司治理委员会报告》）["Report of the Committee on the Financial Aspects of Corporate Governance", Gee (a division of Professional Publishing Ltd.) London. 1 December 1992, http://www.ecgi.org/codes/documents/cadbury.pdf, accessed February 2014.]

［28］南非董事协会：《金氏报告与规则（第一版）》，第20章"公司实务和行为规则"，第2页。["King Report on Corporate Governance for South Africa 1994, Chapter 20: The Code of Corporate Practices and Conduct", Institute of Directors South Africa, p.2, http://www.ecgi.org/codes/documents/king_i_sa.pdf, accessed February 2014.]

［29］耶斯·舒尔申克：《访谈摘要报告》，第4页。[Schulschenk, "Interview Summary Report", p.4.]

［30］林恩·A.斯托特：《支持股东至上的牵强理由和还凑合的理由》。[Stout, Lynn A, "Bad and not-so-bad arguments for shareholder primacy", S. Cal. L. Rev.75（2001）: 1189.］"米尔顿·弗里德曼（Milton Friedman）得过诺贝尔经济学奖，但明显不是做律师的。因为律师懂得，股东事实上并不拥有公司，而是拥有一类我们常称为'股票'的公司证券。作为股票的所有人，股东的权利相当有限……因此，要是笼统讲，一家单个股东控股的封闭式公司由那位股东'所有'，可能还说得过去；要是对一家上市公司和其股东的关系，也用所有权这样的说法，那就是误导了。"

［31］同上，第 14 页。

［32］耶斯·舒尔申克：《访谈摘要报告》，第 6 页。［Schulschenk, "Interview Summary Report", p.6.］

［33］《金氏（第二版）》附录中有一份内部审计章程的模板，其中将内部审计定义为"以严格的方法评估风险管理、控制和治理"的"独立鉴证工作"。（《金氏报告与规则（第二版）》，附录 4 "公司实务和行为规则摘要"。）［King II Report on Corporate Governance: Summary of Code of Corporate Practices and Conduct. Appendix 4. 2009, 343, https://www.icsa.org.uk/assets/files/pdfs/BusinessPractice_and_IQS_docs/studytexts/corporategovernance2/w_CorpGov_6thEd_StudyText_Appendix4.pdf, accessed February 2014.］

［34］金氏公司治理委员会：《金氏报告与规则（第二版）》，第 91—92 页。［"King Report on Corporate Governance for South Africa 2002", King Committee on Corporate Governance. pp.91-92. http://library.ufs.ac.za/dl/userfiles/documents/Information_Resources/KingII%20Final%20doc.pdf, accessed February 2014.］"可持续发展"这一理念，出自 1987 年的联合国报告《我们共同的未来》(也称《布伦特兰报告》)。其中对"可持续发展"的定义是："在不损害后代、满足其需要之能力的前提下，满足当代需要的发展。"（联合国：《世界环境与发展委

员会报告：我们共同的未来》。)［United Nations，"Report of the World Commission on Environment and Development：Our Common Future"，no page numbers in online report，http：//www.un-documents.net/wced-ocf.htm，accessed May 2014.］

［35］耶斯·舒尔申克：《访谈摘要报告》，第 10 页。［Schulschenk，"Interview Summary Report"，p.10.］

［36］《全国可持续发展框架》。［"National Framework for Sustainable Development"，Sustainability South Africa Website，http：//www.sustainabilitysa.org/SAGovernmentsresponse/NationalFrameworksandPolicies.aspx，accessed February 2014.］

［37］金氏公司治理委员会：《金氏报告与规则（第三版）》，"《金氏（第三版）》的必需性"，第 2 页。［"King Report on Corporate Governance for South Africa 2009"，King Committee on Corporate Governance，Introduction and Background，The Need for King Ⅲ，p.2，http：//www.library.up.ac.za/law/docs/king 111 report.pdf，accessed January 2014.］《2008 年公司法》从本质上改写了南非的公司法规，为《金氏（第二版）》的部分指引赋予了法律效力。除新增了"独立核查"，作为审计公司财务报表的方法外，《2008 年公司法》还触及了委任董事会成员等议题。这些议题在之后的《金氏（第三版）》中得到了进一步阐述。举例说，《2008 年公司法》认可了委任公司治理委员会的重要性，《金氏（第三版）》则详细阐述了该委员会的角色与功能。《公司法》明确了委任或选举董事会成员的程序，《金氏（第三版）》则进一步说明了受委任者应具有的素质，还为首席执行官和董事长的任命提供了指引（而《公司法》对这点未作讨论）。鉴于上述以及更多类似的情况，发布与董事会、集团管理委员会、审计委员会、社会和道德事务委员会、风险控制委员会、薪酬设定委员会、人事提

名委员会等相关的《金氏（第三版）》，确实是有必要的。（普华永道会计师事务所：《董事会和委员会——新〈公司法〉与〈金氏（第三版）〉之比较》。）［PricewaterhouseCoopers, "The board of directors and committees-a comparison between the new Companies Act and King Ⅲ", October 2011, http：//www.pwc.co.za/en_ZA/za/assets/pdf/companies-act-series-3.pdf, accessed February 2014.］

［38］联合国支持的"负责任投资原则"倡议是由投资者组成的国际网络。这些投资者群策群力，意在理解可持续发展对投资者的影响。该倡议为签署者提供支持，使之通过运用六项"负责任投资原则"，将相关议题纳入投资决策和所有者实务之中。（联合国负责任投资原则："关于负责任投资原则倡议"。）［UN Principles for Responsible Investment, About the PRI Initiative, http：//www.unpri.org/, accessed February 2014.］

［39］《金氏报告与规则（第三版）》，"机构投资者"。［"Institutional Investors", King Ⅲ Introduction and Background, Section 7. http：//www.library.up.ac.za/law/docs/king111report.pdf, accessed February 2014.］

［40］南非董事协会：《金氏报告与规则（第三版）》，第109页。［Institute of Directors South Africa, "King Report on Governance for South Africa 2009", p.109, http：//african.ipapercms.dk/IOD/KINGIII/kingiiireport, accessed February 2014.］

［41］同上，第111页。清晰度与长期前景展望是得到强调的重点："价值总览报告应内容大于形式，应披露全面、及时、相关、准确、真实、易懂、可与公司过往绩效比较的信息。价值总览报告还应包括前瞻性信息。"可持续发展信息应与财务报告相交织。在列报财务绩效之余，公司还应将之置于大背景下，讨论绩效实现的环境、对利益相关者的影响，以及减轻任何负面影响的战略。简言之，"价值总览报告应

说明公司是怎么赚的钱"。

［42］同上，第 111 页。

［43］同上，第 111 页。自发布以来，《金氏（第三版）》和《2008年公司法》的相互作用引发了关于治理准则与立法之间关系的若干问题。《金氏（第三版）》的编制是为了反映公司法的变化，但《2008 年公司法》直到 2011 年才开始生效，很多人因此认为，有必要开展修订工作，使《金氏（第三版）》与法律接轨。"基于原则"做法的支持者，对此强烈反对。《金氏（第三版）》较之前两版有大幅革新，然而也有人认为，革新的步子迈得太大了。在争论的过程中，价值总览报告也在南非国内乃至全世界愈发广为人知。

［44］联合国治理和监督委员会的建立，是为了就联合国管理层及其治理机构提出改进意见。更多信息请参阅：《2005 年世界首脑会议成果文件中应由秘书长采取行动的各项决定的执行情况：全面审查联合国及其各基金、方案和专门机构内的治理和监督情况》。["Implementation of decisions contained in the 2005 World Summit Outcome for action by the Secretary−General: Comprehensive review of governance and oversight within the United Nations and its funds, programmes and specialized agencies", Report of the Secretary−General. 10 July 2006. United Nations General Assembly, http: //www.un.org/ga/president/62/issues/resolutions/a−60−883.pdf, accessed in February 2014.]

［45］耶斯·舒尔申克：《访谈摘要报告》，第 9 页。[Schulschenk, "Interview Summary Report", p.9.]

［46］南非价值总览报告委员会由南非储蓄和投资协会（ASISA）、南非商业联合会（BUSA）、南非董事协会（IoDSA）、约翰内斯堡证券交易所（JSE）和南非注册会计师协会（SAIA）合作创建。

［47］南非注册会计师协会："南非价值总览报告委员会《价值总

览报告框架》"。[The South African Institute of Chartered Accountants，The Integrated Reporting Committee（IRC）of South Africa "Framework for Integrated Reporting and the Integrated Report"，https：//www.saica.co.za/Technical/SustainabilityandIntegratedReporting/IRGuidance/tabid/2372/language/en-ZA/Default.aspx，accessed April 2014.]

［48］同上。

［49］同上，第9页。

［50］《讨论文件》进而解释说，定义重要性需要回答下述三个问题：（1）得到报告的是不是"合适的事项"？（2）数据中什么程度的错误或遗漏会影响组织利益相关者的评估和决定？（3）组织是否对其关键利益相关者的合理利益和预期负责（有时也称利益相关者包容性)？（同上。）

［51］同上，第17页。

［52］同上，第17页。

［53］成员列表请参见：南非价值总览报告委员会：《价值总览报告框架讨论文件》，第25页。[For a list of members see "Framework for Integrated Reporting and the Integrated Report Discussion Paper"，by the Integrated Reporting Committee of South Africa，January 25，2011，p.25.]

［54］国际会计师联合会：《可持续发展框架2.0》。["IFAC Sustainability Framework 2.0"，International Federation of Accountants. International Federation of Accountants Website，http：//www.ifac.org/publications-resources/ifac-sustainability-framework-20，accessed February 2014.]

［55］南非价值总览报告委员会。[SustainabilitySA，Integrated Reporting，The Integrated Reporting Committee of South Africa，http：//www.sustainabilitysa.org/IntegratedReporting/TheIntegratedReportingCommittee

ofSouthAfrica.aspx，accessed April 2014.]

〔56〕南非安永会计师事务所:《价值总览报告调研结果》，第1—15页。[Ernst & Young South Africa，"Integrated Reporting Survey Results"，2011，pp.1-15，http：//hesabras.org/Portals/_Rainbow/images/default/download/Integrated%20Reporting.pdf，accessed February 2014.]

〔57〕普华永道会计师事务所:《新规则下披露信息增加但缺乏深入说明》。[PricewaterhouseCoopers，"Greater disclosure but little insight under new code"，pwC，Corporate Reporting，http：//www.pwc.com/gx/en/corporate-reporting/integrated-reporting/corporate-reporting-south-africa-king-iii.jhtml，accessed January 2014.]在这篇评估文章发表后，普华永道又对前40家上市公司的价值总览报告作了年度分析。

〔58〕Nkonki 于2011年发布了《最佳价值总览报告前40名》特别报告，并从2012年开始发布《最佳价值总览报告前100名》报告。[http：//www.nkonki.com/IR/awards.php？a=integrated-reporting&page=Nkonki-Top-100-Integrated-Reporting-Awards-Winners.]

〔59〕耶斯·舒尔申克:《访谈摘要报告》，第3页。[Schulschenk，"Interview Summary Report"，p.3.]

〔60〕德勤会计师事务所:《价值总览报告：如何编制真正的价值总览报告（第2版）》，第20页。[Deloitte，"Integrated Reporting: Navigating Your Way to a Truly Integrated Report: Edition 2，February 2012"，p.20，http：//www.deloitte.com/assets/Dcom-SouthAfrica/Local%20Assets/Documents/Integrated%20Reporting%20Publication%20II%20.pdf.]同安永的"卓越价值总览报告奖"类似，德勤的报告对约翰内斯堡证券交易所100家上市公司作了分析，并指出了重要趋势。

〔61〕包括南非《2008年公司法》、《金氏规则与报告》、国

际财务报告准则、《G3 可持续发展报告指南》、国际标准化组织、AccountAbility、《温室气体协议议定书：企业核算与报告标准》、"联合国负责任投资原则"、《南非负责任投资规则》、国际采矿和金属理事会、"联合国全球契约"、《赤道原则》、碳排放披露项目、水资源披露项目、可扩展商业报告语言。（德勤会计师事务所：《价值总览报告：如何编制真正的价值总览报告（第 2 版）》。）[Deloitte, "Integrated Reporting: Navigating Your Way to a Truly Integrated Report".]

[62] 南非安永会计师事务所：《价值总览报告调研结果》。[Ernst & Young South Africa, "Integrated Reporting Survey Results", 2011. http://hesabras.org/Portals/_Rainbow/images/default/download/Integrated%20 Reporting.pdf, accessed February 2014.]

[63] "CA 治理"是一家总部位于南非的企业治理独立实体，向公司提供报告中的环境、社会和治理信息鉴证，以及全球报告倡议组织、碳信息披露项目和南非董事协会治理评估工具（GAI）所要求的鉴证和核实。（CA 治理："简介"。）["An Introduction", http://www.ca-governance.co.za/, accessed February 2014.]

[64] 南非安永会计师事务所："2013 年度卓越价值总览报告奖"。[Ernst & Young South Africa, "Excellence in Integrated Reporting Awards 2013", http://www.ey.com/Publication/vwLUAssets/EYs_Excellence_in_Integrated_Reporting_Awards_2013/$FILE/EY%20Excellence%20in%20 Integrated%20Reporting.pdf, accessed February 2014.]

[65] 德勤会计师事务所：《价值总览报告：如何编制真正的价值总览报告（第 2 版）》，第 61 页。[Deloitte, "Integrated Reporting: Navigating Your Way to a Truly Integrated Report", p.61.]

[66] 在普华永道分析的公司中，55% 表示就改进业务模式作了重大资本投入，但仅有 19% 对实施公司战略所需的资源及其关系作了说

明，或对公司依赖这些资源及其关系的程度作了说明。另有 55％ 的公司由于其陈述与治理之间几无关联，而未将治理结构相关信息纳入报告。换言之，公司的领导层结构和决策过程未在报告中得到说明。(普华永道会计师事务所：《价值创造的征程：对约翰内斯堡证券交易所前 40 家公司的调研报告》)。[PricewaterhouseCoopers, "The Value Creation Journey: A Survey of JSE Top-40 Companies' Integrated Reports", 2013, PwC South Africa, The value creation journey, http://www.pwc.co.za/en/publications/integrated-reporting.jhtml, accessed May 2014.]

[67] 南非安永会计师事务所："2012 年度卓越价值总览报告奖"，第 7 页。[Ernst & Young South Africa, "Excellence in Integrated Reporting Awards 2012", p.7.]

[68] 南非安永会计师事务所："2013 年度卓越价值总览报告奖"，第 11 页。[Ernst & Young South Africa, "Excellence in Integrated Reporting Awards 2013", p.11.]

[69] 毕马威会计师事务所：《价值总览报告：通过改进业务报告加深对绩效的理解》，第 8 页。["Integrated Reporting: Performance Insight Through Better Business Reporting, Issue 2: 2012", KPMG 2012. http://www.kpmg.com/Global/en/IssuesAndInsights/ArticlesPublications/integrated-reporting/Documents/integrated-reporting-issue-2.pdf, accessed February 2014, p.8.]

[70] 普华永道会计师事务所：《价值创造的征程：对约翰内斯堡证券交易所前40家公司的调研报告》，第 6 页，第 29 页。[Pricewaterhouse Coopers, "The Value Creation Journey", p.6 and p.29.]

[71] 普华永道会计师事务所：《价值创造的征程：对约翰内斯堡证券交易所前40 家公司的调研报告》，第 30 页。[Pricewaterhouse-Coopers, "The Value Creation Journey", p.30.]

[72]《价值总览报告：通过改进业务报告加深对绩效的理解》。["Integrated Reporting: Performance Insight Through Better Business Reporting", Issue 2: 2011.]

[73]南非安永会计师事务所："2011年度卓越价值总览报告奖"，第11页。[Ernst & Young South Africa, "Excellence in Integrated Reporting Awards 2011", p.11.]

[74]德勤会计师事务所：《价值总览报告：如何编制真正的价值总览报告（第2版）》。[Deloitte, "Integrated Reporting: Navigating Your Way to a Truly Integrated Report".]

[75]普华永道会计师事务所：《价值创造的征程：对约翰内斯堡证券交易所前40家公司的调研报告》，第9页。[PricewaterhouseCoopers, "The Value Creation Journey", p.9.]

[76]同上。

[77]同上。

[78]德勤会计师事务所：《价值总览报告：如何编制真正的价值总览报告（第2版）》。[Deloitte, "Integrated Reporting: Navigating Your Way".]

[79]南非安永会计师事务所："2013年度卓越价值总览报告奖"。[Ernst & Young South Africa, "Excellence in Integrated Reporting Awards 2013".]

[80]普华永道会计师事务所：《价值创造的征程：对约翰内斯堡证券交易所前40家公司的调研报告》。[PricewaterhouseCoopers, "The Value Creation Journey".]

[81]利·罗伯茨和悉妮·里沃特的电子邮件通信。[Leigh Roberts email correspondence with Sydney Ribot, March 27, 2014.]

[82]德勤会计师事务所：《价值总览报告：如何编制真正的价值总

览报告（第 2 版）》。［Deloitte，"Integrated Reporting: Navigating Your Way to a Truly Integrated Report".］2012 年的数字变化不大。

［83］普华永道会计师事务所：《价值创造的征程：对约翰内斯堡证券交易所前 40 家公司的调研报告》。［PricewaterhouseCoopers，"The Value Creation Journey".］

［84］南非安永会计师事务所："2012 年度卓越价值总览报告奖"。［Ernst & Young South Africa，"Excellence in Integrated Reporting Awards 2012".］

［85］利·罗伯茨和悉妮·里沃特的电子邮件通信。［Leigh Roberts email correspondence with Sydney Ribot，March 27，2014.］

［86］耶斯·舒尔申克：《访谈摘要报告》，第 25 页。［Schulschenk，"Interview Summary Report"，p.25.］

［87］南非安永会计师事务所：《价值总览报告调研结果》，第 5 页。［Ernst & Young South Africa，"Integrated Reporting Survey Results"，2011. p.5.］

［88］耶斯·舒尔申克：《访谈摘要报告》，第 25 页。［Schulschenk，"Interview Summary Report"，p.25.］

［89］德勤会计师事务所：《价值总览报告：如何编制真正的价值总览报告（第 2 版）》，第 12 页。［Deloitte，"Integrated Reporting: Navigating Your Way to a Truly Integrated Report"，p.12.］

［90］南非安永会计师事务所："2012 年度卓越价值总览报告奖"。［Ernst & Young South Africa，"Excellence in Integrated Reporting Awards 2012".］

［91］同上。

［92］穆罕默德·阿达姆是金氏委员会的长期成员。他于 1991 年加入南非国营电力公司 Eskom 担任法律顾问，目前担任 Eskom 的公

司律师和监管事务部资深经理。［"Mohamed Adam", http：//www.icsa.co.za/index.php ？ option=com_content&view=article&id=335&Itemid=479, accessed February 13, 2014.］全国商业倡议组织位于南非，倡导企业公民责任和商业领导责任，促进共同商业行动和社会对话；实施由严格政策分析和研究支撑的战略项目，以推动公私伙伴关系；并通过与成员和政府积极互动，增进公司的信誉。（全国商业倡议组织："我们的宗旨"。）［"Our Purpose", National Business Initiative，http：//www.nbi.org.za/，accessed February 12，2014.］

［93］耶斯·舒尔申克：《访谈摘要报告》，第24页。［Schulschenk, "Interview Summary Report", p.24.］

［94］"瀑布图"是一种数据可视化形式，能够显示顺次引入的正值或负值所产生的累积效应。由于其悬挂式柱列看上去像电子游戏"超级马里奥兄弟"（Super Mario Brothers）的主角在行进中跃过的砖块或石柱，所以有"飞砖图"或"马里奥图"的别称。在金融领域，"瀑布图"也称"桥状图"。

［95］南非安永会计师事务所："2013年度卓越价值总览报告奖"，第11页。［Ernst & Young South Africa, "Excellence in Integrated Reporting Awards 2011", p.11.］

［96］可扩展商业报告语言简称XBRL，是可以免费使用的商业信息交换全球标准。（XBRL："XBRL基本信息"。）［XBRL. XBRL Basics，http：//www.xbrl.org/GettingStarted，accessed April 2014.］

［97］在对价值总览报告质量的研究中，德勤使用的标准之一，便是公司针对营运所处环境的沟通有效程度如何。有效沟通的一个重要度量，就是包括关键绩效指标、历史趋势和未来目标在内的"快速阅览"摘要。（德勤会计师事务所：《价值总览报告：如何编制真正的价值总览报告（第2版）》，第31页。）［Deloitte, "Integrated Reporting:

Navigating Your Way to a Truly Integrated Report", p.31.〕

〔98〕德勤会计师事务所：《价值总览报告：如何编制真正的价值总览报告（第2版）》，第93页。〔Deloitte, "Integrated Reporting: Navigating Your Way to a Truly Integrated Report", p.93〕

〔99〕按照在美国的说法，这等同于"肯定式"鉴证。

〔100〕若管理层质疑对某因素作鉴证的必要，则或应重新思考将该因素作为重大关键绩效指标纳入报告的原因。（南非安永会计师事务所："2013年度卓越价值总览报告奖"。〔Ernst & Young South Africa, "Excellence in Integrated Reporting Awards 2013".〕

〔101〕德勤会计师事务所：《价值总览报告：如何编制真正的价值总览报告（第2版）》，第21页。〔Deloitte, "Integrated Reporting: Navigating Your Way to a Truly Integrated Report", p.21.〕

〔102〕毕马威会计师事务所：《价值总览报告：通过改进业务报告加深对绩效的理解》。〔"Integrated Reporting: Performance insight through Better Business Reporting", Issue 1. 2011. KPMG. http://www.kpmg.com/Global/en/IssuesAndInsights/ArticlesPublications/Documents/road-to-integrated-reporting.pdf, accessed February 2014.〕

〔103〕1956年至1994年期间，外国直接投资占南非国内生产总值比例从35%降至10%。（约翰内斯·费德克、艾列特·T.罗姆：《外国对南非直接投资的经济增长影响和决定因素，1956—2003》。）〔Johannes Fedderke & A.T. Romm, 2004, "Growth Impact and Determinants of Foreign Direct Investment into South Africa, 1956-2003", Working Papers 12, Economic Research Southern Africa.〕

第二章

含 义

价值总览报告对受众具有的确切含义经历了四个演进阶段（见图2.1）。这四个"含义形成"阶段既相互连续又重叠在一起。第一阶段**公司试验**开始于21世纪头十年的早期，几家公司在当时首次编制了价值总览报告。这一阶段是价值总览报告的**初始实践**。第二阶段**专家评注**由咨询师、学者和其他专家发起，他们根据对公司实践的观察，开始建立价值总览报告的基本准则。这一**理论建构**阶段开始于21世纪头十年的中期，涵盖了价值总览报告的成本、效益和挑战，以及解决相关问题的办法。第三阶段**编集成典**开始于21世纪头十年的晚期。这一阶段的中心任务是**框架和标准**的制定，制定者为非政府组织与价值总览报告运动的其他行动者，如公司、投资者和会计师事务所。最新的第四阶段**建章立制**，是通过改变监管和市场环境，促进价值总览报告的实践。这一阶段开始于21世纪10年代早期，以**法律和行为规则**为基础。在本章中，我们讨论的重点将放在前两个阶段。我们还将介绍第三阶段，并在第三章中将之与第四阶段一起作更深入的讨论。

公司试验

◆ 诺维信（2002）
◆ Natura（2002）
◆ 诺和诺德（2004）

专家评注

◆ 新瓶装新酒（2015）
◆ Solstice/Vancity 研究报告（2005）
◆ 《统一报告》（2010）

编集成典

◆ 南非价值总览报告委员会《价值总览报告框架讨论文件》（2011）
◆ 国际价值总览报告委员会《国际〈IR〉框架征求意见稿》（2013）
◆ 国际价值总览报告委员会《国际〈IR〉框架》（2013）

建章立制

◆ 《金氏报告与规则（第三版）》
◆ 欧盟关于非财务报告的指令（2014）
◆ 联合国可持续发展目标（2015）

2002　　　2005　　　2011　　　2020

图2.1　价值总览报告含义的四个演进阶段

一、公司试验：首批价值总览报告中的实例

艾博思（Robert G. Eccles）和乔治·赛拉菲姆（George Serafeim）提出，在公司报告的"信息"功能和"转型"功能两方面，价值总览报告都优于单独的财务报告和可持续发展报告。[1]他们写道："对决策更有帮助的公司信息，更有可能鼓励对手方与公司进行交易，并且在其他因素相等的情况下，以更优惠的条件进行交易。"[2]换言之，报告的信息功能会影响公司交易对手方的资源配置决定，但无法让对手方向公司提供反馈。与之相反，"报告的转型功能则不尽然如此，而是将对手方的参与和行动也考虑了进来。对手方接收并评估信息。当发现能够通过影响公司行为，而使自身从中获利（也可能会使公司从中获利）的机会时，对手方便会积极行动，推动改变。"[3]通过影响公司的资源配置决定，"这一参与、行动和改变的过程，能够促使公司转型。"[4]虽然价值总览报告的支持者为上述两种功能划归的相对重要程度不一，但对其概念的默认从价值总览报告的最初阶段就已经存在了。

如许多新管理概念一样，价值总览报告始于实践。[5]在2002年，当各公司开始编制价值总览报告时，将财务与非财务数据有意义地结合起来这一观念，如同"时机业已成熟"的科学新知一样，独立而又同时诞生了。最早采用价值总览报告的公司是来自丹麦的诺维信（Novozymes）、诺和诺德（Novo Nordisk）和来自巴西的Natura。这三家公司给出的原因基本一致：处理好可持续发展议题，是当今公司取得长期成功的要点，而价值总览报告是沟通可持续发展议题的最佳方式。

价值总览报告的意义在于助益公司传递以下信息，即公司正从业务角度出发管理可持续发展议题，而非仅仅在于体现公司从股东向利益相关者的"转移支付"（套用经济学术语）。因为价值总览报告是新兴做法，对于其含义是什么，体现了什么，一般来说理解尚不深入。因此，有关报告内容和结构的更多问题浮现了出来，且主要聚焦于报告的信息功能。虽然彼时新成立的全球报告倡议组织（GRI）制定了可持续发展报告指引，但向公司解释价值总览报告由何构成的指引尚不存在。

尽管首批编制价值总览报告的公司在执行中各有千秋，但是很多由这些先驱公司识别的议题在时下依然切题。重要性和利益相关者参与（亦是转型功能的核心）在当时即是难题。其他挑战还包括：是否应就报告作任何鉴证、如何利用互联网作为纸质报告的补充、报告边界为何、无形资产的重要程度、理解财务与非财务绩效（也常被称为"ESG"绩效，即环境、社会与治理绩效）之间的关系，以及与此相关的、从"合并报告"迈向真正"价值总览报告"的艰难努力。

2008 年，来自荷兰的飞利浦公司（Philips）和来自美国的联合技术公司（United Technologies Corporation，简称 UTC）分别发布了首份价值总览报告，更多问题也由此产生。[6]飞利浦的经历体现了价值总览报告的演进，而联合技术公司的报告计划还引发了另一个问题，即价值总览报告是否意味着公司总体报告的减少。

前者是评估今日价值总览报告运动势头的重要依据，后者则凸显了部分可持续发展报告倡导者对价值总览报告的顾虑：过分要求简练，会导致代表民间社会的利益相关者所获信息量因之减少。

（一）诺维信

在已知采用价值总览报告的公司中，丹麦工业生物技术公司诺维信是第一个。公司 2002 年的年度报告共计 108 页，内容紧凑。第 2 页上简明地写着："财务、环境和社会价值总览报告"。[7]总裁兼首席执行官斯滕·里斯高（Steen Riisgaard）在"首席执行官致辞"[8]中写道：

未来年度报告的三重底线

从今年起，诺维信开始发布合并年度报告，呈示我们认为对大多数利益相关者最为重要的信息。这份报告是整合财务、环境和社会信息的报告，同时也侧重于传递知识，说明公司业务的重要经济意义。我们将所有事项汇总于统一报告的决定，是公司业务和可持续发展日趋紧密、各方利益相关者要求更广泛了解公司业务的自然结果。纸质版保留了较短的篇幅，更详细的信息则以光盘和在线形式发布。我们计划在未来几年，为特定目标群体继续深入拓展这一报告形式。祝您阅读愉快！

里斯高所用的"合并年度报告"一词，与报告第 2 页"价值总览报告"这一标签形成了反差，也引发了至今仍在发酵的讨论：报告针对财务绩效与环境、社会和治理绩效之间的相互依赖关系要披露多少信息，才有资格被称为"价值总览报告"？虽然就这个问题仍有争议，但大多数报告编制者会区分仅包括环境、社会和治理绩效信息的"合并报告"与包含呈示两种绩效关系信息的"价值总览报告"。诺维信的价值总览报告是由如今常见的主题驱动的，即可持续发展对业务成功日益关键的作用，以及利益相关者日趋重要的地位。这两个主题都指向如今仍未有一致意见的问题，即价值总览报告的受众究竟应该是谁。

里斯高提出，编制**一份价值总览报告**（an integrated report）与**开展价值总览报告**（integrated reporting）是不同的。他进而明确指出了这份2002 年价值总览报告简练的特点，表示补充信息可以通过访问诺维信网站获得。开展价值总览报告能够向特定利益相关者提供更详细的披露信息，还能够提供更"实时"的披露信息，尽管形式未必是一份正式的"报告"。

虽然诺维信的报告显然更像合并报告，而非价值总览报告，但在非财务绩效信息披露和考虑投资者之外的利益相关者方面，报告具有先进性，也说明公司已经开始为真正的价值总览报告打基础。在通过数个环境和社会指标揭示公司绩效之余，报告还在题为"作为战略资源的知识"一章中，讨论了流程、技术、创新，以及对创新成果的积极专利申请。客户需求、组织和员工发展也在报告讨论之列。[9]如此，诺维信预见了国际价值总览报告委员会（IIRC）于 2013 年 12 月发布的《国际〈IR〉框架》中，对无形资产（或智力、人力、社会与关系"资本"）的强调。

通过将社会[10]和环境[11]议题更好地融入公司总体战略目标的制定，可以说诺维信为探索如何将环境和社会绩效与业务成功挂钩，进而为探索如何开展价值总览报告奠定了基础。公司使用了全球报告倡议组织（GRI）的《G2 可持续发展报告指南》（G2 Guidelines）作为"三重底线报告"的基础。[12]这说明，GRI 在成立早期即参与了尚处初创期的价值总览报告运动。虽然报告未提及"重要性"一词，但公司为 2003 年订立了目标，计划"探索并实行利益相关者参与的新方法"。[13]

（二）Natura

巴西化妆品、香水和个人护理公司 Natura 于 2002 年开始发布价值总览报告。[14]公司 143 页的 2003 年年度报告[15]有英文和葡萄牙文两个版本，其中写道："Natura 连续第二年以价值总览的形式编制报告，呈示公司在经济／财务、社会和环境领域的活动。如此，Natura 重申了向诸多相关公众群体作出的、在'世界愿景'中声明的承诺，即在报告公司计划时追求可持续发展、提高透明度。"[16]同诺维信一样，Natura 强调了"三重底线"的做法，但未直接使用该术语。报告指出，Natura 在编制年报时遇到的难题，是如何陈述公司整合经济、社会、环境绩效所产生的影响。[17]尽管报告有题为"经济／财务、环境和社会业绩分析"的章节，但和诺维信的报告类似，更像合并报告，而非价值总览报告。同样，公司也列报了数个非财务指标，如就业岗位的创造、与所在社区的关系等。

Natura 在两个关键领域领先于当时：生命周期评估（life cycle assessment，简称 LCA）和供应链管理。后者预见了"报告边界"这一议题，亦即公司要在多大程度上为其供应商的行为负责。在《国际〈IR〉框架》中，这点得到了讨论。Natura 遵循了 GRI 有关"讨论主要产品和服务之重大环境影响"的指标，采取"概念、技术和程序的综合方法，评估产品和组织的环境、经济、科技、社会影响，不断改善两者的生命周期前景"。不仅如此，公司还设立了 2004 年目标，针对全部的上市产品开展包装生命周期评估研究，并且要覆盖产品全部的包装。[18]另一项 2004 年目标涉及 Natura 环境管理系统，要求对可能造成环境影响的供应商评估其环境相关文件。不过，报告没有提及鉴证和 AccountAbility 的《AA1000 鉴证标准》[①][19]（AA1000 Assurance Standard），"重要性"一词也从未出现。虽然没有明确提及利益相关者参与，但报告在三处不同语境下提到了利益相关者。[20]

（三）诺和诺德

诺和诺德公司常与 Natura 一道，被引为当今编制高质量价值总览报告公司的范例[21]（两家公司都因其报告而屡获殊荣）。[22]诺和诺德与诺维信的总部都位于哥本哈根，而且在 2000 年分拆之前同属一家公司，所以可以说，诺和诺德一定了解诺维信的首份价值总览报告。诺和诺德紧随诺维信的步伐，使用自述为"三重底线"的报告方法，编制了 2004 年年度报告，但未将之称为"价值总览报告"。[23]在当时价值总览报告运动的早期，这两家丹麦公司基本不可能对 Natura 有所耳闻。这也就证明了，当某一观念"时机业已成熟"，就会在不同地方独立而又同时诞生。就价值总览报告来说，其概念的诞生，出现在使用不同语言的不同国家中截然不同的行业内。

诺和诺德对为什么编制价值总览报告给予了同诺维信和 Natura 相似的理由，但在执行上更进了一步。同之前两家公司一样，诺和诺德的价值总览报告脱胎于对"可持续发展"的承诺。不同的是，诺和诺德在报告中引述了其管理价值观"诺和诺德的管理方法"，其中"明确指出三重底线，即社会、环境和财务责任，是公司的根本业务

---

① 中译本名：《AA1000 审验标准》。

准则"。[24]不仅如此，诺和诺德在 2004 年 3 月修改了公司章程，具体提出公司"将勉力以财务、环境和社会负责的方式开展业务活动"。[25]如此，诺和诺德就点明了其意在"为股东的长期利益服务"[26]，暗示将其他利益相关者的利益纳入考量时，对股东的长期利益最为有利。这正是价值总览报告运动的理论核心，即采用价值总览报告符合公司的长期利益。

在第二份价值总览报告中，公司表示："诺和诺德采用价值总览的方法，报告财务和非财务绩效。因此，本报告同时遵循关于法定报告和自愿报告的现行国际标准。"[27]在这份 116 页的报告中，诺和诺德以领导魄力，处理了如今价值总览报告运动的中心议题，即重要性、利益相关者参与和鉴证。报告同时以明确措辞对重要性作了探讨，而在诺和诺德 2004 年的报告，以及诺维信、Natura 之前的报告中，这一议题均未得到触及。报告同时讨论了如何运用利益相关者参与，帮助公司识别需要管理和列报的重大议题：

> 与利益相关者的持续互动、趋势识别、业务监控、综合系统风险管理流程都可作为工具，用于识别对诺和诺德之业务具有重要性的议题。反过来说，公司对当前及未来业务和社会议题的回应，也基于同受议题影响的利益相关者代表开展进一步对话。诺和诺德将以对话成果为基础，进行战略性回应的规划，并设定公司的目标。公司会对关键事项作定期审核，确保其反映实际议程，并与绩效目标比照，报告取得的进展。[28]

诺和诺德执行管理层和董事会表示，非财务报告的编制遵循 AccountAbility 的《AA1000 原则》（2003 年版）和 GRI 的《G2 可持续发展报告指南》（2002 年版）。[29]报告中还包括了"进展情况通报"，作为对"联合国全球契约"的支持。[30]普华永道审验了报告，并根据 AccountAbility 的《AA1000 鉴证标准》（2003 年版）给出了结论。

（四）飞利浦和联合技术公司

在 2008 年，涉足多技术领域的荷兰跨国公司飞利浦（Philips）和美国制造业巨擘联合技术公司（United Technologies Corporation，简称 UTC）分别编制了第一份价值总览报告。之后，飞利浦以维护先进的公司报告网站等方式，进一步推动了其报告的发展，如今已较联合技术公司大幅领先。虽然在这份略为厚重的 276 页报告中，"价值总览报告"一词仅出现了一次，但是飞利浦编制价值总览报告的意向是明确的。对从之前非财务报告的做法向开展价值总览报告的演进，飞利浦是这样表述的：

> 飞利浦于 1999 年发布了首份环境年度报告。在 2003 年，我们更进一步，发布了首份可持续发展年度报告，在环境绩效信息之余，纳入了社会和经济绩效的具体信息。
>
> 现在，飞利浦首次在统一的价值总览报告中，呈示年度财务、社会和环境绩效。这体现了我们在将可持续发展融入营运做法上取得的进展。[31]

飞利浦的演进颇为典型：从环境报告开始，拓展至更广泛的可持续发展报告（有时也称公司社会责任报告），然后完成向价值总览报告的跃进。实际上，飞利浦的演进所遵循的，正是"可持续发展"的一般趋势。迫于气候变化带来的巨大压力，公司往往先关注环境议题，之后才会在"环境、社会和治理"这一更广义的层面界定可持续发展。当公司不再仅仅视可持续发展为一项"方案"，而是将之认可为战略和营运的核心时，就有了支持"采用价值总览报告是合理之举"的常见理由。[32]

但公司的这种认可仅是必要不充分条件。如今，许多公司都表示对可持续发展是"动真格的"，但发布价值总览报告的却很少。我们认为，这就产生了如何区分"实干"和"漂绿"（greenwashing）的问题。价值总览报告本身就可以被公司用来"漂绿"，我们也承认这一点，但如果公司仅以"漂绿"为目的，其实动用其他办法会更为简单。公司要防止"漂绿"并且避免被视为"漂绿"，就应明确哪些是对公司来说重要的议题和受众，哪些不是；而其基础，即是公司所识别的"重大事项"为何。我们将在本书第五章和第六章中，对此作深入的探讨。

虽然同上述几家公司相比略为保守，但美国联合技术公司[33]（UTC）也可称为价值总览报告的先驱。尽管在联合技术公司2008年简练的年度报告（第98页）中，没有一处在报告语境下使用了"价值总览"一词[34]，但在2009年2月25日公布报告的新闻稿中，公司表示："联合技术公司（纽约证券交易所代码：UTX）已成为道琼斯工业平均指数包括的30家公司中，首家发布年度和公司责任全面价值总览报告的公司。"[35]尽管措辞是"公司责任"而非"公司社会责任"或"可持续发展"，但新闻稿响应了其他公司从经济角度支持价值总览报告的理由，并进而引述了企业公民与社区发展总监安德烈娅·多恩

（Andrea Doane）的声明："UTC 在 2008 年年度报告中所体现的，是公司责任和盈利能力携头并进的信念。"多恩还表示，"对 UTC 来说，向统一报告的演进是顺理成章的。我们深信，统一报告的做法在未来不仅将得到广泛采用，而且对公司责任和盈利能力密不可分的拥趸者来说，更是应该得到采用的"。[36] 正如下一章所述，UTC 对价值总览报告得到"广泛采用"的预期，到 2014 年为止仍未实现。

在"致股东函"中，UTC 董事长乔治·戴维（George David）和总裁兼首席执行官路易斯·切尼弗特（Louis Ch ê nevert）表示："本年度报告首次合并了业务、财务和公司责任方面的业绩。"报告的副标题"以少胜多"，传达了 UTC 在自然资源使用上改进效率的努力。"以少胜多"还暗示由两份报告变为一份报告的整合。这也产生了一个更普遍的问题，即价值总览报告是指"单一报告"，还是说并不一定，而是应通过其他手段呈示附加信息。在 2010 年，艾博思和迈克尔·P. 克鲁斯提出，价值总览报告严格来说并不是指"单一报告"。我们会在本书中贯穿对这一问题的更深入探讨。[37]

二、专家评注：对价值总览报告的首轮反思

第一批价值总览报告发布后不久，紧跟公司报告动态的观察者（计有一家智库、一家咨询公司、一位学者和一位会计师）便着手反思价值总览报告先驱的经历。两份在 2005 年几个月内相继问世的出版物，开启了价值总览报告含义演进的第二个阶段：专家评注。[38] 五年之后，有关价值总览报告的第一部著作问世。这些研究意在赋予价值

总览报告概念各自的含义，识别公司采用价值总览报告后的效益和挑战，并就如何确保对价值总览报告的广泛采用给出建议。虽然未作详细讨论，但上述研究都提及了重要性。著作与智库的文章都对利益相关者参与作了深入探讨，而咨询公司的出版物则对此未加涉及。

（一）《新瓶装新酒》

艾伦·怀特（Allen White）是非营利研究和政策组织 Tellus 协会的副主席兼资深会员。他在 2005 年 6 月 20 日的一份出版物中写道："公司报告正经历悄然的复兴，其目的、内容和读者群都在逐渐转型。"[39] 虽然重点主要放在非财务报告上，但怀特明确提及了"价值总览报告"一词。在出版物中，怀特并未对价值总览报告作具体定义，而是同处在"青春前期"的非财务报告作比，将之描述为尚处于"胚胎期"。[40] 他引述诺和诺德的 2004 年年度报告，称其能让人"一瞥下一代报告的情形"，并进而用价值总览报告先驱的成果来解释价值总览报告的含义。就整合财务与非财务绩效信息为统一报告的公司，怀特举出的例子包括：瑞士制药公司诺华（Novartis，2002 年）、英国汽车和航空航天工程公司吉凯恩（GKN，2002 年）、加拿大电力公司 BC Hydro（2003 年）、斯堪的纳维亚航空公司 SAS 集团（2004 年）、德国化工公司巴斯夫（BASF，2004 年）、荷兰化学品和生命科学公司帝斯曼（DSM，未提供年份），以及 Natura 公司。[41]

怀特为价值总览报告的信息功能（"在未来数十年，价值总览报告都是开展业务和保有营运许可的必需。"）和转型功能（"如若善加管理，价值总览报告是促进有效管理，将公司确立于企业责任承诺前沿的机会。"）都提出了支持的理由。[42] 怀特断言，这一"报告领域的复兴不可逆转",并给出了五点预测。在 2014 年回头看,这些预测大多不出所料:(1)财务和非财务信息披露的整合将会加速;(2)所用的指标会继续演进,形成"所有公司都基本同意的一套标准";(3)基于行业部门的倡议会确保"所披露的信息确实对利益相关者具有重要性";(4)对技术的运用会使"交流和获取信息产生飞跃式进步";(5)对非财务绩效的指数和评级将同今日的财务绩效那样司空见惯。[43]

(二)Solstice/Vancity 研究报告

两个月后,加拿大小型专业可持续发展咨询公司 Solstice Sustainability Works①(简称 Solstice)在加拿大合作银行 Vancity 的支持下,发布了一份针对价值总览报告的研究报告[44]。研究报告对开展价值总览报告的定义,是将财务报告与可持续发展报告融合为统一文件:"本研究对价值总览报告的初步定义,是同时满足法定财务报告和可持续发展报告之需要的报告。在实际应用中,价值总览报告通常指包含可持续发展绩效信息和各类财务报表的统一年度报告。"[45]

与怀特的研究一样,Solstice/Vancity 研究报告基于公司(共有 12 家)[46]的实例,以及与公司及其他组织的专家之间进行的访谈。研究报告"简介"部分表示,"多年来,价值总览报告都可说是企业责任承担倡导者梦寐以求的'圣杯'。而之前作三重底线报告的大多努力,都未能将企业责任承担真正落到实处"[47],不过该研究报告并未就这一说法给出任何参考资料或支持数据。研究报告在对价值总览报告的评

---

① 意为"至点可持续发展工作室"。

估上则相对有所保留，表示"报告者不应期待价值总览报告会带来显著的有形效益"。[48]与之相反，研究报告认为价值总览报告带来的，主要是无形的内部效益，能够"对员工提出更高的要求、进一步理解可持续发展与业务战略之间的联系、传达连贯一致的信息、改善决策的过程"。研究报告还进一步重申了上述看法，表示"目前似乎尚没有对价值总览报告的强烈外部需求"。[49]

研究报告注意到，价值总览报告中的整合程度不一，部分"合并报告有时感觉像是各不相同的公司陈述，莫名其妙地被塞进了一份文件里"，不过也承认"合并报告可被视为对价值总览报告有益的初步尝试"。[50]研究报告就价值总览报告识别了下列效益：削减成本（但不多）、改善报告编制效率（效果参半）、对公司领导力的赞誉（或许会有）、对报告编制团队是有益的考验（可能如此）、改进对业务/可持续发展联系的内部理解（确实如此）、增强所传达信息的一致性（确实如此），以及促使或体现价值总览思维（理论上如此）。在详述价值总览思维时，研究报告就"鸡与蛋孰先"，提出了一个至今依然存在的问题："是价值总览报告会鼓励对公司的全局管理，还是全局管理的做法会自然而然地让公司采用价值总览报告？"[51]研究报告认为，实施价值总览报告的主要挑战包括获得领导高层的支持、与收集财务绩效信息一样对非财务信息的迅速收集、报告或为追求篇幅简短而牺牲了关于非财务绩效的重要内容、编制报告的团队必须掌握新的技能、投资者对信息的要求可能会支配其他利益相关者的要求等。

研究报告还涉及了另外三个至今仍处于价值总览报告核心的问题。第一，研究报告认定监管者因为"仅注重最具重要性的社会和环境披露"，故而无法推动价值总览报告。[52]第二，研究报告提出，价值总览报告未必能得到价值总核的鉴证意见，原因是财务审计者没有审计非财务信息的技能。对此，研究报告未作明确表态，但是表达了对"不痛不痒的鉴证或是'否定式'鉴证可能成为常态"的顾虑。[53]第三，研究报告指出技术发展能让"注意力从'一份报告'转向'开展报告'"，并能促进报告整合的过程。[54]

（三）关于价值总览报告的首部著作：《统一报告：为可持续发展战略作价值总览报告》

在怀特和 Solstice 的研究成果问世五年之后，我们撰写了关于价值总览报告的首部著作，并于 2010 年出版。[55]与运动中的先驱公司、怀特和 Solstice 的主张一样，我们提出，价值总览报告是助益公司发展、落实可持续发展战略的重要机制。我们将可持续发展战略定义为："将股东在内的所有利益相关者之需求纳入考量，意在促进可持续发展社会的企业社会责任承诺。"[56]

我们认可了价值总览报告重要的转型功能。虽然通过创新，可以减少甚至扭转财务绩效和非财务绩效之间因资源配置决策而固有的权衡取舍，但可持续发展战略要求公司对此作出正面应对。[57]作出权衡取舍的决定，需要公司对财务和非财务绩效之间多维度的不同关系有深入理解。我们指出，开展价值总览报告为加深这一理解提供了准则，为以整合方式报告绩效打下了基础。这可被视作回答了 Solstice 研究报告中，关于全局管理和价值总览报告之间关系的疑问。我们一直以来的另一个观点，是价值总览报告的信息功能和转型功能相互促进。[58]

鉴于价值总览报告当时仍处于萌芽期，我们对信息功能的讨论，主要放在财务和可持续发展报告的制度背景上。价值总览报告以财务和可持续发展报告为基础，和／或与财务和可持续发展报告相矛盾的情况，仍是今日讨论的焦点。诸如 UTC 等一些公司表示，价值总览报告能够通过将两份报告合二为一来节省成本。我们认为，与价值总览报告作为价值总览思维的催化剂、促进组织转型的潜力相比，节省成本只是一个微不足道的效益。而且，虽然我们将书题定为《统一报告》，但价值总览报告并不是编制同时包含财务和非财务信息的单一文档这么简单：

> "统一报告"并不是说"**仅需**一份报告"。而是说，应当有一份整合公司关键财务和非财务信息的报告。统一报告并不妨碍公司针对特定使用者，运用诸多不同的方式提供其他信息。实际上，统一报告提供的是概念平台。而通过公司网站这一技术平台的辅助，公司可以也应该提供更多具体信息，以满足公司众多利益相关者对信息的需求。

基于先驱公司的经历，我们识别了价值总览报告的四大效益，并指出这些效益之间，是相辅相成的良性循环关系。第一，财务／非财务绩效和公司对具体绩效目标的投入之间，关系更为清晰。第二，促使公司为可持续发展战略作更优决策。第三，同利益相关者加深互动，通过向股东和利益相关者传达统一的信息，减少对两者的区别对待。第四，降低声誉风险。对公司来说，该风险目前位列第一，而监管风险和人力资本风险并列第二。[59]我们同时指出，公司必须采取可持续发展战略，才能确保自身的长期存续和社会的可持续发展。因此我们提出，对价值总览报告的大规模采用，能产生社会层面的效益。

鉴于价值总览报告运动面临"集体行动的困境"，在最后一章中，我们探讨了其推广过程中存在的挑战。我们确认了运动的所有关键行动者（公司、投资者、准则制定者、代表民间社会的非政府组织、监管者）应当肩负的责任。书中指出，运动取得成功，需要各方的投入，而公司作为报告主体，必须在董事会和审计者的支持下率马以骥。不过，我们的看法如今有了一些变化。在本书第五章中我们转而指出，价值总览报告说到底应是董事会的责任，而公司的执行管理层和审计者则为之提供支持。最后，我们还强调创新和试验对支撑"要么遵守规则，要么解释原因"式的、基于原则的监管具有重要作用。而创新和试验虽然必不可少，但在不同国家，进展的速度也必然是不同的。这亦是本书第十章所讲述的观点。

三、编集成典：创造共同含义

价值总览报告的第三个含义形成阶段是编集成典。与之前两个阶段不同，这个阶段并不基于单独公司或评注者表达各自观点的工作，而是权威机构通过多方利益相关者流程，共同商定价值总览报告的含义，并通过准则和指南为具体落实提供指引。他方可决定是否接受权威机构的意见。若构建含义的权威机构隶属政府，该含义的合法性即得到了保证。若不隶属政府，则编集成典的含义是否能获得广泛认可，就取决于构建含义的流程是否被视为正当，以及参与构建的个人和组织具有怎样的技术水平、身份地位和影响力。

（一）南非价值总览报告委员会

如上一章所述，将价值总览报告编集成典的首份成果是南非价值总览报告委员会（IRCSA）发布的《价值总览报告框架讨论文件》（Framework for Integrated Reporting and the Integrated Report Discussion Paper，简称《讨论文件》)[60]。《讨论文件》考虑了价值总览报告的信息功能和转型功能，并对价值总览报告作了如下定义：

> 价值总览报告是对机构整体情况的陈述，是有关组织战略、绩效和活动的面向利益相关者的报告，能够让利益相关者评估组织在短期、中期和长期创造并维持价值的能力。一份有效的价值总览报告可以反映出对如下观点的认可：组织创造并维持价值的能力以财务、社会、经济和环境体系为基础，取决于组织与利益相关者之间关系的质量。[61]

虽然定义本身并不包括"可持续发展"一词（而是"可持续价值创造"——本书第六章深入讨论的"可持续价值矩阵"，便以此作为概念基础），不过"可持续发展"一词在《讨论文件》全文中共计出现了52次。

诸多在价值总览报告含义演进前两个阶段涉及的主题，也都出现在《讨论文件》中，包括价值总览报告的内部绩效效益（外部议题会如何影响公司战略、改善风险管理、培养创新文化等）、"编制一份价值总览报告"与"开展价值总览报告"的区别、利益相关者参与在确定重要性时的关键作用、利益相关者参与的绩效效益等。如上一章所述，《讨论文件》识别了三类"报告准则"：报告的范围和边界、报告内容的择选、报告信息的质量。虽然《讨论文件》建议在价值总览报告中包括八项元素，对各元素作详细解释，并间或通过举例简要阐明，但并未就价值总览报告提供具体的规范格式。[62]

（二）国际价值总览报告委员会

将价值总览报告编集成典的第二份成果，也是迄今最具全球影响力的成果，是由国际价值总览报告委员会①（IIRC）在履行应循程序后，于 2013 年 12 月发布的《国际〈IR〉框架》（简称《框架》）。[63] IIRC 对价值总览报告的定义与 IRCSA 类似，基于七项"指导原则"（注重战略和面向未来、信息连通性、利益相关者关系、重要性、简练性、可靠性和完整性、一致性和可比性）和八个"内容元素"（机构概述和外部环境、治理、业务模式、风险和机遇、战略和资源配置、绩效、前景展望、编制和列报基础）。《框架》写道："价值总览报告是对机构的战略、治理、绩效和前景在机构外部环境背景下，在短期、中期和长期如何创造价值进行沟通的简练文件。"[64]不过，这份 37 页的出版物并未像 IRCSA 那样将价值总览报告视作财务报告与可持续发展报告的融合。与 IRCSA 的《讨论文件》形成鲜明反差，"可持续发展"一词在《框架》中仅出现了三次[65]。表 2.1 显示了这两份出版物的主要相同与不同之处。

---

① 也译为国际综合报告委员会。

表 2.1　IRCSA《讨论文件》和 IIRC《国际〈IR〉框架》比较

议　题	IRCSA《讨论文件》	IIRC《国际〈IR〉框架》
概　念		
所据语境	公司治理（诚信度、透明度和责任承担方面）	持续价值创造
价值总览思维	未使用该词	核心概念
一份价值总览报告与开展价值总览报告	一份报告（工作成果）与开展报告（业务流程）不同	一份价值总览报告是工作成果，与价值总览思维不同；开展价值总览报告能够促进价值总览思维
基于原则	是	是
报告受众	多方利益相关者	金融资本提供者和其他对组织持续价值创造能力息息相关的利益相关者
框架使用者	任何组织	私营部门中各种规模的营利性公司，但作出必要的调整后，公营部门和非营利组织也可运用
时间跨度	短期、中期和长期	短期、中期和长期
包括价值创造模型	否	是
可持续发展	讨论的核心	在对持续价值创造具有重大影响的范围内，是讨论的核心
报告的开展		
框架架构	三项报告准则、八个建议元素、编制报告的九个步骤（载于《讨论文件》附录 2）	基本概念、七项指导原则、八个内容元素
重要性	由公司（根据议题对短期、中期和长期价值的影响）加以定义，且区分财务和非财务定义	由公司（根据议题对公司短期、中期和长期价值创造能力具有的实质影响）加以定义

续 表

议 题	IRCSA《讨论文件》	IIRC《国际〈IR〉框架》
利益相关者参与	在编制报告过程中确认重要性时，开展广泛讨论（步骤四）	"利益相关者关系"是指导原则之一；要求讨论利益相关者参与的性质、质量，以及对利益相关者利益的响应能力
为如何编制价值总览报告提供了指引	是	是
其他事项		
对如何利用公司网站的讨论	仅指出价值总览报告应发布于公司网站	在探讨信息连通性和简练性时，提及了基于互联网的内容和链接
是否有来自监管方的支持	约翰内斯堡证券交易所；上市公司以"要么加以采用，要么解释原因"为基础发布价值总览报告	否
是否对报告鉴证作了讨论	是，且有专门的章节	简单提及了独立鉴证对报告可信度的加强

与《统一报告》中的坚定观点相呼应，《国际〈IR〉框架》表示："价值总览报告可以作为独立报告，也可作为可区分的、显著的或可获取的部分包含在其他报告或沟通文件中。"[66]这并不是说 IIRC 支持"合并"报告，而只是说，由于价值总览报告意在简练的本质，IIRC 认为，价值总览报告应被视作通过公司网站上的超链接等方式，获得更详细数据的"切入点"。[67]此外，《框架》旨在成为定义价值总览报告的全球标准，并为此发出了明确信号："价值总览报告应根据本《框架》进行编制。"[68]这就产生了一个显而易见的问题，即价值总览报告

应如何适应公司所在的报告监管环境。

《框架》通过强调价值总览报告的信息功能和价值总览思维的转型功能，进一步提炼了 IRCSA《讨论文件》中，对编制"一份价值总览报告"和"开展价值总览报告"所作的区分。《框架》指出，这两种功能相互促进，形成良性循环。实际上，《框架》第一部分"关于价值总览报告"的第一句话就凸显了两者的这一关系：

> IIRC 的长期愿景是这样一个世界：在这个世界中，价值总览思维①被嵌入公营部门和私营部门的主流业务做法之中，而将价值总览报告作为机构报告的标准，将助力于上述愿景的实现。价值总览思维和报告的循环，将使资本配置更具效率和效果，进而作为推动财务稳定性和可持续性的一种力量。[69]

对价值总览思维的强调依然是 IIRC 对价值总览报告含义作出的最重要贡献。《框架》表示："价值总览思维是指机构对其各个经营和职能部门与该机构所使用或影响的资本之间，就其关系所作的积极考量。价值总览思维会促生考虑机构短期、中期和长期价值创造的、价值总览的决策和行为。"[70]

若说 IRCSA《讨论文件》基于南非的独特情况，是将价值总览报告置于公司治理的背景之下，那么《框架》就是对价值创造作了特别强调。不过，公司治理依然重要，也是价值总览报告中应当包括的八个内容元素之一。《框架》表示："治理层有责任创建合适的监督结构，

---

① 中译本中为"整合思维"，下同。

以支持机构的价值创造能力。"[71]董事会肩负制定公司可持续价值创造战略，并将之成果以价值总览报告形式发布的最终责任。除公司治理外，价值总览报告还应当就公司创造价值用到的所有"资本"（金融资本、制造资本、自然资本、智力资本、人力资本，以及社会与关系资本），提供其使用及影响的信息。在六大资本和必须纳入考量的权衡取舍方面，价值创造所具有的重要地位，在《框架》的价值创造过程（见图 2.2）中得到了体现。[72]

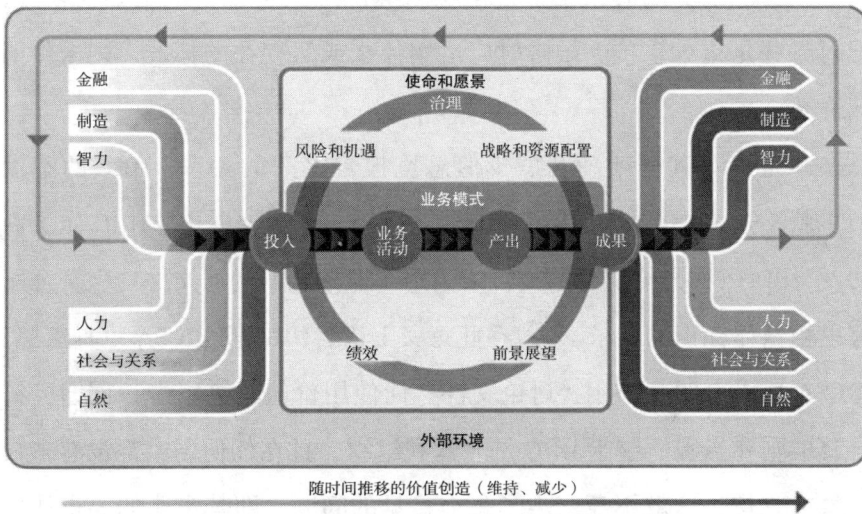

图 2.2 《国际〈IR〉框架》价值创造过程

来源：国际价值总览报告委员会：《国际〈IR〉框架》，第 13 页。[International Integrated Reporting Council.〈IR〉Framework，p.13，http：//www.theiirc.org/international-ir-framework/，accessed May 2014.]

《框架》和《讨论文件》都突出了价值总览报告在帮助公司"短期、中期和长期"创造价值上的作用[73]，不过两者对报告受众的定义有所不同。IIRC 关注的是"金融资本提供者"；IRCSA 则从多方利益相关者角度出发，表示价值总览报告"能让利益相关者评估机构在短期、中期和长期创造并维持价值的能力"。[74]不过,《框架》也指出,"价值总览报告将使所有关注机构持续价值创造能力的利益相关者受益"。[75]与此类似,《框架》虽然将重要性视作指导原则之一,但并不针对财务和非财务信息加以区分,而只是将具有重要性的事项定义为"对机构短期、中期和长期价值创造能力具有实质影响的事项"。[76]

由于《框架》以原则而非规则为基础,IIRC 明确表示:"本《框架》并未对具体的关键绩效指标、计量方法或个别事项的披露作出规定。"[77]《框架》同时指出,公司应当确认重大事项并决定如何披露,但对哪些是重大事项、报告时应运用什么或然存在的标准,则未作明朗表态。

不过,对其框架和开展价值总览报告之间的关系,IIRC 的态度似乎就不这么灵活了。在第一部分"运用《框架》"中,IIRC 作了声明:"任何声称为价值总览报告或引用《框架》的沟通文件均应符合所有以粗斜体标识的要求。"[78]在此意义上讲,IIRC 较 IRCSA 更具宏愿。IRCSA 从未声明凡引用《讨论文件》而使用价值总览报告一词即应符合其准则和指引。鉴于 IIRC 是非营利组织,且在任何国家都没有来自监管方支持,这就不免产生了一个显见的问题,即其声明的要求如何能够生效实行。如第十章所述,可能的实行方法,是通过市场和监管两股力量来共同落实。由于 IIRC 是"由监管机构、投资者、公司、标准制订者、会计专业人士和非政府组织组成的全球联盟"[79],所以同时具有市场和监管的要素。这也使 IIRC 成为增强价值总览报告运动势头的关键行动者。

注　释

［1］艾博思、乔治·赛拉菲姆：《从功能角度看公司报告与价值总览报告》。［Eccles, Robert G. and George Serafeim, "Corporate and Integrated Reporting: A Functional Perspective", Harvard Business School Working Paper, No. 14-094, April 2014.（Revised May 2014.）］

［2］同上，第 2 页。

［3］同上，第 2—3 页。

［4］同上。

［5］迈克尔·莫尔、朱利安·伯金肖：《管理史中的巨大进步》（中译本名：《追求卓越：150 年来最伟大的 50 项管理创新史》），第 2、3、182—199 页。［Mol, Michael J. and Julian Birkinshaw, *Giant Steps in Management*. London: Financial Times Prentice Hall, 2007, pp.2, 3, 182-199. Bloomberg Business. "A History of Big Ideas", http://images. businessweek.com/ss/09/03/0312_game_changing_timeline/index.htm, accessed May 2014.］

［6］按照惯例，公司报告中的报告年份指的是年度报告中涉及的年份。比如，《联合技术公司 2008 年年报》（UTC 2008 Annual Report）针对的是截至 2008 年 12 月 31 日的一年，发布时间是 2009 年年初。

［7］诺维信公司：《2002 年年度报告》，第 2 页。［Novozymes, Annual Report: The Novozymes Report 2002, p.2, http://www. zonebourse.com/NOVOZYMES-447531/pdf/8355/NOVOZYMES_ Rapport-annuel.pdf, accessed January 2014.］

［8］同上，第 5 页。

［9］诺维信公司：《2002 年年度报告》。［Novozymes, The Novozymes Report 2002, http://www.novozymes.com/en/investor/financialreports/Documents/The%20Novozymes%20report%202002.pdf，accessed March 2014.〕

〔10〕在确认社会议题目标和绩效的过程中，同对环境责任的承诺一样，公司探讨了社会责任是否可被衡量的问题。（同上。）

〔11〕公司计划进一步将环境责任融入业务模式和公司战略，公开承诺将"通过设定目标，在日常业务中纳入环境保护和生物伦理方面的考量，不断改进环境绩效"。（同上。）

〔12〕"经济方面的底线涵盖了许多不同元素。全球报告倡议组织（GRI）的最新'三重底线'报告指南包含了多个指标，旨在描绘公司对周围环境之经济影响的全景。这些指标在我们作三重底线报告时，给予了我们很大启发。"（同上。）

〔13〕同上。

〔14〕对 Natura 公司价值总览报告更详尽、更新近的讨论请见：艾博思、乔治·赛拉菲姆、詹姆斯·赫弗南：《Natura 公司》。〔Eccles, Robert G., George Serafeim and James Heffernan, "Natura Cosmé ticos, S.A." Harvard Business School Case 412–052, November 2011.（Revised June 2013.）〕

〔15〕2002 年年报未在网上提供。

〔16〕Natura 公司：《2003 年度报告》，第 19 页。〔Natura, Annual Report Natura 2003, p.19, http：//natura.infoinvest.com.br/enu/1648/Eng_Annual_Report_2003.pdf，accessed January 2014.〕

〔17〕同上。

〔18〕Natura 公司：《2003 年年度报告》。〔Natura, Annual Report 2003, http：//natura.infoinvest.com.br/enu/s–15–enu–2003.html, accessed March 2014.〕

〔19〕《AA1000 鉴证标准》2003 年版是包括鉴证标准和原则标准的

单一文件。在 2008 年，AccountAbility 作出改变，将鉴证标准和原则标准分为两份文件（《AA1000 原则标准》和《AA1000 鉴证标准》）发布。〔AccountAbility. http：//www.accountability.org/images/content/0/9/091/Introduction%20to%20the%20revised%20AA1000AS%20and%20AA1000APS.pdf，accessed April 2014.〕

〔20〕在说明如何管理公司活动对社区造成的影响时，Natura 指出，环境管理系统是记录并回应利益相关者就环境影响所作通报的渠道。（Natura 公司：《2003 年年度报告》。）〔Natura，Annual Report 2003.〕

〔21〕对诺和诺德公司价值总览报告更具体、更新近的讨论请见：艾博思、迈克尔·P. 克鲁斯：《诺和诺德：对可持续发展的承诺》。〔Eccles，Robert G. and Michael p.Krzus，"Novo Nordisk：A Commitment to Sustainability"，Harvard Business School Case 412−053. Revised June 2013.〕

〔22〕诺和诺德荣列 Corporate Knights 公司旗下杂志《公司骑士》（*Corporate Knight*）"全球最可持续公司 100 强"排行榜首位。报告所获奖项包括 CorporateRegister.com 的最佳价值总览报告奖（三次夺魁）和最开诚布公报告奖、伦德奎斯特（Lundquist）北欧地区企业社会责任排名首位、可持续报告环球奖（Globe Award）、最佳丹麦公司年度报告奖等。（诺和诺德公司）〔Novo Nordisk. http：//www.novonordisk.com/sustainability/sustainability−approach/awards−and−recognition.asp，accessed March 2014.〕Natura 在 2011 年和 2012 年的《公司骑士》"全球最可持续公司 100 强"排行榜中位列第二。报告所获奖项包括 Aberje 优秀纸质出版物奖、巴西《IR》杂志最佳社会和环境可持续发展奖，以及最透明公司奖（Transparency Trophy）上市公司五强。（Natura 公司）〔Natura. http：//natura.infoinvest.com.br/enu/4381/RA_NATURA_2012_ENG.pdf，accessed March 2014.〕

[23] 约翰·埃尔金顿（John Elkington）初创了"三重底线"这一说法。（约翰·埃尔金顿：《向可持续公司迈进：可持续发展的三赢商业战略》。）[Elkington, J. "Towards the sustainable corporation: Win-win-win business strategies for sustainable development", *California Management Review* 36, No.2. 1994.] 如今已让位于"环境、社会、治理加财务"报告法的"三重底线"报告法，在这份112页的报告中频繁出现（11次）。（诺和诺德公司：《2004年财务、社会和环境绩效年度报告》。）[Novo Nordisk, Annual Report 2004: Financial, Social and Environmental Performance Report, http://www.novonordisk.com/investors/download-centre/reports/annual/Annual%20Report%2004%20UK.pdf, accessed March 2014.]

[24] 同上，第9页。

[25] 同上。

[26] 同上。

[27] 诺和诺德公司：《2005年财务、社会和环境绩效年度报告》，第40页。[Novo Nordisk, Novo Nordisk Annual Report: Financial, Social & Environmental Performance 2005, http://annualreport2005.novonordisk.com/annual-report/images/2005/Annual%20Report%2005%20UK.pdf, accessed January 2014, p.40.]

[28] 同上，第6页。

[29] GRI的《G2可持续发展报告指南》于2002年8月至9月在约翰内斯堡举行的可持续发展问题世界首脑会议期间发布。（全球报告倡议组织）[Global Reporting Initiative. https://www.globalreporting.org/information/about-gri/what-is-GRI/Pages/default.aspx, accessed April 2014.]

[30] 联合国全球契约是"一项战略性政策倡议，制定的对象是

致力使其营运和战略符合人权、劳工、环境和反腐领域中十项公认原则的企业。通过与十项公认原则保持一致，企业，作为全球化主要推动者，可以帮助确保市场、商业、技术和金融以有利于世界各地经济和社会的方式发展"。（联合国全球契约："关于我们·概况"。）[UN Global Compact, About Us, Overview, http：//www.unglobalcompact. org/AboutTheGC/index.html, accessed May 2014.]"全球契约在人权、劳工、环境和反腐方面的十项原则享有全球共识，这些原则来源于：《世界人权宣言》《国际劳工组织关于工作中的基本原则和权利宣言》《关于环境与发展的里约宣言》《联合国反腐败公约》。全球契约要求公司接受、支持和制定在人权、劳工标准、环境和反腐等领域的核心价值观：人权·原则一：企业界应支持并尊重国际公认的人权；原则二：保证不与践踏人权者同流合污。劳工·原则三：企业界应支持结社自由及切实承认集体谈判权；原则四：消除一切形式的强迫和强制劳动；原则五：切实废除童工；原则六：消除就业和职业方面的歧视。环境·原则七：企业界应支持采用预防性方法应付环境挑战；原则八：采取主动行动促进在环境方面更负责任的做法；原则九：鼓励开发和推广环境友好型技术。反腐·原则十：企业界应努力反对一切形式的腐败，包括敲诈和贿赂。"（联合国全球契约："关于我们·十项原则"。）[UN Global Compact, About Us, The Ten Principles, http：//www.unglobalcompact. org/AboutTheGC/TheTenPrinciples/index.html, accessed May 2014.]"联合国全球契约的参与企业承诺将全球契约十项原则融入其业务战略和日常营运。企业还承诺发布年度'进展情况通报'（Communication on Progress，简称COP），就其落实全球契约十项原则，以及支持更广泛联合国发展目标的进展情况，向利益相关者（如投资者、消费者、民间社会、政府等）作公开披露。'进展情况通报'常常是参与企业就全球契约及其原则所作承诺的最醒目体现。违反'进展情况通报'政策（例如不作年度通报）将导致参与企业的状态降低为'未通报'，并可能最终导致除名。"（联合国全球契约："报告·进展情况通报"。）［UN Global Compact, Reporting, What is a Cop？http：// www.unglobalcompact. org/COP/index.html, accessed May 2014.］

［31］皇家飞利浦公司：《2008年年度报告》，"财务、社会和环境绩效"，第180页。［Philips, Annual Report 2008, Financial, social and environmental performance，p.180，http：//www.philips.com/shared/ assets/Downloadablefile/Investor/Philips2008_AnnualReport.pdf，accessed January 2014.］

［32］艾博思、乔治·赛拉菲姆：《绩效前沿：为可持续发展战略而创新》。［Eccles, Robert G. and George Serafeim, "The Performance Frontier：Innovating for a sustainable strategy"，*Harvard Business Review* 91，No.5（May 2013），pp.50-60.］

［33］对联合技术公司首份价值总览报告及其公司报告做法演进的更详尽讨论请见：艾博思、迈克尔·P. 克鲁斯：《统一报告：为可持续发展战略作价值总览报告》，第2章，第29—50页。［Eccles, Robert G. and Michael p.Krzus, One Report：Integrated Reporting for a Sustainable Strategy. New York：John Wiley & Sons, Inc., 2010. Chapter 2, pp.29-50.］

［34］联合技术公司：《2008年财务和公司责任绩效年度报告——以少胜多》。［United Technologies, United Technologies Corporation Annual Report：2008 Financial and Corporate Responsibility Performance, More with less，http：//www.cn.utc.com/utc_cn/Static%20files/About%20UTC/ UTC%202008%20Annual%20Report.pdf, accessed January 2014.］

［35］联合技术公司：《联合技术公司发布首份财务与公司责任合并报告——志在"以少胜多"》。［United Technologies, News, United

Technologies publishes combined Annual and Corporate Responsibility Report – determined to do "more with less", http：//www.utc.com/News/United+Technologies+publishes+combined+Annual+and+Corporate+Responsibility+Report？Page=11&channel=/News/Archive/2009, accessed April 2014.]

〔36〕同上。

〔37〕艾博思、迈克尔·P. 克鲁斯：《统一报告：为可持续发展战略作价值总览报告》，第 10 页。〔Eccles and Krzus, *One Report*, p.10.〕

〔38〕考虑到这两份出版物的发表时间非常接近，两位作者几无可能相互之间有所耳闻。这是当某一观念"时机业已成熟"时，独立事件便会在异地同时发生的又一佳例。

〔39〕艾伦·L. 怀特：《新瓶装新酒：非财务报告的兴起》。〔White, Allen L. "New Wine, New Bottles：The Rise of Non-Financial Reporting", A Business Brief by Business for Social Responsibility, 2005, http：//www.bsr.org/reports/200506_BSR_Allen-White_Essay.pdf, accessed May 2014.〕

〔40〕同上，第 2 页。

〔41〕有趣的是，出版物没有提及诺维信公司，而且到目前为止，其从前的姊妹公司诺和诺德因价值总览报告而获得的关注都要多得多。

〔42〕同上，第 5 页。

〔43〕同上。

〔44〕Solstice Sustainability Works 公司：《价值总览报告：对报告者的议题和影响》。〔Solstice Sustainability Works, Inc. "integrated reporting：issues and implications for reporters", August 2005, https：//www.vancity.com/lang/fr/SharedContent/documents/IntegratedReporting.pdf, accessed January 2014.〕

〔45〕同上，第 1 页。

［46］同上，第 4 页。

［47］同上，第 3 页。

［48］同上，第 1 页。

［49］同上，第 2 页。

［50］同上，第 5 页。

［51］同上，第 7 页。

［52］同上，第 11 页。

［53］同上，第 13 页。

［54］同上，第 14 页。

［55］艾博思和克鲁斯在《统一报告》发表之后，才接触到怀特和 Solstice 的研究。两份研究都深藏于互联网不知名的角落。这也显示出这两份研究都领先于其时代。

［56］同上，第 3 页。

［57］艾博思、乔治·赛拉菲姆：《绩效前沿：为可持续发展战略而创新》。［Eccles and Serafeim，"The Performance Frontier".］

［58］艾博思、迈克尔·P. 克鲁斯：《统一报告：为可持续发展战略作价值总览报告》，第 6 章，第 145—179 页。［Eccles and Krzus，*One Report*，Chapter 6，pp.145-179.］

［59］经济学人智库：《声誉：风险之至大者》，第 5、22 页。［The Economist Intelligence Unit，Reputation：Risks of Risks，white paper，December 2005，pp.5，22.］

［60］请注意避免将 IRCSA 的《价值总览报告框架讨论文件》（英文简称 IRCSA Discussion Paper）与 IIRC 的 2011 年讨论稿（英文简称 IIRC Discussion Paper）混淆。

［61］南非价值总览报告委员会：《价值总览报告框架讨论文件》。［Integrated Reporting Committee of South Africa，"Framework for

Integrated Reporting and the Integrated Report", January 25, 2011, http：//www.sustainabilitysa.org/Portals/0/IRC%20of%20SA%20 Integrated%20Reporting%20Guide%20Jan%2011.pdf，accessed January 2014.〕

〔62〕这八项元素是：1.报告概况（报告的范围和边界为何？）；2.组织概述、业务模式和治理结构（如何创造价值、作出决策？）；3.对营运背景的理解（营运的环境为何？）；4.战略目标、技能水平、关键绩效指标和关键风险指标（目标为何？如何加以实现？）；5.组织绩效的说明（在报告期内，绩效如何？）；6.未来绩效目标（以近期绩效为依据，未来目标为何？）；7.薪酬政策（薪酬管理的方法为何？）；8.分析评注（领导层对组织的看法为何？）。（同上，目录页。）

〔63〕《框架》是在与 IIRC 技术特别小组磋商后编制的，其来源如下：IIRC 工作组的工作、对 2011 年讨论稿的响应、IIRC 试点项目参与者提供的意见、与 IIRC 成员的讨论，以及在世界各地开展的圆桌会议成果。《框架》草案进行了公开意见征求，为期 90 天。《框架》草案在向 IIRC 委员会递交获批之前，所有接收到的意见都得到了考虑和总结，并咨请委员会裁定。程序同时要求向 IIRC 委员会递交的《框架》草案至少获得工作组三分之二通过，且最终发布的《框架》获得 IIRC 三分之二成员批准。（国际价值总览报告委员会："应循程序"。）〔International Integrated Reporting Council, IIRC Due Process, http：//www.theiirc.org/wp-content/uploads/2012/11/IIRC-Due-Process-25-09-12.pdf，accessed March 2014.〕

〔64〕国际价值总览报告委员会：《国际〈IR〉框架》，第 7 页。〔International Integrated Reporting Council, <IR> Framework, p.7, http：//www.theiirc.org/international-ir-framework/，accessed May 2014.〕

［65］对"可持续发展"的第一次提及针对的是资本市场可持续发展："价值总览思维和报告的循环作用，将使资本配置更具效率和效果，进而成为推动财务稳定性和可持续性的一种力量。"（同上，第2页。）第二次提及，是为了强调价值总览报告不仅仅是编制，同时包括财务信息和可持续发展绩效信息的单一报告："价值总览报告并非仅仅意在汇总其他沟通文件中的信息（如财务报表、可持续发展报告、分析师电话会议纪要或网站信息等），而是应当阐明信息的连通关系，从而指出机构如何持续创造价值。"（同上，第8页。）第三次提及，是为了说明价值总览报告中的信息应与其他报告中的信息兼容："例如，如果一项关键绩效指标的所涉议题与机构财务报表或可持续发展报告中的议题类似，或前者以后者的信息为依据，则该指标应以相同的基础针对相同的时间范围制定。"（南非价值总览报告委员会：《价值总览报告框架讨论文件》，第30页。）［IRC of SA Discussion Paper，p.30.］

［66］《国际〈IR〉框架》，第8页。［<IR> Framework，p.8.］

［67］同上。

［68］同上。

［69］同上，第2页。

［70］同上。

［71］同上，第13页。

［72］同上。

［73］《国际〈IR〉框架》，第2页；《价值总览报告框架讨论文件》，第6页。［<IR> Framework，p.2 and IRC of SA Discussion Paper，p.6.］

［74］南非价值总览报告委员会：《价值总览报告框架讨论文件》，第13页。［IRC of SA Discussion Paper，p.13.］

［75］这些利益相关者包括员工、客户、供应商、业务伙伴、当地社区、立法机构、监管机构和政策制定者。（《国际〈IR〉框架》，第4

页。)［<IR> Framework，p.4.］

［76］《国际〈IR〉框架》，第 19 页。［<IR> Framework，p.19.］

［77］同上，第 7 页。

［78］同上，第 8 页。

［79］国际价值总览报告委员会："关于 IIRC"。［International Integrated Reporting Council，The IIRC，http：//www.theiirc.org/the−iirc/，accessed April 2014.］

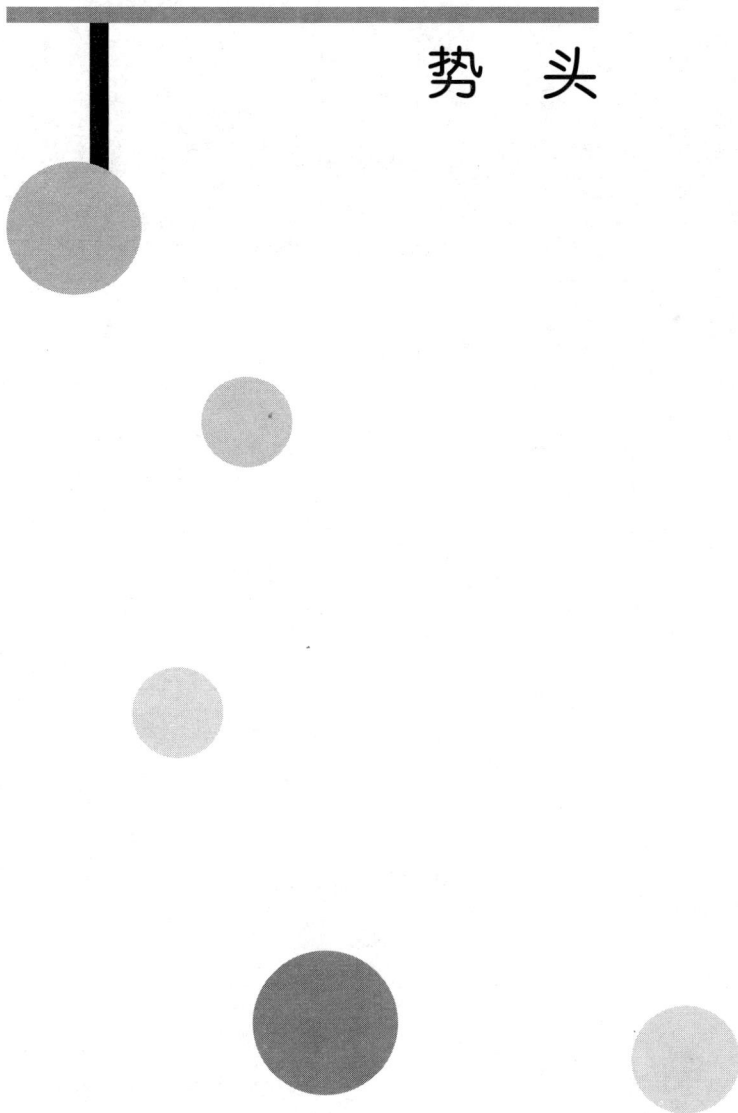

第三章

势　头

　　尽管价值总览报告的普遍采用远谈不上势在必得，但目前的发展趋势是积极的。价值总览报告虽不如可持续发展报告成熟，但本质上是一场社会运动。[1]当价值总览报告得到公司实践和受众使用时，就能够转变公司内部和全球市场的资源配置决策方式。价值总览报告的社会目的，是以公司报告为手段，影响公司和投资者，使其将公司决定的正外部效应和负外部效应（最通常的说法是与社会和环境议题相关的"可持续发展"[2]）都纳入考量，并将日趋重要的公司无形资产也纳入考量。这其中的关键元素，就是培养更长期的思维，更明确考虑公司在价值创造时使用、转化的所有"资本"。

　　社会运动是松散但持久的、支持某项社会目标的活动，常常是对社会结构或社会价值改变的实行或抵制。社会运动根据定义即具有集体性。[3]虽然规模不同，但社会运动都是个人和组织或多或少出于自发，相互联合的结果。这些个人和组织的关系并不是基于规则和程序，而是基于对社会前景的共同展望。[4]任何社会运动的成功都需要广泛行动者的参与、支持与合作。价值总览报告运动的行动者包括公司、分析师、投资者、非政府组织、监管者、标准制定者、会计师事务所和技术公司。运动取得成功的最终目标，即是全球范围内所有上市公司对价值总览报告的采用。只有通过多数全世界最大规模公司在全球范围内（或至少大范围内）对价值总览报告的采用，价值总览报告在系统层面的效益才能得到实现。与此同时，个体公司将会因下一章所述的原因而获益，投资者在学会如何将价值总览报告中的信息纳入投资决策后，同样也能从中获益。

　　本章将就价值总览报告运动的势头，列举在三个维度上的证据。这三个相互关联的维度分别是采用、促因和意识（见图3.1）。

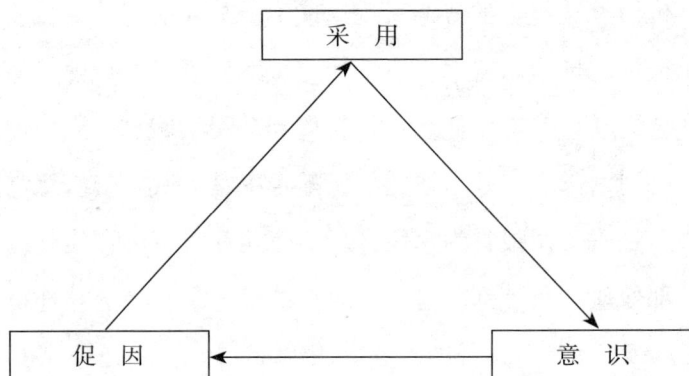

图 3.1　采用、促因和意识

　　鉴于公司是价值总览报告的分析单位，我们将以南非之外公司对价值总览报告的**采用**[5]情况，检验价值总览报告运动的进展。如果采用价值总览报告的公司数量多、增速快，则说明价值总览报告运动的势头正在增强。**促因**包括监管规定、多方利益相关者倡议、组织机构，以及对价值总览报告的公开支持。[6]最后，**意识**反映的是商界和公众对价值总览报告的关注程度。**促因**能够加速价值总览报告的**采用**。两者共同作用，提升对价值总览报告的**意识**。虽然意识能加强促因的力量，但对采用几乎无直接影响。

一、采　用

　　虽然难以估计已经采用价值总览报告公司的数量或比例，但我们可以使用"自行声明"的价值总览报告总数、可持续发展报告数量的增加，以及年度报告中体现价值总览报告"精神"的数据，作为价值总览报告采用情况的粗略指标。之所以如此，主要是由于目前存在的两大局限：其一，对如何界定价值总览报告尚不存在明确的标准；其二，难以确定符合标准的年度报告或其他报告的数量。

（一）自行声明的价值总览报告

对价值总览报告准则的最初讨论可追溯至 2005 年，然而，对报告标准的首个正式定义，直到南非价值总览报告委员会（IRCSA）于 2011 年发布《价值总览报告框架讨论文件》时才出现。[7] 就符合标准的报告数量，尚不存在相关的数据库。不过，根据全球报告倡议组织（GRI）的可持续发展披露数据库（Sustainability Disclosure Database），在 2010 年至 2013 年期间，以自行声明的价值总览报告计算，作价值总览报告的公司数量是增加的。[8] 自行声明发布价值总览报告的实体从 2010 年的 287 个增长到 2012 年的 596 个。[9] 使用我们在本书写作时尚不完整的 2013 年数据进行统计，实体中 61% 是上市公司，31% 是营利性非上市公司，剩下的 8% 是非营利组织和地方政府等其他实体。[10] GRI 将其中三分之二归为"大型"实体，四分之一归为"跨国"实体。[11] 尽管价值总览报告运动的主要重点是上市公司，上述数据表明，价值总览报告的应用范围可包括市镇政府等更广泛的实体。[12]

鉴于 51% 的报告来自欧洲，而仅有 3% 来自北美洲（相对甚小的大洋洲为 4%，略高于北美洲），可见对价值总览报告的意识和接受程度在欧洲和北美洲之间差异很大。与欧盟国家的公司相比，美国公司视自愿披露存在更大的诉讼风险。来自拉丁美洲和加勒比海地区的报告占 12%，亚洲占 9%，非洲（以南非为主）占剩下的 21%。这些自行声明的价值总览报告中，许多称为"合并"报告可能更为合适。不过，公开声明为价值总览报告支持者的公司数量众多，就提升价值总览报告的接受度来说，是积极的信号。[13]

（二）可持续发展报告的趋势

公司发布可持续发展报告，便是向自愿透明披露进了一大步，而且在许多情况下，收集非财务绩效信息的系统也得到了落实。因此，发布可持续报告的公司代表了可能接受价值总览报告的候选组。就目前来看，大多数公司的首份价值总览报告，始于作可持续发展报告数年之后。[14]

在 2012 年，全球 46000 家上市公司中仅 1％自行声明为价值总览报告发布者[15]，不过，编制可持续报告的公司数量要多得多，且增速很快（见图 3.2）。在 1999 年，仅有 11 家公司根据 GRI《可持续发展报告指南》编制了可持续发展报告。到 2012 年，报告数量已增加至 3704 份，年均复合增长率为 56.5％。亚洲的增长率（68.3％）高于欧洲（54.4％）和北美洲（43.5％），表明对可持续发展报告的兴趣在亚洲日增。可持续发展投资协会（Sustainable Investments Institute）联合创始人彼得·德西蒙（Peter DeSimone）表示，2013 年仅 8 家标准普尔 500 指数上市公司发布了价值总览报告，但有 89％（450 家）发布了可持续发展报告，2012 年为 76％；[16]2013 年有 43％的标普 500 上市公司在编制报告时参考了相关指南，2012 年为 36％。[17]即使在美国，可持续发展报告的强劲增长趋势也会有助于价值总览报告的发展势头。[18]

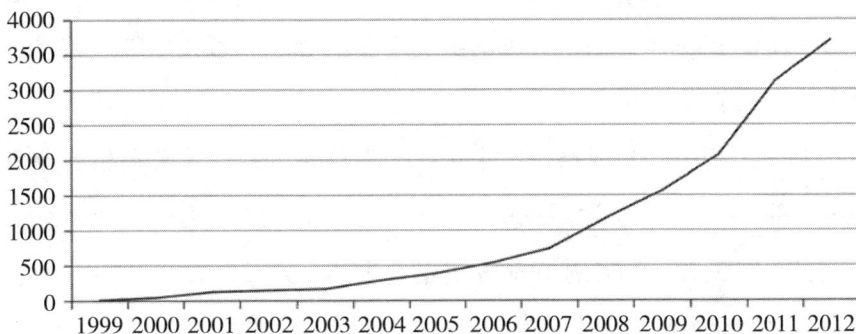

图 3.2　1999—2012 年 GRI 报告实体数量

来源：全球报告倡议组织："可持续发展披露数据库电子表格"。［Global
Reporting Initiative，Excel Spreadsheet of Sustainability Disclosure Database.］

（三）价值总览报告的精神

荷宝 SAM（RobecoSAM）自 1999 年起编制道琼斯可持续发展指数
（DJSI），并在 2009 年开始考察与价值总览报告相关的资讯。[19]荷宝
SAM 的"企业可持续发展评估"[20]（Corporate Sustainability Assessment）
涵盖了世界上最大的 2000 家公司，针对 2011 年和 2012 年的报告，找
寻了公司就环境和社会倡议有助节省成本或增加收益所给出的数据。
这些信息远谈不上是全面的价值总览报告，但反映出公司已将价值总
览报告的一些原则（特别是《国际〈IR〉框架》中的"信息连通性"
原则[21]）付诸实践。因此，我们将之视为体现价值总览报告"精神"
的标志。荷宝 SAM 推断，只有位于年度报告主要章节的数据才能作为
真正"价值总览"的标志，而将数据置于可持续发展相关章节，则更
像"合并"报告而非价值总览报告的标志。据此，荷宝 SAM 发现，仅
有 12％的公司在 2012 年就环境和社会倡议有助节省成本或增加收益，
给出了至少一个实例。尽管如此，相比 2011 年的 8％，已有 50％的增

长。[22]上述实例中，74%与环境倡议有关，其中节省成本和增加收益各占一半。在与社会倡议有关的实例中，三分之二事关增加收益，三分之一事关节省成本。[23]

上述实例中，与战略性、全集团的倡议相关，涉及公司核心业务的占大部分（72%），远超过仅涉及非核心业务或孤立存在的可持续发展项目（28%）。[24]实例中60%属定性表述，这反映出量化财务和非财务绩效之间关系的难度。[25]

二、促　因

在任一给定市场，都有四大市场和监管促因通过相互作用，增强或抗拒价值总览报告运动的势头。这些促因分别是监管规定、多方利益相关者倡议、组织机构，以及对价值总览报告的公开支持。我们将在下文中逐一详述。

（一）监管规定

监管是涉及政府力量的唯一促因，能够直接改变公司的行为。不过，监管是一把双刃剑，其成功施行也会造成风险，将开展价值总览报告降格为公司的合规事务。公司"自主陈述"的能力受限，可能仅会按法规的"字面形式"而非"精神实质"来办事。虽然只有南非对价值总览报告作了要求，但支持可持续发展报告的监管规定正在世界各地涌现。在2013年的报告《软硬兼施》（Carrots and Sticks）中，毕马威、非洲公司治理中心（Centre for Corporate Governance in Africa）、全球报告倡议组织（GRI）和联合国环境规划署共同考察了 45 个国家的 180 项政策，发现其中 72% 具有强制性。与此相比，这一数字在 2010 年对 32 个国家的考察中是 62%，2006 年对 19 个国家的考察中是 58%。[26]主要趋势包括在公司治理和披露要求方面监管规定的制订、以"要么作可持续发展报告，要么解释原因"为基础的政策数量增加、对大型公司和国有企业的特别关注（同时鼓励中小型公司作自愿报告）、部分证券交易所将作可持续发展报告列为上市要求（见下文详述），以及政府为协调多种框架之使用所作的努力。[27]伦敦商学院教授扬尼斯·约安努（Ioannis Ioannou）和哈佛商学院乔治·赛拉菲姆（George Serafeim）发现，同迈向可持续发展报告的趋势相合，政府规定公司开展可持续发展报告的政策，能引导公司作出常与价值总览报告挂钩的积极改变。[28]虽然价值总览报告和可持续发展报告不是一回事，但法定可持续发展报告的普及，加之关于其效益的实证日趋增多，会促使政府考虑支持价值总览报告的监管规定，并很可能以"要么遵守规定，要么解释原因"的原则作为基础。

作用于地图上大块版图的最新立法进展，是欧洲委员会（European Commission）①于 2013 年 4 月 16 日推出的提案。[29]提案对欧盟第四号[30]、第七号[31]会计指令作出修订，以改善公司透明度，提高在社会、环境议题方面的绩效。在 2014 年 4 月 15 日的欧洲议会全会上，28 个成员国以 599 票同意、55 票反对的表决结果通过了这项指令。其中写道："有关公司应就环境、社会和员工事务、人权、贪污和受贿议

---

① 简称"欧委会"。国内由于历史原因，也常译为"欧盟委员会"。本书中统一使用欧盟驻华代表团译法——"欧洲委员会"。

题，以及董事会成员的多样性情况，披露其政策、风险和成果。"[32]该指令适用于雇用超过 500 位及以上员工的上市公司及部分未上市公司，预计将对大约 6000 家公司产生影响。[33]彼时，只有大约 2500 家大型欧盟公司定期披露环境和社会信息。[34]公司可选择将相关信息纳入年报（如此至少会催生出"合并报告"），也可选择单独列报。同样，公司可以在众多标准和指南中[35]作出选择，在编制报告时加以遵循，但指令并未对此作出规定。

欧洲委员会在立法颁布时刊发的一份备忘录中，说明了对价值总览报告的立场：

> 本指令重点针对环境和社会信息披露。开展价值总览报告是更向前的一步，事关公司以全面、一致的方式，整合财务、环境、社会和其他信息。本指令未对公司编制价值总览报告作出要求，这点应当明确。
>
> 欧洲委员会正以极大兴趣密切关注价值总览报告这一概念的演进，尤其是国际价值总览报告委员会的相关工作。[36]

如此，虽然欧洲委员会澄清，指令未鼓励开展价值总览报告，但明确承认了价值总览报告和国际价值总览报告委员会（IIRC）的存在，并将指令定位为向价值总览报告迈进的潜在步骤。这一简短的声明，赋予了价值总览报告及 IIRC 在欧盟实质的制度正当地位。

与法定可持续发展报告的一些辖区类似[37]，欧洲委员会计划制定实施指引。不过，提案的实施将由各成员国决定。[38]英杰华投资公司（Aviva Investors）首席负责任投资官（Chief Responsible

Investment Officer）、价值总览报告政策倡导者史蒂夫·韦古德（Steve Waygood）[39]对将实施的具体细节和责任承担交给各成员国表达了顾虑。他认为，若真如此，"考虑到现实政治因素，估计受指令影响的大型公司，到不了 6000 家这么多。很可能有几个国家会实施不力，还有一些国家会声辩说本国法律已经涵盖了指令的内容。"[40]

两大关键挑战依然存在：（1）各国要负责为指令设立责任承担机制；（2）如果指令以"要么遵守，要么解释"为基础，那么由谁负责监督、公司应从何处获得指引、如果不遵守该如何解释，都不甚明了。[41]与各国商定的立场不同，韦古德认为，监管方基于原则的办法是有益的，能够避免个别公司"签到"式的合规态度。"要是指望一刀切，为不同行业指定同一套关键绩效指标，会是错误的决定，"他还表示，"提案其实也考虑到了各公司的独特性，让董事会判断并列报同所在行业相关的指标，同时对为何不包括其他指标作出解释。"[42]由于提案对重要性完全未作涉及，公司必须自行决定重要性是不是"简练、有用的信息"，如是，还要决定以何等方式确认重要性。尽管存在不足，韦古德对指令的潜在效益的态度是明确的。"指令能让我们乃至其他分析师获得更多的有用信息，帮助我们为终端投资者作出更为准确的价值评估。对欧洲委员会来说，指令也能作为《单一市场法令》（Single Market Act）的一部分，推动建立更可持续发展的资本市场。"[43]

（二）多方利益相关者倡议

多方利益相关者倡议发挥作用的方式，是通过影响能够直接改变行为的实体（如政府），或间接改变行为的实体，如可以运用道德劝导、会员资格和建议"最佳做法"等手段，鼓励公司采用某项做法的社团、协会等。对价值总览报告运动尤其重要的两个倡议，分别是可持续证券交易倡议（Sustainable Stock Exchange Initiative，简称 SSE）和企业可持续发展报告联盟（Corporate Sustainability Reporting Coalition，简称 CSRC）。[44]

1. 可持续证券交易倡议

如 GRI 首席执行官恩斯特·里希特林根（Ernst Ligteringen）所言，"证券市场监管者在通过改变上市要求进行'睿智'监管，推动（可持续发展领域）改变方面，具有得天独厚的条件。"[45]大多数国家的证券交易所都具有或由立法直接授予，或由证监会转予的监管权力。正因为证券交易所能够改变所有上市公司的行为，所以是多方利益相关者倡议的理想目标。可持续证券交易倡议[46]正是这些倡议中的中流砥柱。[47]

通过证券交易所上市要求施加压力，是一种较不激进的强制执行形式。尽管公司若拒绝合规，可以选择退市，但退市或转移到其他证券交易所并不那么容易。在过去的十年里，由证券交易所主导的环境和社会报告要求，在全世界的数量都在见长。[48]其中最知名的，便是约翰内斯堡证券交易所以"要么加以采用，要么解释原因"为基础，对开展价值总览报告提出要求。[49]为提供平台，促进投资者、监管者和公司的合作，解决与公司透明度相关的环境、社会和治理议题，联合国于 2009 年发起了"可持续证券交易倡议"（SSE）。[50]如今，SSE 伙伴交易所有九家，分别是巴西证券期货交易所、孟买证交所、伊斯坦布尔证交所、埃及证交所、约翰内斯堡证交所、纳斯达克—OMX 证交所、尼日利亚证交所、纽约—泛欧证交所和华沙证交所。[51]

韦古德是 SSE 背后的推动人物之一。他解释道："我们认为，联合国的这项倡议，是对许多该领域负责任投资者的极佳响应。倡议的着眼点，应该是要确保证券交易所采取有效行动，这也是我们委托 Corporate Knights 公司所作的研究可以派上用场的地方。我个人还是认为，把价值总览报告纳入上市要求才是最高标杆。"[52]伙伴交易所承诺"通过与投资者、公司和监管者之间的对话，自觉承担义务，促进长期可持续投资，改善本交易所上市公司的环境、社会和治理披露与绩效。"[53]为推动伙伴交易所遵循其承诺的精神，英杰华投资公司和标准普尔评级服务（Standard & Poor's Rating Services）委托 Corporate Knights 资本公司针对在 40 个国家 45 大证券交易所上市的 3972 家公司，就其 2007 年至 2011 年期间可持续发展披露做法作了对标研究。[54]公布排名是经久不衰的影响行为手段。Corporate Knights 资本公司根据大盘股公司在各交易所的公开披露评分，从 2013 年起逐年发布 45 大交易所的研究排名。[55]排名靠后的 SSE 伙伴交易所会有改进的动力，非 SSE 伙伴交易所也能借此机会，就可持续发展的承诺作出公开声明。

2. 企业可持续发展报告联盟

由英杰华投资公司牵头的企业可持续发展报告联盟（CSRC）[56]，在 2011 年 9 月 20 日发布新闻稿宣告成立。通过发行一系列信息及时、内容丰富的出版物，CSRC 在促进围绕 2014 年欧盟会计指令的修订和 2012 年联合国可持续发展大会（里约 +20）的对话方面，起到了不可或缺的作用。[57]CSRC 的成员包括投资者[58]、公司、代表环境和社会方面广泛利益的非政府组织（包括 GRI 和 IIRC）、会计师协会、联合国附属机构等，成立的目的是为了对构成监管基础的立法施加影响。与 SSE 侧重动员现有监管者（如证券交易所）不同，CSRC 成员构成中为数众多的非政府组织使之更以开展运动为导向。

在一份 2011 年的新闻稿中，CSRC 呼吁公司披露、整合重大可持续发展信息，纳入年度报告和报表，或对无法做到这一点解释原因。其深层信念，是应制定国际政策框架，改善公司透明度和责任承担。[59]新闻稿还援引了大量组织和系统层面的效益，以佐证上述观点。[60]在里约 +20 大会召开之前，英杰华投资公司发表了《2012 年里约会议二十周年地球首脑会议：向一致同意在里约 +20 大会上作出公司可持续发展报告宣言迈进》(Earth Summit 2012：Towards agreement on a declaration for corporate sustainability reporting at Rio+20)，其中呼吁大会代表作出承诺，制定关于可持续发展报告的声明。在此之后的里约 +20 大会成果文件《我们希望的未来》[61]中，加入了第 47 段，呼吁公司"考虑将可持续性信息纳入报告周期"。[62]

虽然第 47 段不像 CSRC 希望的那样措辞强硬，但体现出与会各国在全体核可的前提下，支持更为整合的公司责任承担结构。[63]"价值总览报告"一词虽未被提及，但"将可持续性信息纳入报告周期"（"报告周期"指的是所有上市公司的法定财务报告周期）这一措辞暗含了价值总览报告的本质。

在里约 +20 大会之后，CSRC 将注意力转向欧洲。在 2012 年 11 月，英杰华投资公司发布了《欧洲简报：向一致同意开展可持续发展报告迈进》(European briefing：Towards an agreement on corporate sustainability reporting)，呼吁欧洲政策制定者"考虑以'要么开展报告，要么解释原因'为基础，作出关于'综合公司可持续发展报告'的规定"。[64]《欧洲简报》提出，上文所述的欧洲联盟会计指令可基于七项原则。例如，重视业务相关议题和重大议题、以定量关键绩效指标披露公司绩效、要求将可持续发展关键绩效指标（包括战略、风险、审计和薪酬方面的指标）贯穿于报告和报表之中。尽管《欧洲简报》也没有直接使用"价值总览报告"一词，但"综合公司可持续发展报告"这一提法，以及上面援引的三项原则，都能让人联想到"价值总览报告"这一概念。《欧洲简报》和《我们希望的未来》第47段在措辞上的微妙差别，显示出社会运动发展时存在的挑战。社会运动的行动者具有相互重叠，但常常并不完全吻合的利益诉求，这是无可避免的。而以上提法与价值总览报告概念的含义，恐怕也不尽然相同。[65] 这也体现出，关于价值总览报告同可持续发展报告之间的关系，一致意见还没有形成。在确立"价值总览报告"乃至"开展价值总览报告"的含义的过程中，这是尤为突出的一项议题。我们的立场是，可持续发展报告是价值总览报告的重要补充。本书第六章对此有更详细的解释。

（三）组织机构

价值总览报告的促成组织包括以推广价值总览报告采用为使命的实体（如国际价值总览报告委员会［IIRC］）、使命拥护价值总览报告且与之大体相符的实体（如碳信息披露项目［CDP］、气候披露标准委员会［CDSB］、全球报告倡议组织［GRI］、可持续会计准则委员会［SASB］等），以及能够作出权威性建议的实体（如美国财务会计准则委员会［FASB］、国际会计准则理事会［IASB］、四大及其他会计师事务所、专业会计师协会等）。这些组织机构通过赋予价值总览报告正当地位，鼓励公司采用价值总览报告，为公司提供框架、工具、培训、建议等，加速对价值总览报告的采用。

发挥重要作用的非政府组织不止一个，但鉴于IIRC以通过《国际〈IR〉框架》推广全球范围内对价值总览报告的采用为明确使命，我们将之视为价值总览报告的首要促成组织。GRI、SASB、CDSB 和作为 CDSB 秘书处的 CDP，在履行其使命的过程中，通过制定能为价值总览报告所用的、衡量和列报非财务信息的标准和框架，助力 IIRC 的工作。全球可持续发展评级倡议组织（GISR）的使命，是将上述组织及其他来源所报告的信息，用作分析模型的输入数据，据此作出可持续发展的评级认证，从而配合上述组织的工作。与 SASB 不同，IIRC 与 GRI 都倡导非国家特定的标准。通过适度的协作，这些组织在管辖范围和做法上的不同，可以成为相互之间的补充。

德勤（Deloitte）、安永（Ernst & Young）、毕马威（KPMG）、普华永道（PricewaterhouseCoopers）会计师事务所及相关专业会计师组织（各国均有一个或多个），通过与公司直接互动、在重要性确定方面开展合作，增强价值总览报告运动的势头。四大会计师事务所主要从财务报表审计角度关注重要性议题，但是同一些主要会计师协会一道，也已在可持续发展报告和价值总览报告中处理过这一议题。[66]普华永道还自行编制了"重要性矩阵"。[67]"重要性矩阵"这一概念也是本书第六章的重点。

1.IIRC[68]

2009 年 9 月 11 日，时任"威尔士亲王可持续发展会计项目"[69]（The Prince's Accounting for Sustainability Project，简称 A4S）执行董事会主席保罗·德鲁克曼（Paul Druckman）和全球报告倡议组织[70]（GRI）首席行政官恩斯特·里希特林根（Ernst Ligteringen）邀请我们两位作者参加《统一报告》（One Report）意见反馈会。来自会计师事务所、会计师协会、民间社会、公司、标准制定者、联合国倡议的 20 位代表齐聚伦敦，讨论加速价值总览报告采用的步骤。会上最后一致同意，向 20 国集团请愿创立国际机构，制定整合可持续发展和财务报告的框架。[71]

在 2009 年 12 月 17 日，时任 GRI 主席默文·E. 金（Mervyn Eldred King）在威尔士亲王可持续发展会计论坛（The Prince's Accounting for Sustainability Forum）[72] 上作了题为《建立连通、整合的报告框架以及获得必要监管和治理方面响应的迫切需要》的报告。[73] 当天下午，保罗·德鲁克曼对建立国际价值总览报告委员会和全球公认的价值总览报告框架作出了呼吁。2010 年 8 月 2 日，A4S[74] 和 GRI 宣布成立国际价值总览报告委员会（International Integrated Reporting Committee）。[75] 委员会的英文名后改为 "International Integrated Reporting Council"（简称 IIRC），由监管者、投资者、公司、标准制定者、会计师协会和非政府组织联合组成，目前正进行其《国际〈IR〉框架》（The International <IR> Framework）的宣传和修订工作。[76]

自创立之日起，IIRC 就致力于为价值总览报告提炼基于重要性（事项实质影响组织创造价值的能力）这一概念的共同含义。IIRC 还发布了多份重要的文件，例如在上一章讨论过的《国际〈IR〉框架》。[77] IIRC 还通过树立典范、加强学习等方式，鼓励对价值总览报告的采用，例子有 "试点项目企业网络"[78]（Pilot Programme Business Network）等。其他方式还包括激发投资者兴趣，从而 "拉动需求"，例子有 "试点投资者网络"（Pilot Programme Investor Network）等。[79] IIRC 同时还参与了对监管者（如国际证券委员会组织（International Organization of Securities Commissions）、欧亚证券交易所联盟（Federation of Euro-Asian Stock Exchanges）等）、标准制定者（如美国财务会计准则委员会（FASB）、国际会计准则理事会（IASB）等）以及其他重要组织（如

"联合国全球契约"、世界银行等）的普及工作。[80]为确保与价值总览报告相关的主要组织相互理解、合作和支持，IIRC 还发起了"公司报告对话"（Corporate Reporting Dialogue）。在 2013 年，IIRC 签署了谅解备忘录，同其得到了广泛认可的、具有类似使命的组织合作，制定公司披露和报告的指引和标准。这些组织包括碳信息披露项目（CDP）、气候披露标准委员会（CDSB）[81]、全球可持续发展评级倡议组织（GISR）[82]、GRI[83]和可持续会计准则委员会（SASB）[84]等。[85]

2.GRI、SASB、CDP、CDSB 和 GISR

虽然 GRI、SASB、CDP、CDSB 和 GISR 是各具使命的非营利组织，但 GRI、SASB 和 CDSB 的使命与价值总览报告息息相关。CDP 和 GISR 则是价值总览报告的推动者。

（1）GRI[86]

创建于 1997 年的全球报告倡议组织（GRI）总部位于阿姆斯特丹，是由非营利组织 Ceres[87]和 Tellus 协会[88]联合发起的项目。GRI 在对重要性的定义上，采取的是多方利益相关者受众的方法，意在为公司识别需要考虑的重大议题，支持可持续发展。GRI 在普及可持续发展报告做法上的成功，为价值总览报告运动打下了扎实的基础。在 GRI 的数据库中，共计 5980 家组织正在编制可持续发展报告。可见，相比价值总览报告，GRI 和可持续发展报告目前的影响范围更广。[89]GRI 和IIRC 在主要受众方面存在区别。[90]虽然这一区别可能会影响两者对重要性的定义，但 GRI 给予价值总览报告的关注，以及对价值总览报告和可持续发展报告之间关系的看法，将如第五章所述，对增强价值总览报告运动的势头起到重要作用。

GRI 虽比 IIRC 早了将近 13 年，但自从 IIRC 成立以来，已顺利将价值总览报告融入其使命。GRI 在阿姆斯特丹举行的第三次全球大会（2010 年 5 月 26 日至 28 日）上，公布了两点提议，候应了 IIRC 的态度："（1）到 2015 年，所有经济合作与发展组织（OECD）和新兴大经济体中的大型和中型公司，应按规定报告环境、社会和治理（ESG）绩效，否则必须解释原因；（2）到 2020 年，应有得到普遍认可和采用的国际标准，有效整合所有组织的财务和 ESG 报告。"[91] 重要的是，GRI 还在网站上添加了一个支持 IIRC 使命的部分，用以澄清 GRI 指南和 IIRC 框架之间的关系。在 GRI 看来，可持续发展报告同价值总览报告是本质相联的：

> ……组织必须识别重大可持续发展议题，通过监督和管理，确保业务的存续与拓展。这一步骤是 GRI 可持续发展报告框架中，可持续发展报告流程的核心。GRI 就如何识别需要监督和管理的重大可持续发展议题，以及为价值总览报告的基础"价值总览思维"作好准备，向公司提供指引。[92]

2013 年 5 月，GRI 发布了《G4 可持续发展报告指南》[93]（简称《G4 指南》）。GRI 前副席执行官、现创新与报告事务首席顾问、IIRC 工作组成员内尔玛拉·阿韦克斯（Nelmara Arbex）认为，《G4 指南》同《国际〈IR〉框架》是相辅相成的。"当可持续发展信息事关公司创造价值的能力时，应根据 IIRC 的提议，纳入价值总览报告。"她解释道，"《G4 指南》给予了公司执行层理解日常业务和战略之间纽带的基础，提供了全球认可的语言，用来沟通公司的价值、治理结构，以及关键社会和环境影响。"[94]

GRI 在发布《G4 指南》的同时，还发布了一份题为《价值总览报告的可持续发展相关内容——对先驱公司的调研》的报告，其中的关键结论进一步强调了 GRI 与 IIRC 就价值总览报告开展对话的重要性：[95]

● 在世界各地大型公司的推动下，自行声明的价值总览报告发行数量逐年见长。

● 调研对象中起主导作用的国家是南非、荷兰、巴西、澳大利亚和芬兰。

● 全球范围内，自行声明报告数量最多的是金融行业，其次是公用事业、能源、采矿行业。

● 所有价值总览报告中，大约有三分之一将可持续发展和财务信息作了明确整合，而且这一比例正逐年增大。与此同时，题目中包括"价值总览报告"、内容中讨论"价值总览"之重要作用的报告也越来越多。

● 自行声明的价值总览报告中，约有一半不过是将两份单独的出版物（年度报告和可持续发展报告）编为一册，且相互之间殆无联系可言。[96]

与 SASB 不同，IIRC 与 GRI 都倡导非国家特定的框架。通过适度的协作，这些组织在管辖范围和做法上的不同，可以相得益彰。正如 GRI 主席克丽丝蒂·伍德（Christy Wood）所言，"可持续发展的全球集体思维，要大于其部分之和。这些组织（GRI、IIRC 和 SASB）应能携手合作。如果能建立统一战线，就能加快对价值总览报告的采用。"[97]

（2）SASB[98]

可持续会计准则委员会（SASB）于 2011 年 7 月由首席执行官琼·罗杰斯（Jean Rogers）、约翰·卡托维奇[99]（John Katovich）和史蒂夫·莱登伯格[100]（Steve Lydenberg）建立，是一家总部位于旧金山的非营利组织，志在制定基于行业的可持续发展准则，促进美国证券交易所上市公司对其重大环境、社会和治理影响的承认和披露。[101]在本书写作时，SASB 已为医疗保健、金融、技术通信这三个行业部门发布了准则，并预计在 2016 年年初完成所有十个行业部门（下含超过 80 个行业）的准则。[102]由于 SASB 和 IIRC 都以投资者为重点，所以公司在将非财务信息纳入价值总览报告时，或可使用 SASB 的准则。

通过循证研究，由公司、投资者和其他利益相关者组成的行业工作组[103]（Industry Working Groups），为期 90 天的公开意见征求，独立准则理事会[104]（Standards Council）的审核，SASB 为准则制定设立了严格的流程[105]。其一丝不苟的可持续发展会计准则制定方法，也获得了美国国家标准学会（American National Standards Institute）的核可。由于 SASB 的流程以美国作为背景基础，故而虽然其他国家显然也在关注其准则的制定，但如何将准则根据各国国情调整仍未可知。截至 2014 年 5 月 1 日，医疗保健部门的准则得到了 1672 次下载，其中 991 次（59%）来自美国，681 次（41%）来自 55 个其他国家。[106]截至同一天，较后发布的金融机构部门准则[107]得到了 365 次下载，其中美国与其他 33 个国家各占一半。鉴于美国以外的国家对 SASB 准则怀有浓厚兴趣，SASB 是否、如何将其基于行业的专业知识拓展至国际市场，将会对 SASB 和价值总览报告运动产生战略上的影响。

SASB 采用了美国证券交易委员会（SEC）对重要性的定义[108]，目的是设定公司可在向 SEC 递交的文件（如美国境内公司的 10-K 报告，或外国注册公司的 20-F 报告）中使用的准则。有鉴于此，美国财务会计准则委员会（FASB）前主席鲍勃·赫茨（Bob Herz）将 SASB

的成功定义为 SEC 对其准则的吸纳："SASB 的一大挑战，是以其严格流程和对 SEC 重要性定义的使用为基础，促使 SEC 决定实行 SASB 的准则。在审核诸如 10-K 报告、10-Q 报告时，SEC 是否会在未来运用 SASB 的准则？与此相联的问题，是自愿参与 SASB 流程的公司，是否会开始在向 SEC 递交的文件中，作可持续发展信息的披露。"[109]尽管在 10-K 报告或 20-K 报告中纳入可持续发展绩效信息，并不会将这些 SEC 的法定文件变成《国际〈IR〉框架》定义的"价值总览报告"，但势必会切实加速对价值总览报告的采用。

2014 年 5 月 1 日，SASB 选举产生了新任主席迈克尔·布隆伯格（Michael Bloomberg，慈善家、彭博公司创始人、第 108 届纽约市市长）和新任副主席玛丽·夏皮罗（Mary Schapiro，前 SEC 主席）。[110]根据 GreenBiz 的评论，此番委任会为 SASB 带来"两位权重望崇的支持者，拓展 SASB 在商业界和投资界的影响力"。[111]我们对此表示同意。这两位新主席不仅会推动 SASB 完成使命，而且在我们看来，还会增强价值总览报告运动的总体势头。

（3）CDP[112]

碳信息披露项目（CDP）是"一家非营利国际组织，为公司与城市提供测量、披露、管理和分享重要环境信息的独家系统"。[113]CDP 的办事处遍布全球，其关于气候变化、水资源和森林资源的项目已得到超过 80 个国家数千家公司的使用。

2001 年，代表 4.5 万亿美元资产的 35 位签署者联名发表公开信，要求金融时报 500 指数（Financial Times 500 index）收录的公司通过 CDP 披露其碳排放数据。CDP 也就此成立。到本书写作时为止，代表 92 万亿资产的 767 位投资者已在公开信上署名。CDP 利用这一影响力，以及之后 60 家大型跨国采购组织的共同支持，就公司对环境和自然资源影响的披露和绩效开展了调查。CDP 执行董事奈杰尔·托平（Nigel Topping）表示，"在 2013 年，有 4500 家左右的公司通过 CDP 的全球平台披露了气候变化信息。这些公司中，大约 3500 家是公开交易的上市公司，构成了全球市场市值的 54％强。"余下的 1000 家左右是供应链公司。[114]

（4）CDSB[115]

CDP 同时还是气候披露标准委员会（CDSB）的秘书处。CDSB 是商业和环境组织的联合会，于 2007 年在达沃斯世界经济论坛（World Economic Forum）年会上宣布成立。CDSB 志在"解决气候变化减缓计划零敲碎打的问题，将各国的披露情况明朗化，并专注于协调环境和可持续发展绩效和风险信息，使之得以编入组织的财务报告，或与财务报告相联"。[116]

CDSB 于 2010 年 9 月发布了《气候变化报告框架》（1.0 版，简称《气变框架》)[117]。《气变框架》是"为投资者在主流财务报告中获得与气候变化相关的有价值信息而设计的自愿报告框架。《气变框架》与财务报告的目标和非财务报告的规则接轨，意在筛选信息，助益对气候变化如何影响公司财务绩效的理解"。[118]CDSB 于 2012 年 10 月修订了《气变框架》，并于 2013 年 3 月发布了《CDSB〈气变框架〉使用指南》[119]，预计于 2014 年年底前对《气变框架》作进一步修订，将其范围扩大至包括矿物燃料、搁浅资产①（stranded assets）、对森林造成风

---

① 指因意外或过早减记、贬值或转化为负债而受损的资产。

险的商品（如恶化毁林问题的商品）和水资源。[120]

CDSB 视《气变框架》中设定的披露要求与 IIRC 的工作相一致，并表示，"CDSB《气变框架》意在获取与气候变化相联的财务、治理和环境影响相关信息，位于应用价值总览报告之准则列报气候变化相关事务的前沿。"[121]

（5）GISR[122]

如今，提供可持续发展相关评级的组织超过 140 个，但评级质量和对象范围差异很大。评级方法的透明度参差不一，评级组织因同时向公司提供咨询服务，也招来了关于利害冲突的质疑。为改善评级实务，Ceres 组织和 Tellus 协会于 2011 年 6 月（SASB 成立前一个月）联合创建了全球可持续发展评级倡议组织（GISR）。创始人艾伦·怀特（Allen White）表示："如今可持续发展评级的状态，相当于 20 年前 GRI（1997 年）和 IIRC（2010）还没有成立时可持续发展报告的状态。"[123]GISR 的使命是"制定、管理全球可持续发展（如环境、社会和治理等方面）的评级标准，以拓展、促进世界各地公司及其他组织对可持续发展的贡献。GISR 不会为公司评级，而是会对其他可持续发展相关评级、排名或指数加以认证，使之运用 GISR 的标准来衡量可持续发展的杰出绩效"。[124]换言之，GISR 通过对评级方法的认证，促进全球评级组织对卓越的追求。

怀特认为，GISR 和 GRI、SASB 等组织的工作存在明晰而互补的关系。他解释说，"能够从各处获得优质、可比、缜密的信息，对评级者来说是关乎切身利益的。与此同时，优质、可信的评级能激励公司改善可持续发展绩效，并在此过程中对 GRI、SASB 等组织的标准加以使用。"[125]怀特还认为，如果可持续发展评级得以演进成为对公司和信用的"价值总核评级"(integrated ratings)，那么价值总核评级和价值总览报告之间很可能会存在类似的相互促进关系。价值总览报告的统一框架能够提升评级的质量，而评级反过来又会激励公司采纳统一框架。

怀特推测，穆迪（Moody's）和标普（Standard & Poor's）等主要信用评级机构，最终会将可持续发展议题更系统地融入其评级之中。鉴于全球债券市场的体量——麦肯锡（McKinsey）估计全球债市 2010 年的总值将近股市的三倍[126]——怀特认为有机会促使公司将价值总览报告视为与信用评级机构之间沟通的必需。"如果真能如此，"他在电话采访中思忖说，"就能直接为价值总核的信用评级提供所需的信息，而价值总核的信用评级反过来又能激励公司采用价值总览报告。"[127]在本书写作时，GISR 正在筹划认证项目，为符合 GISR 框架的评级方法加盖"批核印章"。GISR 框架以五项流程原则和七项内容原则为基础。这些原则共同构成了框架的第一部分，其余两个部分则用于处理相关议题和指标。[128]

3. 四大会计师事务所和会计师协会

由于四大会计师事务所（德勤、安永、毕马威和普华永道，简称"四大"）审计财务信息，而且越来越多地审计非财务信息，故而是价值总览报告运动取得成功不可或缺的一环。[129]不仅客户向四大征求对价值总览报告的意见，以及应如何行事的指引，而且四大也分别发布了白皮书，解释价值总览报告的概念、效益和应用时的难点，并就其进展和前景给出了看法。[130]四大都还通过公开声明、召开理事会议，对 IIRC 予以了支持。不过，由于法务和风险管理原因，四大会计师事务所由位处各地的子公司网络组成；而各子公司对价值总览报告的支持程度并不相同。

专业会计师协会在向 IIRC 提供总体支持之余，还通过建章立制，给予价值总览报告技术上的正当地位。各主要国家都有专业会计师协会，其成员为通过从业资格考试的会计师。许多协会，如美国注册会计师协会（AICPA）、英国特许管理会计师公会（CIMA）、英格兰及威尔士特许会计师协会（ICAEW）、美国管理会计师协会（IMA）等，都已通过对 IIRC《国际〈IR〉框架征求意见稿》的反馈、支持《国际〈IR〉框架》发布的新闻稿、白皮书、视频和研究项目，对价值总览报告作了核可。[131]

特许公认会计师公会（ACCA）是首个在资格考试大纲中包括价值总览报告的全球会计协会："特许公认会计师公会（ACCA）从 2014 年 12 月起实施新资格考试大纲，将会对学员就价值总览报告进行考察，这在会计行业中是首开先河。"[132]在获得 ACCA 资格必需的专业知识中列入价值总览报告，是以既定会计准则为背景，将价值总览报告制度化的重要途径。以此为基础，会计专业人员便能够向客户和雇主作价值总览报告的普及和推广。

最后，国际会计师联合会（IFAC）也是价值总览报告的积极支持者。在本书写作时，IIRC 技术特别小组组长正由 IFAC 前首席执行官伊恩·鲍尔（Ian Ball）担任。[133]IFAC 是"会计师协会的联合会"，由"130 个国家和地区的 179 个会员和准会员协会组成，代表了教育、政府、工业、商业和公共会计界约 250 万名会计师"。[134]IFAC 对 IIRC 所起的作用，向其遍布全球的会员传达了价值总览报告的重要地位，也暗示了其会员支持价值总览报告的可能。

（四）对价值总览报告的公开支持

对价值总览报告的公开支持有助于其制度正当地位的建立。包括 100 多家公司的 IIRC "试点项目企业网络"（Pilot Programme Business Network），"就编制中的技术资料提供了讨论、质疑、实测、学习和借鉴的机会"。至少可以说，"网络"中的公司认可试验价值总览报告的价值。[135]虽然这些公司并不承诺发布价值总览报告，但通过投入资源，协助制定可供其他公司自由使用的《国际〈IR〉框架》。与此相仿，IIRC "试点投资者网络"（Pilot Programme Investor Network）中的 36 位投资者，"从投资者角度提出目前公司报告的短板，并为'试点项目企业网络'中产生的报告提供建设性反馈"，从而也构成了对价值总览报告有益的公开支持。[136]

数家备受瞩目的投资基金也对价值总览报告表示了公开支持。荷兰汇盈（APG，荷兰大型退休基金）、加州公务员退休基金（CalPERS）和挪威央行投资管理公司（Norges Bank Investment Management）于 2011 年 12 月 15 日向 IIRC 联名致函，对《国际〈IR〉框架征求意见稿》作出评注，并表示"支持《意见稿》中所阐述的价值总览报告概念"。[137]在 2012 年，CalPERS 更进一步，将价值总览报告作为"关键倡议"列入其 2013 年"全球治理项目"（Global Governance Program）。[138]世代投资管理公司（Generation Investment Management）在"向可持续资本主义转型"的推荐举措中，也将法定价值总览报告列为第二项举措。[139]

三、意 识

对价值总览报告概念和运动的公众意识，是价值总览报告之采用和促因的双重作用结果，也能为价值总览报告运动提供有限的附加势头。价值总览报告的采用可以得到（尽管存在局限的）实际计数，价值总览报告的促因则可根据监管者、多方利益相关者倡议、相关组织和公开声明的数量查明。然而，对价值总览报告的意识是难以度量的。不过，我们仍可用两个简单的方法作出评估。

首先，我们在文献中考察了学术界和从业者的引用情况（见图3.3）。在1999年到2009年之间，引用几乎不存在，而且几乎没有变化趋势。2010年，引用数量有了实质增加。从2010年到2011年，数量翻了一倍，而2013年的引用数量再次遽增，达到了2010年的三倍。虽然无法将上文所述的促因与这一增长趋势直接关联，但在过去四年——也即《统一报告》问世以来——对价值总览报告的引用大幅上扬。[140]

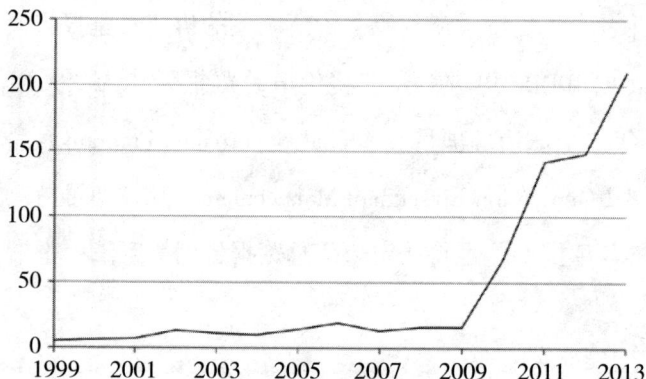

图 3.3　对价值总览报告的引用

我们评估的第二个办法，是对"价值总览报告"（integrated report）和"开展价值总览报告"（integrated reporting）这两个术语进行字数统计（见图3.4）。在 1995 年至 2001 年期间，对价值总览报告的意识几乎不存在，而且增长率非常有限。在 2002 年至 2008 年期间，增长率略有增加。在 2008 年到 2010 年，增长率先是激增，之后略为放慢，在 2012 年和 2013 年甚至减缓了。《国际〈IR〉框架》和其他价值总览报告运动的贡献者能否重振这一反映意识的指数，尚有待时间来证明。

我们对"国际价值总览报告委员会"（International Integrated Reporting Council）这一术语作了同样的字数统计。计数从 2010 年的几乎为零，增长到 4（2011 年）、119（2012 年），并在 2013 年达到 268，体现出了 IIRC 的发展历史和对 IIRC 日益增长的意识。鉴于 IIRC 志在推广对高质量价值总览报告的采用，对 IIRC 意识的提升令人鼓舞。而对 IIRC 和价值总览报告的意识能够增长到什么程度，将是运动中所有其他行动者之"动因"的共同作用结果。[141]

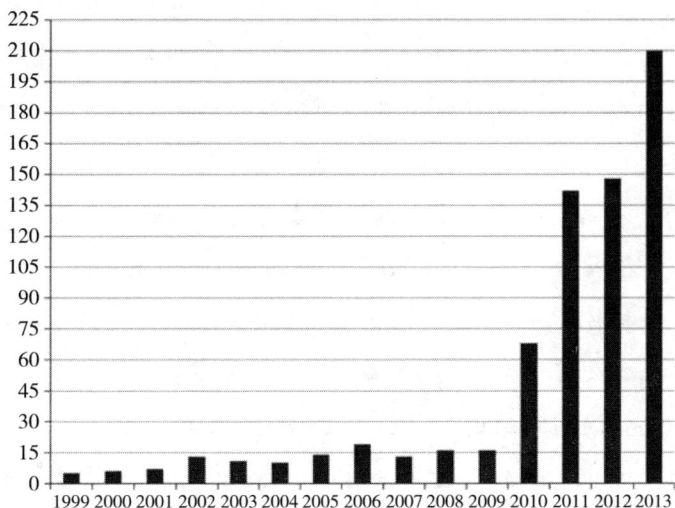

图 3.4　对"价值总览报告"和"开展价值总览报告"的意识增长情况

注 释

[1] 大英百科全书："社会运动"。[Encyclopedia Britannica, Social Movement, http://www.britannica.com/EBchecked/topic/551335/social-movement, accessed January 2014.]

[2] 可持续发展的定义有许多。我们重点从公司角度定义可持续发展。可持续发展战略是能够让公司在为股东创造长期价值的同时，为建设可持续发展社会作出贡献的战略；是不以损害后代为代价，能够满足今世需求的战略。

[3] 查尔斯·蒂利、莱斯莉·J. 伍德：《社会运动，1768—2012》。[Tilly, Charles and Lesley J. Wood, *Social Movements, 1768-2012*, Boulder: Paradigm Publishers, 2009.] 对传播趋势的适应，是成功社会运动的常见主题。

[4] 查尔斯·蒂利在对历史上社会运动的研究中，提供了识别社会运动的框架。他将社会运动定义为民众持续向他方提出诉求的一系列抗争表现、展示和活动。对抗争活动的定义是"持续、有组织的公众活动，旨在向目标当局提出诉求"，"常用抗争手段"则是对政治行动的各类组合使用（建立特定目的的同盟和协会、组织公众集会、面向或通过大众媒体发表声明等）。最后，在蒂利的体系中，"WUNC 展示"指的是参与者代表自身或其支持者公开作出的、反映"能力、效用、人数和投入"（简称"WUNC"）的呈示。（同上。）

[5] 如本书第一章所述，在本书出版之际，南非仍是唯一以"要么加以采用，要么解释原因"为基础，对价值总览报告提出要求的国家。

[6] 这些促因可通过推动公司（如促使或要求公司作价值总览报告）或拉动需求（如鼓励股东、利益相关者、监管者要求公司作价值总览报告），起到直接或间接的作用。

［7］有多少南非公司根据 IRCSA 的《价值总览报告框架讨论文件》编制了价值总览报告，我们无从得知。同样，由于约翰内斯堡证券交易所并不通过某种评估程序，对这些报告是否是真正的价值总览报告作正式审核，所以尚不存在有关报告质量的数据库。

［8］"GRI 可持续发展披露数据库包括了 GRI 现知的报告。数据库可能遗漏了部分报告，特别是使用非拉丁字符的报告，或未在线发布的报告。以 GRI《可持续发展报告指南》为基础但不包括 GRI '内容索引' 的报告，在数据库中列为 '参考 GRI 的报告'，而非 'GRI 报告'。而且，并非所有 GRI 的报告实体都一年一度发布报告。故而，GRI 报告每年发布的总数与作 GRI 报告的实体总数不相吻合。"（全球报告倡议组织："可持续发展披露数据库电子表格""数据库内容"。）[Global Reporting Initiative, Excel Spreadsheet of Sustainability Disclosure Database, Discover the Database, What's Included, https://www.globalreporting.org/reporting/report-services/sustainability-disclosure-database/Pages/Discover-the-Database.aspx, accessed April 2014.]

［9］GRI 通过报告实体的直接递交、GRI 数据伙伴的国际网络、GRI 员工的临时搜索或数据录入，收集"自行声明的价值总览报告"数据。公司通过在线表单向 GRI 递交报告数据。表单中的问题之一是："报告实体是否视本报告为价值总览报告，即包括超出基本经济数据的财务及非财务披露信息？注：涵盖经济、环境和社会披露（例如根据 GRI《指南》要求披露的）信息的可持续发展报告，不被视为价值总览报告。"公司必须对此作是或否的选择，且 GRI 员工不就此选择作出任何价值判断。录入报告数据的 GRI 数据伙伴和 GRI 员工接受 GRI 数据协调者的培训，以了解如何应用 GRI 的数据分类系统。为确保收集价值总览报告数据时的客观性，数据伙伴和 GRI 成员仅在报告中明确提及 "价值总览报告" 时才输入 "是"。（伊恩·范德鲁格与

艾博思、安德鲁·克瑙尔的电子邮件通信。）[Ian van der Vlugt, e-mail correspondence with Robert Eccles and Andrew Knauer, February 18, 2014.] 到 2014 年 4 月 15 日为止，数据库中包括 337 个在 2013 年作价值总览报告的公司。由于 GRI 对数据的收集不断进行，所以这一数字并不完整。不过，我们认为 2013 年的数字准确描述了不同类型、大小、地域的公司之间所存在的差异。我们在计算前，已剔除了 GRI 数据库中重复的公司数据。（同上。）

[10] 在计算中，使用了 GRI 数据库的上市 / 非上市变量，并使用了经济部门变量，以识别非营利组织、公营机构和高等院校。（同上。）

[11] 其余为中小规模企业。（同上。）

[12] 艾博思、阿尼萨·阿卢西、埃米·C.埃德蒙森、泰奥纳·茹茹尔：《可持续发展的城市：是自相矛盾，还是未来趋势？》[Eccles, Robert G., Annissa Alusi, Amy C. Edmondson and Tiona Zuzul, "Sustainable Cities: Oxymoron or the Shape of the Future？" *Infrastructure Sustainability and Design*, edited by Spiro Pollalis, Andreas Georgoulias, Stephen Ramos, and Daniel Schodek, pp.247－265. New York: Routledge, 2012.]

[13] 虽然部分公司可能认为，作价值总览报告带来的品牌效益大于实质效益，但考虑到许多公司对价值总览报告的顾虑，我们不应对其意图太过苛求。发布价值总览报告的声明，对公司来说，并非无足轻重。公司既作出声明，即是承诺（哪怕并非明言）随着框架和标准的发展、别国"最佳做法"经验的引进，将对年度报告的质量作出改进。

[14] 不过，随着对价值总览报告和可持续发展之间关系的理解加深，这一趋势可能会改变。根据 GRI 数据库，公司平均在作可持续发展报告 2.1 年后发布价值总览报告。（全球报告倡议组织："可持续发展披露数据库电子表格"。）[Global Reporting Initiative, Excel Spreadsheet

of Sustainability Disclosure Database, https：//www.globalreporting. org/reporting/report-services/sustainability-disclosure-database/Pages/ Discover-the-Database.aspx, accessed April 2014.］

［15］根据世界交易所联盟的信息，2012 年上市公司数量为 46332 家。(世界交易所联盟：《世界交易所联盟 2012 年市场亮点》。)［World Federation of Exchanges, 2012 WFE Market Highlights, http：//www. world-exchanges.org/files/statistics/2012%20WFE%20Market%20Highlights. pdf accessed April 2014.］定义："指统计周期结束时在交易所上市的公司数量。按国内、国外分组，不包括投资基金和单位信托基金。发行多类股票的公司按一家公司计算。仅包括已获准上市的公司。"(世界交易所联盟："对上市公司数量的定义"。)［World Federation of Exchanges, Number of Listed Companies definition, http：//www.world-exchanges. org/statistics/statistics-definitions/number-listed-companies, accessed April 2014.］根据 GRI 的数据，2012 年有 596 家公司编制了价值总览报告，约占上市公司总数的 1.29%。

［16］"包括所有在网站上自愿报告可持续发展信息的公司，既有仅公开数项政策或公司做法摘要的报告，也有涵盖五年以上关键指标数据的全面报告。"(彼得·德西蒙与艾博思的电子邮件通信。)［Peter DeSimone, email correspondence with Robert Eccles, January 26, 2014.］

［17］此处所用标准，是公司声明其向股东所作的年度报告，亦是可持续发展报告。美国的 8 家公司分别是 AEP、高乐氏（Clorox）、陶氏化学（Dow Chemical）、伊顿（Eaton）、英格索兰（Ingersoll Rand）、辉瑞制药（Pfizer）、西南航空（Southwest Airlines）和联合技术公司（UTC）。仅 UTC 不是遵循 GRI 的报告实体。2012 年数据来自投资者责任研究中心（Investor Responsibility Research Center Institute）和可持续发展投资协会（Sustainable Investments Institute）的"财务和可持续发

展价值总览报告在美国的情况"。["Integrated Financial and Sustainability Reporting in the United States", http：//irrcinstitute.org/projects.php？project=63, accessed May 2014.] 2013 年数据来自彼得·德西蒙与艾博思的电子邮件通信。[Peter DeSimone, email correspondence with Robert Eccles.]

［18］全球报告倡议组织："可持续发展披露数据库电子表格"。[Global Reporting Initiative, Excel Spreadsheet of Sustainability Disclosure Database.]

［19］特此感谢塞茜尔·朱瑞（Cecile Churet）与荷宝 SAM 为本分析提供的数据。"SAM 是全球首个专注于可持续发展投资的资产管理公司，于 2007 年由荷宝集团收购，以助力荷宝实现成为业界思想领袖的战略宏图。借助荷宝的全球业务网络，SAM 已发展成为世界领先的可持续发展投资公司。2013 年，根据荷宝的战略规划，'SAM'更名为'荷宝 SAM'，与全集团的可持续发展活动进一步整合。荷宝 SAM 在苏黎世和鹿特丹两地约有 130 位专家，为客户提供全面的差异化、互补性可持续发展投资解决方案，包括指数编制、主动管理型分散/专题股权投资、私人股权投资、积极所有权投资、公司可持续发展对标服务等。荷宝 SAM 在公司评估、可持续投资战略发展和管理领域有长期经验；荷宝为机构投资者和私人投资者服务已有超过 80 年历史，提供涵盖广泛资产类型的投资解决方案。两者珠联璧合，相得益彰。凭借荷宝在全球的销售、服务和投资专业人士网络，我们的可持续发展投资产品和服务已涉足 20 多个国家。"（荷宝 SAM："关于我们"。）[RobecoSAM, http：//www.robecosam.com/en/about-us/about-robecosam.jsp, accessed April 2014.]

［20］关于"企业可持续发展评估"方法的细节请见：艾博思、塞茜尔·朱瑞：《价值总览报告、管理质量和财务绩效》。[Eccles, Robert

G. and Cecile Churet，"Integrated Reporting, Quality of Management, and Financial Performance"，*Journal of Applied Corporate Finance*，Winter 2014，Vol.26，Number 1，p.2］另见荷宝SAM网站上的相关介绍。［http：//www.robecosam.com/en/sustainability-insights/about-sustainability/robecosam-corporate-sustainability-assessment.jsp，accessed February 2014.］

［21］"信息连通性"指导原则的表述如下："价值总览报告应显示对机构持续价值创造能力产生重大影响的各个要素之间，组合、相互关联性和依赖关系的全貌。"(《国际〈IR〉框架》。)［"International Integrated Reporting Framework"，http：//www.theiirc.org/international-ir-framework/，accessed April 2014.］

［22］《国际〈IR〉框架》，第10页。［<IR> Framework，p.10.］

［23］同上，第11页。

［24］同上，第9页。

［25］同上，第11页。大约三分之二的实例（包括项目和战略实例）属定性表述。

［26］毕马威会计师事务所、非洲公司治理中心、全球报告倡议组织、联合国环境规划署：《软硬兼施：世界各地的可持续发展报告政策——今日之典范，明日之趋势》，第9页。［KPMG，Centre for Corporate Governance in Africa，Global Reporting Initiative and UNEP（United Nations Environment Programme），"Carrots and Sticks: Sustainability reporting policies worldwide—today's best practice, tomorrow's trends"，2013 edition，https：//www.globalreporting.org/resourcelibrary/Carrots-and-Sticks.pdf，accessed February 2014，p.9.］

［27］同上。

［28］扬尼斯·约安努、乔治·赛拉菲姆：《法定公司可持续发展报

告的影响》。［Ioannou, Ioannis and George Serafeim, "The Consequences of Mandatory Corporate Sustainability Reporting", Harvard Business School Working Paper, No. 11-100, March 2011. (Revised May 2012, October 2012.)］约安努和赛拉菲姆发现，政府对法定公司可持续发展报告的采用，能引导公司作出常与价值总览报告挂钩的积极改变。公司领导层的社会责任感会因此增强，可持续发展和员工培训得到了更多重视。他们同时发现，法定可持续发展报告能改善公司治理，让公司落实更合乎道德规范的做法，减少贿赂收受和腐败现象，提升管理层的可信度。在执法更为严格、可持续发展报告鉴证更为普遍的国家，这些效益会更为显著。

［29］欧洲联盟：《欧洲议会和欧盟理事会关于修订第78/660/EEC号指令和第83/349/EEC号指令中有关部分大型公司和团体对非财务与多样性信息进行披露方面的指令》。［European Union, "DIRECTIVE OF THE EUROPEAN PARLIAMENT AND OF THE COUNCIL, amending Council Directives 78/660/EEC and 83/349/EEC as regards disclosure of non- financial and diversity information by certain large companies and groups", http：//ec.europa.eu/internal_market/accounting/non-financial_reporting/, accessed January 2014.］

［30］第四号指令对年度报表和报告在列报和内容方面作了相关要求。（欧洲联盟：《第四号指令：有限责任公司的年度报表》。）［European Union, Fourth Directive: annual accounts of companies with limited liability, http：//europa.eu/legislation_summaries/internal_market/businesses/company_law/l26009_en.htm, accessed January 2014.］

［31］第七号指令对合并公司报表作了相关要求。（欧洲联盟：《第七号指令：有限责任公司的合并报表》。）［European Union, Seventh Directive: consolidated accounts of companies with limited liability, http：//

europa.eu/legislation_summaries/internal_market/businesses/company_law/
l26010_en.htm，accessed January 2014.］

［32］欧洲委员会："欧盟单一市场"，"会计"，"非财务报告"。
［European Commission，The EU Single Market，Accounting，Non-
Financial Reporting，http：//ec.europa.eu/internal_market/accounting/
non-financial_reporting/index_en.htm，accessed April 2014.］

［33］非上市公司包括银行、保险公司，以及其他因经营活动、规
模或员工人数而被成员国指定的公司。（欧洲联盟："新闻稿数据库"。）
［European Union，Europa，Press releases database，http：//europa.eu/
rapid/press-release_MEMO-14-301_en.htm，accessed April 2014.］

［34］同上。

［35］得到援引的例子包括联合国"全球契约"、《企业社会责任指
南》国际标准（ISO 26000）和德国《可持续发展规范》（Sustainability
Code）。［http：//ec.europa.eu/internal_market/accounting/non-financial_
reporting/index_en.htm，accessed April 16，2014.］

［36］欧洲联盟："新闻稿数据库"。［European Union，Europa，
Press releases database.］

［37］可持续发展报告在欧盟常是"基于原则"，而非必须使用规定
的框架和标准。

［38］"如此，指令就必须由各成员国立法实施。"（史蒂夫·韦古
德与艾博思、悉妮·里沃特的电话采访。）［Steve Waygood，telephone
interview with Bob Eccles and Sydney Ribot，March 20，2014.］

［39］史蒂夫·韦古德（英杰华投资）：《一体化资本市场路线图：
英杰华关于联合国"可持续发展目标"和〈联合国气候变化框架公约〉
如何利用好资本市场的提议》。［Waygood，Steve for Aviva Investors，
"A Roadmap for Integrated Capital Markets：Aviva's proposals for how the

UN Sustainable Development Goals and the UN Framework Convention on Climate Change can harness the capital markets", May 2014.]

［40］来自对史蒂夫·韦古德的电话采访。

［41］同上。

［42］史蒂夫·韦古德:《能够得到投资者支持的监管规定终于到来》。［Waygood, Steve, "Finally, regulation that investors can support", *Financial News online*, March 17, 2014. http://www.efinancialnews. com/story/2014-03-17/non-financial-reporting-directive-steve-waygood? ea9c8a2de0ee111045601ab04d673622, accessed May 7, 2014.］

［43］来自对史蒂夫·韦古德的电话采访。

［44］虽然两者都未对重要性作出定义,但企业可持续发展报告联盟对重要性作了强调。企业可持续发展报告联盟虽然并非直接与价值总览报告"有关",但着眼于推动公司报告的改变,通过对大环境的影响,让公司更易于采用价值总览报告。

［45］Corporate Knights 资本公司:《2013 年可持续发展披露趋势:为全世界证券交易所对标》。［CK Capital, "2013 Trends in Sustainability Disclosure: Benchmarking the World's Stock Exchanges", October 2013, "Foreword" by Ernst Ligteringen (no page number).］

［46］可持续证券交易倡议。［Sustainable Stock Exchanges Initiatives, http://www.sseinitiative.org, accessed May 2014.］

［47］在本书付印前不久,又有一项类似的提议得到公布。由 Ceres 支持的"可持续交易所投资者倡议"(Investor Initiative for Sustainable Exchanges)旨在借助世界交易所联盟(WFE)与全球证券交易所互动,为所有成员交易所设立可能的统一报告标准。［http://www.ceres. org/press/press-releases/world2019s-largest-investors-launch-effort-to-engage-global-stock-exchanges-on-sustainability-reporting-standard-forcompanies，accessed April 2014.］倡议的相关建议，载于报告《投资者对上市标准的提议：关于证券交易所要求公司开展可持续发展报告的建议》。［"Investor Listing Standards Proposal：Recommendations for Stock Exchange Requirements on Corporate Sustainability Reporting"，https：// www.ceres.org/resources/reports/investor-listing-standards-proposal- recommendations-for-stock-exchange-requirements-on-corporate- sustainability-reporting/view，accessed April 2014.］

［48］哈佛大学负责任投资倡议："我们的工作"，"全球公司社会责任披露要求"。［Initiative for Responsible Investment at Harvard University，Our Work，Global CSR Disclosure Requirements，http：//hausercenter. org/iri/about/global-csr-disclosure-requirements，accessed January 2014.］

［49］南非注册会计师协会：《对上市公司的新要求：价值总览报告》。［The South African Institute of Chartered Accountants（SAICA），"An integrated report is a new requirement for listed companies"，SAICA，News，News Articles and Press & media releases，https：//www. saica.co.za/tabid/695/itemid/2344/An-integrated-report-is-a-new- requirement-for-list.aspx，accessed January 2014.］

［50］具体说，该倡议由联合国全球契约办公室、联合国贸易和发展会议、联合国负责任投资原则、联合国环境规划署金融倡议共同主持发起。（联合国环境规划署金融倡议。）［United Nations Environment Programme Finance Initiative，http：//www.unepfi.org，accessed January 2014.］

［51］可持续证券交易倡议："伙伴交易所"。［Sustainable Stock Exchanges. Partner Exchanges，http：//www.sseinitiative.org/partners/ stock-exchanges/，accessed January 2014.］

［52］对史蒂夫·韦古德与艾博思、路易丝·黑格、迈克尔·克鲁斯

和悉妮·里沃特的电子邮件通信。［Steve Waygood, email correspondence with Robert Eccles, Louise Haigh, Michael Krzus and Sydney Ribot, April 29, 2014.］

［53］史蒂夫·韦古德与艾博思、悉妮·里沃特的电话采访。［Steve Waygood, telephone interview with Robert Eccles and Sydney Ribot, January 29, 2014.］

［54］Corporate Knights 资本公司是 Corporate Knights 公司的投资研究分支，总部位于加拿大多伦多市。Corporate Knights 资本公司向资产所有者和资产经理人提供投资产品和服务。Corporate Knights 公司是一家出版社，自我定位为"倡导公正资本主义的公司"。［http://www.corporateknights.com/about/corporate-knights-policy.］（Corporate Knights 资本公司：《2013 年可持续发展披露趋势：为全世界证券交易所对标》。）［CK Capital, "2013 Trends in Sustainability Disclosure: Benchmarking the World's Stock Exchanges", October 2013.］在研究报告的另一"前言"中，IIRC 首席执行官保罗·德鲁克曼（Paul Druckman）指出，"价值总览报告有助于将可持续发展议题同其他'资本'一道，融入主流的公司决策和报告"，而且"证券交易所对制订计划、响应市场做法的文化和行为转变，具有重要作用。"

［55］交易所披露评分是三个子评分（披露内容、披露增加情况、披露及时度）的加总。这些子评分的依据，是关于能源、水资源、废料、温室气体排放、员工离职情况、误工工伤率的指标。关于评分方法的更多细节请见：Corporate Knights 资本公司：《2013 年可持续发展披露趋势：为全世界证券交易所对标》，第 15、38 页。［CK Capital, "2013 Trends in Sustainability Disclosure: Benchmarking the World's Stock Exchanges", October 2013, pp.15, 38.］排名前五的证券交易所分别是西班牙证交所（BME）、赫尔辛基证交所、东京证交所、奥斯陆证交所

和约翰内斯堡证交所。这也反映出价值总览报告不同于可持续发展报告。排名垫底（从第 45 位到第 40 位）的证券交易所分别是特拉维夫证交所、卡塔尔证交所、利马证交所、沙特阿拉伯证交所和科威特证交所。SSE 伙伴交易所中，排名最靠前的是约翰内斯堡证交所，最靠后的是纳斯达克—OMX 证交所（第 36 位）和纽约—泛欧证交所（第 33 位）。

［56］企业可持续发展报告联盟。［Corporate Sustainability Reporting Coalition，http：//www.aviva.com/media/news/item/aviva-convenes-corporate-sustainability-reporting-coalition-13023/，accessed May 2014.］

［57］英杰华投资公司："英杰华牵头成立企业可持续发展报告联盟"。［Aviva Investors，News Releases，Aviva convenes Corporate Sustainability Reporting Coalition，http：//www.aviva.com/media/news/item/aviva-convenes-corporate-sustainability-reporting-coalition-13023/，accessed January 2014.］

［58］这些投资者在新闻稿发布时共计 1.6 万亿美元管理资产（AUM）。（英杰华投资公司：《由投资者主导的联盟呼吁联合国宣布要求公司将重大可持续发展议题纳入报告》。）［Aviva Investors，News Releases，Investor led coalition calls for UN declaration requiring companies to integrate material sustainability issues into reporting，http：//www.aviva.com/media/news/item/investor-led-coalition-calls-for-un-declaration-requiring-companies-to-integrate-material-sustainability-issues-into-reporting-13203/，accessed April 2014.］

［59］同上。

［60］得到援引的组织效益包括加强公司长期盈利能力和增加投资者长期回报。得到援引的系统层面效益包括提高证券市场质量、加强宏观金融稳定、改善各地受公司活动影响的民众生活。时任英杰华投

资公司首席执行官保罗·阿伯利（Paul Abberley）评论道："我们相信，应要求所有公司董事会考虑治下公司的未来可持续发展。这样不仅会提升长期盈利能力和投资者回报，还会提高证券市场质量、加强宏观金融稳定，对受公司活动影响的民众生活给予实质的帮助。因此，我们呼吁联合国成员国作出承诺，制定公司可持续发展报告政策。市场是由信息驱动的。如果市场接收到的是目光短浅、内容狭隘的信息，就会被这些信息的特征所定义。"（同上。）

［61］联合国可持续发展大会：《我们希望的未来》。[United Nations Conference on Sustainable Development, "The Future We Want", http: // www.uncsd2012.org/thefuturewewant.html, accessed January 2014.]

［62］"47. 我们确认企业可持续性报告的重要性，鼓励各公司，尤其是上市公司和大型企业，酌情考虑将可持续性信息纳入报告周期。我们鼓励企业、关心此事的政府以及相关利益攸关方在联合国系统支持下，考虑到现有框架的经验，特别注意发展中国家的需求，包括能力建设需求，酌情制作最佳做法模型，便利整合可持续性报告工作。"（同上，第9页。）

［63］来自191个联合国成员国的代表和观察员，包括79个国家的政府首脑出席了大会。（国际可持续发展研究所报告处："大会谈判公报"。）[IISD Reporting Services, Earth Negotiations Bulletin, http: // www.iisd.ca/vol27/enb2751e.html, accessed April 2014.]《我们希望的未来》第1段"再次承诺实现可持续发展，确保为我们的地球及今世后代，促进创造经济、社会、环境可持续的未来"。（同上，第1页。）

［64］Long Finance 倡议：《欧洲简报：向一致同意开展可持续发展报告迈进》。[Long Finance, European briefing: Towards an agreement on corporate sustainability reporting", http: //www.longfinance.net/images/PDF/csrc_eususstrep_2013.pdf, accessed January 2014.]

〔65〕语言相对论也常被称为萨丕尔—沃尔夫假说（Sapir-Whorf hypothesis）。该假说认为，语言在表达某些文化和认知的范畴上存在的差别，会影响人们认识这些范畴的方式。因此，讲不同语言的人，往往因其所用语言的不同，而在行为和思维上存在不同。萨丕尔—沃尔夫假说有"强式"和"弱式"之分。强式假说认为，语言决定思维，语言范畴会限定认知范畴。弱式假说认为，语言范畴会影响思维和某些非语言的行为方式。无论以"强式"还是"弱式"作为出发点，价值总览报告运动中含义的表述方式，以及将公司报告做法的演进称为"征程"的措辞，都会影响运动中行动者对价值总览报告的看法。（恩斯特·F. K. 克尔纳：《对萨丕尔—沃尔夫假说的溯源考察：从洛克到露西》。）〔Koerner, E.F.K. "Towards a full pedigree of the Sapir-Whorf Hypothesis: from Locke to Lucy", *Explorations in Linguistic Relativity*, edited by Martin P ü tz and Marjolijn Verspoor, 1–25. Amsterdam: John Benjamins Publishing Company, 2000.〕

〔66〕德勤会计师事务所：《披露长期业务价值：重点是什么？》；〔Deloitte, "Disclose of long-term business value: What matters ?" http: // www.deloitte.com/assets/Dcom-UnitedStates/Local%20Assets/Documents/us_scc_materialitypov_032812.pdf, accessed March 2014.〕德勤会计师事务所：《重要性事关重要吗？重要性原则是否应在非财务报告中得到更连贯一致的应用？》；〔Deloitte, "Does materiality matter ? Should the principle of materiality be applied more consistently to non-financial reporting ?", https: // www.deloitte.com/assets/Dcom-UnitedStates/Local%20Assets/Documents/us_scc_materialitydebate_032712.pdf, accessed March 2014.〕安永会计师事务所：《价值总览报告中的"重要性"概念》。〔Ernst & Young, "The concept of 'materiality' in Integrated Reporting", http: //www.ey.com/Publication/vwLUAssets/The_concept_of_materiality_in_Integrated_Reporting/$FILE/

EY_'Materiality'%20in%20Integrated%20Reporting%20April%202013.pdf, accessed March 2014.］

［67］普华永道会计师事务所："重要性——选择我们的可持续发展优先事项"。［PricewaterhouseCoopers, "Materiality - choosing our sustainability priorities", http：//www.pwc.co.uk/corporate-sustainability/materiality.jhtml，accessed March 2014.］

［68］国际价值总览报告委员会。［International Integrated Reporting Council, http：//www.theiirc.org, accessed May 2104.］

［69］威尔士亲王可持续发展会计项目。［The Prince's Accounting for Sustainability Project，http：//www.accountingforsustainability.org, accessed December 2013.］

［70］全球报告倡议组织。［Global Reporting Initiative, https：//www.globalreporting.org/Pages/default.aspx, accessed December 2013.］

［71］迈克尔·P.克鲁斯：关于"艾博思和迈克尔·克鲁斯《统一报告》草稿意见反馈会"的个人笔记。［Krzus, Michael p.Personal notes on "Roundtable meeting to discuss 'One Report', a book being written by Bob Eccles and Mike Krzus", September 11, 2009, Clarence House, London, UK.］

［72］国际价值总览报告委员会："国际价值总览报告委员会的关键里程碑"。［International Integrated Reporting Council, Key Milestones for the IIRC, http：//www.theiirc.org/about/the-work-plan/, accessed December 2013.］

［73］威尔士亲王可持续发展会计论坛议程。［Agenda, The Prince's Accounting for Sustainability Forum. December 17, 2009, St. James's Palace, London, UK.］

［74］可持续发展会计项目（A4S）通过2007年发布的《连通报告

框架》(Connected Reporting Framework ）及 2009 年发布的后续指南，为 IIRC 打下了重要的基础。之后，价值总览报告吸收了"连通性"这一概念。关于 A4S 就连通报告和价值总览报告之间关系的看法，更多信息请见：http：//www.accountingforsustainability.org/connected-reporting/connected-reporting-a-how-to-guide，accessed May 2014.

［75］国际价值总览报告委员会："国际价值总览报告委员会的成立"。［International Integrated Reporting Council. Press Releases，Formation of the IIRC，http：//www.theiirc.org/category/press/iirc-key-press-releases/page/4/，accessed December 2013.］

［76］2011 年 10 月 11 日，IIRC 创始主席迈克尔·皮特（Michael Peat）卸任，由默文·E. 金接任。［http：//www.theiirc.org/2011/10/11/iirc-appoint-mervyn-king-as-chairman-to-lead-next-steps-of-integrated-reporting-framework-2/，accessed December 2014.］保罗·德鲁克曼担任 IIRC 首席执行官。

［77］《国际〈IR〉框架征求意见稿》于 2013 年 4 月发布，《国际〈IR〉框架》于 2013 年 12 月发布。与《国际〈IR〉框架》相关的文件包括《〈国际《IR》框架〉结论基础》（2013 年 12 月）、《〈国际《IR》框架〉显著议题摘要》（2013 年 12 月）等。（国际价值总览报告委员会："国际〈IR〉框架"。）［International Integrated Reporting Council，<IR> Framework，http：//www.theiirc.org/international-ir-framework/，accessed May 2014.］在此之前唯一存在的指引文件，是南非价值总览报告委员会在 2011 年 1 月 25 日发布的《价值总览报告框架讨论文件》。

［78］国际价值总览报告委员会："试点项目企业网络"。［International Integrated Reporting Council，IIRC Pilot Program，Pilot Program Business Network，http：//www.theiirc.org/companies-and-investors/pilot-programme-business-network/，accessed February 2014.］

［79］国际价值总览报告委员会："试点项目投资者网络"。［International Integrated Reporting Council，IIRC Pilot Program，Pilot Program Investor Network，http：//www.theiirc.org/companies-and-investors/pilot-programme-investor-network/，accessed February 2014.］

［80］援引的例子均为国际价值总览报告委员会或工作组成员。［http：//www.theiirc.org，accessed May 2014］

［81］国际价值总览报告委员会："谅解备忘录"，"碳信息披露项目和气候披露标准委员会"。［International Integrated Reporting Council，The IIRC，About，Memorandums of Understanding，CDP and Climate Disclosure Standards Board，http：//www.theiirc.org/wp-content/uploads/2014/01/MoU-IIRC-CDP+CDSB-FINAL-20130415.pdf，accessed April 2014.］

［82］国际价值总览报告委员会："谅解备忘录"，"全球可持续发展评级倡议组织"。［International Integrated Reporting Council，The IIRC，About，Memorandums of Understanding，Global Initiative for Sustainability Ratings，http：//www.theiirc.org/wp-content/uploads/2014/03/MoU-IIRC-GISR.pdf，accessed April 2014.］

［83］国际价值总览报告委员会："谅解备忘录"，"全球报告倡议组织"。［International Integrated Reporting Council，The IIRC，About，Memorandums of Understanding，Global Reporting Initiative，http：//www.theiirc.org/wp-content/uploads/2013/02/MoU-IIRC-GRI-20130201-1.pdf，accessed April 2014.］

［84］国际价值总览报告委员会："谅解备忘录"，"可持续会计准则委员会"。［International Integrated Reporting Council，The IIRC，About，Memorandums of Understanding，The Sustainability Accounting Standards Board，http：//www.theiirc.org/wp-content/uploads/2014/01/

MoU-IIRC-SASB-Final.pdf，accessed May 2014.〕

〔85〕还有"国际会计师联合会"、"国际财务报告准则基金会"、"联合国贸易和发展会议"、"世界智力资本倡议组织"、"世界促进可持续发展工商业理事会"。〔International Federation of Accountants，IFRS Foundation for International Accounting Standards Board，United Nations conference on Trade and Development，World Intellectual Capital Initiative and World Business Council for Sustainable Development. http：//www. theiirc.org/the-iirc/，accessed April 2014.〕

〔86〕全球报告倡议组织。〔Global Reporting Initiative，https：//www.globalreporting.org/information/about-gri/what-is-GRI/Pages/default.aspx，accessed April 2014.〕

〔87〕"Ceres 是一家非营利组织，倡导可持续发展的领导。我们动员由投资者、公司和公共利益集团组成的强大网络，加速、拓展对可持续业务做法和解决方案的采用，为建设繁荣的全球经济作出贡献。"〔http：//www.ceres.org/about-us，accessed February 2014.〕鲍勃·马西（Bob Massie）是 GRI 的创始主席。他如今担任新经济联盟（New Economy Coalition）主席。该联盟的使命是"建设重视人类和地球福祉的新经济"。〔http：//neweconomy.net/about_us，accessed February 2014.〕

〔88〕艾伦·怀特（Allen White）任 Tellus 协会副总裁兼资深会员至今。"值此世界形势岌岌可危的时刻，Tellus 协会致力于通过研究、教育和行动，推动全球文明的可持续发展，促进公平和福祉。"〔http：//www.tellus.org/about/，accessed February 2014.〕

〔89〕全球报告倡议组织："可持续发展披露数据库电子表格"。〔Global Reporting Initiative，Excel Spreadsheet of Sustainability Disclosure Database.〕

〔90〕GRI 注重多方利益相关者，而 IIRC 的主要受众是"金融资

本提供者"。

［91］全球报告倡议组织："2010 年大会"。［Global Reporting Initiative,Conference 2010, https：//www.globalreporting.org/information/events/gri-global-conference/conference-2010/Pages/default.aspx, accessed January 2014.］

［92］同上。

［93］全球报告倡议组织于 2013 年 5 月 22 日，在 2013 年全球大会上发布了《G4 可持续发展报告指南》。（全球报告倡议组织：《商界领袖：〈G4 指南〉是可持续发展报告的未来》。）［Global Reporting Initiative,Information, News and Press Center, "G4 is future of sustainability reporting,say business leaders", https：//www.globalreporting.org/information/news-and-press-center/Pages/G4-is-future-of-sustainability-reporting-say-business-leaders.aspx, accessed May 2014.］

［94］内尔玛拉·阿韦克斯与艾博思的电子邮件通信。［Nelmara Arbex, email correspondence with Robert Eccles, March 19, 2014.］

［95］全球报告倡议组织：《价值总览报告的可持续发展相关内容——对先驱公司的调研》。［Global Reporting Initiatives, Current Priorities, Resources, "The Sustainability Content of Integrated Reports—A Survey of Pioneers", https：//www.globalreporting.org/resourcelibrary/GRI-IR.pdf, accessed January 2014］

［96］同上，第 5 页。

［97］克丽丝蒂·伍德与艾博思、迈克尔·P. 克鲁斯和悉妮·里沃特的电话采访。［Christy Wood, telephone interview with Bob Eccles,Mike Krzus and Sydney Ribot, October 28, 2013.］

［98］可持续会计准则委员会。［Sustainability Accounting Standards Board. http：//www.sasb.org, accessed January 2014.］

［99］约翰·卡托维奇（John Katovich）是专注资本市场的律师。他同时在旧金山普雷西迪奥研究院（Presidio Graduate School）工商管理硕士项目任教，该项目以可持续发展为教学重点。［http：//k2-legal.com/aboutus/ourteam/john/，accessed February 2014.］

［100］史蒂夫·莱登伯格（Steve Lydenberg）是多米尼社会责任投资公司（Domini Social Investments）合伙人［http：//www.domini.com/about-domini/Management/index.htm，accessed February 2014］、哈佛大学肯尼迪政府学院兼职讲师［http：//www.hks.harvard.edu/about/faculty-staff-directory/steve-lydenberg，accessed February 2014］，也是肯尼迪政府学院负责任投资倡议（Initiative for Responsible Investment）的共同发起人。［http：//www.hks.harvard.edu/news-events/news/press-releases/pr-hauser-iri-mar10，accessed February 2014.］

［101］可持续会计准则委员会是符合联邦税法501（c）（3）条款的非营利组织，参与制定、推广可持续发展会计标准，供上市公司披露重大可持续发展议题时使用，以利投资者和广大公众。（可持续会计准则委员会：“愿景和使命”。）［Sustainability Accounting Standards Board，About，Vision and Mission，http：//www.sasb.org/sasb/vision-mission/，accessed March 2014.］

［102］可持续会计准则委员会：“关键日期和进展状态”。［Sustainability Accounting Standards Board，Standards，Key Dates & Status，http：//www.sasb.org/standards/status-standards/，accessed March 2014.］

［103］可持续会计准则委员会：“加入行业工作组”。［Sustainability Accounting Standards Board，Engage，Join an Industry Working Group，http：//www.sasb.org/engage/join-an-iwg/，accessed February 2014.］

［104］可持续会计准则委员会：“关于准则理事会”。［Sustainability Accounting Standards Board，About SASB，Standards Council，http：//

www.sasb.org/sasb/standards-council/，accessed May 2014.］

［105］可持续会计准则委员会："我们采用的流程"。［The Sustainability Accounting Standards Board, Approach, Our Process, http：//www.sasb. org/our-process/，accessed February 2014.］

［106］阿曼达·梅德雷斯与艾博思、琼·罗杰斯、迈克尔·P. 克鲁斯和悉妮·里沃特的电子邮件通信。［Amanda Medress, email correspondence with Robert Eccles, Jean Rogers, Michael Krzus and Sydney Ribot, April 30，2014.］SASB 于 2014 年 7 月 31 日发布了医疗保健部门准则。(可持续会计准则委员会："关键日期和进展状态"。)［SASB, Standards, Key Dates & Status, http：//www.sasb.org/standards/ status-standards/，accessed May 2014.］

［107］SASB 于 2014 年 2 月 25 日发布了金融机构部门准则。(同上。)

［108］SASB 根据美国联邦最高法院的阐释，使用美国证券交易委员会对重要性的定义。参见："美国证券交易委员会第 99 号会计工作人员公告——重要性"。［Securities and Exchange Commission Staff Accounting Bulletin： No. 99—Materiality, http：//www.sec.gov/ interps/account/sab99.htm, accessed January 2014］另见 TSC 工业公司诉北路公司案(TSC Industries v. Northway, Inc.，426 U.S. 438，449 (1976))、贝斯克公司诉莱文森案(Basic, Inc. v. Levinson，485 U.S. 224 (1988))。

［109］鲍勃·赫茨与艾博思、迈克尔·P. 克鲁斯和悉妮·里沃特的电话采访。［Bob Herz, telephone interview with Bob Eccles, Mike Krzus and Sydney Ribot, October 4，2013.］

［110］美通社:《迈克尔·布隆伯格、玛丽·夏皮罗加入可持续会计准则委员会董事会领导层》。［PR Newswire, "Michael R. Bloomberg and Mary Schapiro Appointed to SASB's Board Leadership", http： //

www.prnewswire.com/news-releases/michael-r-bloomberg-and-mary-schapiro-appointed-to-sasbs-board-leadership-257486101.html，accessed May 2014.〕

〔111〕GreenBiz.com：《金融界巨子迈克尔·布隆伯格、玛丽·夏皮罗将领导可持续会计准则委员会》。〔GreenBiz.com，"Finance powerhouses Michael Bloomberg and Mary Schapiro to lead SASB"，http：//www.greenbiz.com/blog/2014/05/01/sasb-taps-star-power-mike-bloomberg-and-former-sec-chair，accessed May 2014.〕

〔112〕碳信息披露项目。〔CDp，https：//www.cdp.net/en-US/Pages/HomePage.aspx，accessed May 2014.〕

〔113〕碳信息披露项目："关于碳信息披露项目"。〔CDp，About CDP，https：//www.cdp.net/，accessed January 2014.〕

〔114〕杰尔·托平与艾博思、迈克尔·P.克鲁斯和悉妮·里沃特的电话采访。〔Nigel Topping，telephone interview with Bob Eccles，Mike Krzus and Sydney Ribot，October 15，2013.〕

〔115〕气候披露标准委员会。〔Climate Disclosure Standards Board，http：//www.cdsb.net，accessed May 2014.〕

〔116〕气候披露标准委员会：《气候变化报告框架》。〔Climate Disclosure Standards Board，Climate Change Reporting Framework，http：//www.cdsb.net/climate-change-reporting-framework/why-we-need-framework，accessed January 2014.〕于世界经济论坛年会上公布。

〔117〕气候披露标准委员会："气候变化报告框架"。〔Climate Disclosure Standards Board，"Climate Change Reporting Framework"，http：//www.cdsb.net/sites/cdsbnet/files/cdsbframework_v1-1.pdf，accessed January 2014.〕

〔118〕同上。

［119］同上。

［120］气候披露标准委员会：《CDSB〈气候变化报告框架〉意见稿》。［Climate Disclosure Standards Board, CDSB Framework Consultation, http：//www.cdsb.net/climate-change-reporting-framework/framework-consultation, accessed March 2014.］

［121］气候披露标准委员会：《CDCB〈气候变化报告框架〉与价值总览报告》。［Climate Disclosure Standards Board, CDSB's Framework for integrated reporting, http：//www.cdsb.net/climate-change-reporting-framework/cdsbs-framework-integrated-reporting, accessed January 2014.］

［122］全球可持续发展评级倡议组织。［Global Initiative for Sustainability Ratings, http：//ratesustainability.org, accessed May 2014.］

［123］艾伦·怀特与艾博思、迈克尔·P.克鲁斯和悉妮·里沃特的电话采访。［Allen White, telephone interview with Robert Eccles, Michael Krzus and Sydney Ribot, February 17, 2014.］

［124］全球可持续发展评级倡议组织："愿景和使命"。［Global Initiative for Sustainability Ratings, About GISR, Vision and Mission, http：//ratesustainability.org/about/, accessed February 2014.］

［125］艾伦·怀特与艾博思、迈克尔·P.克鲁斯和悉妮·里沃特的电话采访。［Allen White, telephone interview.］

［126］据麦肯锡估计，2010 年全球债券市场总值为 158 万亿美元，全球证券市场为 54 万亿美元。（查尔斯·罗克斯伯勒、苏珊·伦德、约翰·彼得罗夫斯基：《全球资本市场勘察（2011 年版）》，第 2 页。）［Roxburgh, Charles, Susan Lund and John Piotrowski, "Mapping global capital markets 2011", McKinsey Global Institute, p.2, c., 2011.］

［127］艾伦·怀特与艾博思、迈克尔·P.克鲁斯和悉妮·里沃特的

电话采访。［Allen White，telephone interview.］

［128］这十二项原则分为两大类：流程和内容。流程类原则涉及评级的设计、应用和维护，目的是确保评级的优质、可信和完整。五项流程原则分别是透明、中立、持续改进、包容发展、可鉴证。内容类原则涉及评级的范畴、质量和衡量方法。七项内容原则分别是重要性、全面性、可持续发展背景、长期视角、价值链、平衡性、可比性。（全球可持续发展评级倡议组织："GISR 标准的构件一：原则"。）［Global Initiative for Sustainability Ratings，Standard，Principles，GISR Standard Component 1：Principles，http：//ratesustainability.org/standards/principles/，accessed February 2014.］

［129］"根据 2012 年年底的数据，四家最大的注册会计师事务所及其全球附属机构提供的审计服务，涵盖了美国发行者 98% 的全球市值。排名第五到第七的三家事务所及其全球附属机构，提供了涵盖全球市值 1.1% 的审计服务。"（珍妮特·M. 弗兰策尔：《责任承担：保护投资者、公众利益和福祉》。）［Franzel，Jeanette M，"Accountability：Protecting Investors，the Public Interest and Prosperity"，Public Accounting Oversight Board，July 17，2013.］

［130］德勤会计师事务所：《价值总览报告：新格局》；［Deloitte. "Integrated Reporting：The New Big Picture"，*Deloitte Review*，Issue 10，2012，pp.124-137.］安永会计师事务所：《通过将财务和非财务报告合并为投资者级单一报告提升价值》；［Ernst & Young，"Driving value by combining financial and non-financial information into a single，investor-grade document"，2013.］毕马威会计师事务所：《价值总览报告：通过改进业务报告加深对绩效的理解》；［KPMG，"Integrated Reporting：Performance insight through Better Business Reporting"，2013.］普华永道会计师事务所：《价值总览报告：超越财务业绩》。

〔PricewaterhouseCoopers. "Integrated Reporting: Going beyond the financial results", August 2013.〕

〔131〕美国注册会计师协会〔American Institute of Certified Public Accountants，http：//www.aicpa.org/PRESS/PRESSRELEASES/2013/Pages/AICPA-Commends-IIRC-for-Release-of-International-Integrated-Reporting-Framework.aspx，accessed February 2014.〕；英国特许管理会计师公会〔Chartered Institute of Management Accountants，http：//www.cimaglobal.com/Thought-leadership/Integrated-reporting/，accessed February 2014.〕；英格兰及威尔士特许会计师协会〔Institute of Chartered Accountants in England and Wales，http：//www.icaew.com/en/about-icaew/newsroom/press-releases/2013-press-releases/integrated-reporting-is-a-catalyst-to-improve-business-reporting-says-icaew，accessed February 2014.〕；美国管理会计师协会〔Institute of Management Accountants，http：//www.imanet.org/about_ima/advocacy_activity/advocacy_activity_all/details_all/13-06-17/Integrated_Reporting_Draft_Framework.aspx，accessed February 2014.〕。

〔132〕特许公认会计师公会。〔Association of Chartered and Certified Accountants，http：//www.accaglobal.com/gb/en/discover/news/2014/integrated-qualification.html，accessed February 2014.〕

〔133〕国际会计师联合会。〔International Federation of Accountants，https：//www.ifac.org/news-events/2013-12/ifac-welcomes-release-international-integrated-reporting-framework，accessed February 2014.〕

〔134〕同上。

〔135〕国际价值总览报告委员会："IIRC 试点项目"。〔International Integrated Reporting Council. IIRC Pilot Program，http：//www.theiirc.org/companies-and-investors/pilot-programme-business-network/， accessed January 2014.]

［136］国际价值总览报告委员会："试点项目投资者网络"。
［International Integrated Reporting Council. Pilot Program Investor
Network，http：//www.theiirc.org/companies-and-investors/pilot-
programme-investor-network/，accessed April 2014.]

［137］加州公务员退休基金。［California Public Employees' Retirement
System，http：//www.calpers-governance.org/docs-sof/marketinitiatives/
initiatives/joint-submission-to-iirc.pdf，accessed February 2014.]

［138］加州公务员退休基金。［California Public Employees' Retirement
System，http：//www.calpers.ca.gov/eip-docs/about/board-cal-agenda/
agendas/invest/201211/item09a-00.pdf，accessed February 2014.]

［139］世代投资管理公司:《可持续资本主义》，第1页。
［Generation Investment Management，"Sustainable Capitalism"，p.1,
http：//www.generationim.com/media/pdf-generation-sustainable-
capitalism-v1.pdf，accessed April 2014.]

［140］计数基于由学术界和从业者期刊构成的数据库。

［141］计数基于Factiva普通新闻文章数据库。Factiva数据库与计
算文献引用的数据库互无交集。

第四章

动　因

　　价值总览报告运动共有六组各具动因的行动者：公司；价值总览报告的受众或使用者；支持组织；支持倡议；监管者；服务提供者。各组行动者的动因，取决于该组是由使命驱动、利益驱动或是两者兼有。公司主要由利益驱动，不过有些公司的动因也有很强的使命元素。受众由各类报告使用者构成，包括投资者和其他金融资本（如贷款或项目资金）提供者、卖方分析师、评级机构、员工、客户、供应商和非政府组织等。除理应由使命驱动的非政府组织外，这组行动者主要由利益驱动，关注财务信息。由使命驱动的受众成员关注非财务信息。实践价值总览报告的公司面临的挑战之一，就是要让这些不同的受众成员了解更全局看待公司绩效的价值。监管者和支持机构、支持倡议是由使命驱动的。监管者可被视为受众中的一员。最后，服务提供者由利益驱动。

　　这些行动者相互之间的关系使积极行动成为可能。均由利益驱动的两方行动者之间是基于资源交换的经济互利关系。对公司来说，与由利益驱动的受众成员和服务提供者之间的关系就是如此。兼由利益和使命驱动的关系，以施加影响或抗拒影响为基础，例子包括公司与支持组织与倡议之间、公司与监管者之间的关系。由使命驱动的不同组织之间，也是基于相互影响的关系，例子包括各支持组织与倡议之间、各监管者之间的关系。

　　价值总览报告运动的势头，取决于上述行动者能够在多大程度上提供资源、行使影响，以加速对价值总览报告的采用、增强对价值总览报告的意识。加速价值总览报告的采用，可直接由公司实现，也可在价值总览报告含义的建章立制阶段，间接通过法律和行为规则来加以推动。从提供资源的角度看，前者的例子有资本提供者设立激励措施、服务提供者给予建议和技术，帮助公司编制价值总览报告。从施加影响的角度看，例子有支持组织鼓励公司采用价值总览报告，将之列为"最佳做法"，或"展现领导力"、提升"品牌价值"的手段。以间接方式加速价值总览报告采用的实体，包括对证监会等监管者施加影响的支持组织和倡议，以及要求或激励公司采用价值总览报告的、具有一定监管权力的实体，如证券交易所等。支持组织和倡议能够利用诸多途径，通过相互影响或对监管者施加影响，将价值总览报告的含义编集成典、建章立制，以加速价值总览报告的采用。

一、公　司

在规定公司发布价值总览报告的监管尚不存在的情况下，是否编制价值总览报告的决定是由公司自行作出的。公司编制价值总览报告的动因，通常源于这一信念，即价值总览报告的有形效益（如提高财务绩效）和无形效益（如提升声誉）会大于其有形成本（如所需资源）和无形成本（如诉讼风险）。管理层在作出评估时，必须要意识到价值总览报告背后的理念和关键的相关概念，如价值总览思维和重要性等。尽管因国家而异，但我们迄今接触到的管理人员，大多只能说对价值总览报告有些许理解，这是价值总览报告运动还处于相对初期的缘故。不过，如果这些管理人员足够资深且职位相关（如担任首席执行官、首席财务官或董事会成员等），就可以更进一步，将价值总览报告列入议程，讨论其成本和效益。

价值总览报告是否能够通过价值总览思维，提高公司绩效，最终在公司的股价上得到体现？无论对倡导者还是怀疑者来说，这个问题都是价值总览报告的试金石。由于对价值总览报告已经实践有年的公司数量有限，所以目前很难对这一问题加以分析。不过，根据公司对价值总览报告成本和效益的看法，可以从公司到目前为止的经历获得启示，即使将这些经历转换为"盈亏总额"的算法尚不存在。况且，即便已有丰富经验的公司，也觉得价值总览报告的成本和效益很难量化。

调查显示，迄今为止，公司认为价值总览报告的效益有限，而且基本都属于无形效益。安永会计师事务所（Ernst & Young）与 GreenBiz 集团[1]共同开展了一项调查[2]，要求公司代表给出认为主动采用价值总览报告是合理之举的理由（见表 4.1）。调查对象来自 17 个行业的 282 家公司，年收益均在 10 亿美元以上，其中 85% 是美国公司。排名前三且遥遥领先的都是无形效益，分别是增强外部可持续发展意识、提高透明度和数据准确度、提升品牌和声誉。超过 50% 调查对象的回答中提及了上述效益。增进报告效率、削减成本等有形效益则排名靠后，分别只有三分之一和四分之一的调查对象提及。

表 4.1 还就公司赋予价值总览报告的含义提供了启示。将近 40% 的调查对象列举了"创造竞争优势"和"推动公司不同分支之间的合作"，这暗示有些公司意识到了价值总览报告与价值总览思维之间的关系。然而，只有不到三分之一的调查对象认为，价值总览报告会改善同投资者的沟通，让投资者更好地理解公司，促进公司估值的提高。除了增强对可持续发展的意识外（如第二章所指出，《国际〈IR〉框架》并不使用"可持续发展"这一表述），大多公司援引的是内部效益，而非外部效益。上述数据显示，很多公司对价值总览报告的全面

效益尚未全然信服。在公司全然信服之前，对价值总览报告的采用将趋于缓慢，价值总览报告的势头也不会强劲。[3]

表 4.1 自愿采用价值总览报告的理由

理　由	给出该理由的公司比例
增强投资者和客户的可持续发展意识	63%
改善透明度和数据准确度	56%
提升品牌和声誉	54%
创造竞争优势	37%
推动公司不同分支之间的合作	37%
改善与媒体和公众的沟通	36%
有利报告效率	35%
改善分析与估值	32%
预答投资者和其他利益相关者的疑问	28%
推动成本的节省 / 削减	28%
有利员工招聘	25%
加强创新	24%

来源：安永会计师事务所、GreenBiz 集团：《2013 年可持续发展报告的六大增长趋势》，第 30 页。[Ernst & Young and GreenBiz Group，"2013 six growing trends in sustainability reporting"，p.30.]

与此类似，Black Sun 有限公司[4]2012 年对国际价值总览报告委员会（IIRC）"试点项目企业网络"（Pilot Programme Business Network）中43 家公司的调查也证实了内部效益的重要地位。这些内部效益主要为无形效益，但基本与价值总览思维相符：

1.被提及最多的价值总览报告效益，是能够在组织内连通团队，消除"孤岛",促发更为价值总览的思维。

2. 开展价值总览报告的要求能够促进的系统层面变化,是业务活动之间透明度的提高,以及对组织最广义价值创造的进一步理解。

3. 向价值总览报告的转型,能够增加管理高层对业务长期可持续发展议题的兴趣和参与,也有助于高层形成对其组织更为全局的理解。

4. 对组织活动的更深入理解,让公司能够建立全局统观的业务模式,并有利于提高沟通效率。

5. 组织已开始找寻途径,衡量管理和报告可持续发展议题对利益相关者的价值。[5]

与上述效益不同,开展价值总览报告的成本是有形的、明确的,因而采用价值总览报告不是容易作出的决定。财务和人力资源成本有:需要组织并执行编制价值总览报告的流程[6](包括对纳入报告的重大议题作出确认、必需的利益相关者更高程度参与)、为及时获取足够可靠的非财务信息而对技术和控制系统进行投资[7](这点也可被视为效益)、编制一份(或多份)额外报告的成本、更新公司网站以支持价值总览报告,以及向使用者普及如何从价值总览报告中得到最大效益等。难以量化的成本有:受众期望值变高而带来的公司声誉风险、披露信息增多产生的法律风险等。

尽管鲜有实际证据表明上述成本和效益的存在或多寡,但可以说,这并不是要点。真正切题的是公司管理层和董事会要对是否编制价值总览报告作出知情决定。同样,就开展价值总览报告常得到援引的一些障碍,在多数公司看来并不突出。以安永/GreenBiz 的调查中,受调公司对编制价值总览报告难点的排名为例(见表 4.2)。法律风险常被引述为不利价值总览报告的理由,但只有 18% 的受调公司将之视为最大的难点。而且，自愿披露会招致诉讼官司或监管执法行动的依据极少，这也进一步显示出法律风险更像是公司拒绝编制价值总览报告的借口，而非正当理由。真正会产生问题的，其实是失实或欺诈披露，或是对重大事项未作披露。[8]表格中所有其他难点得到援引的比例都只有或不足15%。除仅得到12%受调公司援引（表明并非突出障碍）的缺乏标准制定者和监管机构指引外，其他难点均为公司内部的挑战。[9]

表 4.2　开展价值总览报告的难点

难　点	受调公司将该难点列于首位的比例
平衡对报告透明度的需求和披露相关信息的法律风险及其他顾虑	18%
将可持续发展报告流程与财务报告流程挂钩	15%
缺乏管理高层和董事会的支持	15%
缺乏首席财务官的支持	14%
编制报告所需的预算和人力	13%
时间限制	13%
缺乏标准制定者和监管机构（如美国证券交易委员会）的充分指引	12%

　　来源：安永会计师事务所、GreenBiz 集团：《2013 年可持续发展报告的六大增长趋势》，第 31 页。[Ernst & Young and GreenBiz Group，"2013 six growing trends in sustainability reporting"，p.31.]

二、受 众

价值总览报告的受众或许是最为广泛的一类行动者，包括了股东和其他金融资本提供者（如债券持有者、放贷银行等）、卖方分析师、评级机构、各类利益相关者（如员工、客户、供应商和非政府组织等）、潜在收购者，以及公司的合资伙伴等。在下一章中，我们将区分由金融资本提供者构成的"直接受众"和由其他各方构成的"间接受众"，从而对此加以简化。不过，本章的分析需要对上述的受众细分。价值总览报告的重要意义，对受众来说，在于能够帮助他们作出更优资源配置决策，或者向他方提供影响资源配置决策的建议。由利益驱动的受众将把决策基于经济考量。由使命驱动的受众（非政府组织、关注人士等），将决定是否就所关切的议题向公司提出支持或反对意见。

因为对价值总览报告的采用尚处早期阶段，所以难以评估价值总览报告对受众资源配置决策的影响。同样，评估通过价值总览报告形成的价值总览思维对公司资源配置决策影响几何，也较难实现。上一节提到的 Black Sun 调查就公司对受众所获效益的看法，给出了一些数据。结果显示，持认可态度的比例仍较为有限：21%的受调公司认为价值总览报告有利于分析师和投资者，23%认为有利于员工，但仅有 8%认为有利于私人股东。[10]对价值总览报告在未来发展中会带来的效益，受调公司的态度更为乐观：64%认为有利于分析师，49%认为有利于机构投资者，认为有利于员工的比例更高达 95%。认为价值总览报告有利于员工的上述两个比例，与我们同公司高层交流获得的信息是一致的。他们认为，一旦公司开始作价值总览报告，员工便能对公司有更深刻的了解，因而是所有利益相关者中首先获益的。他们同时认为，公司也能从中受益，因为员工对公司了解的加深，会带动员工参与公司事务的积极性，而这反过来又能提高员工工作的效率。

另有两项调查问询了受众是否、如何使用非财务信息，包括很可能被纳入价值总览报告的信息。其一是安永在 2014 年发布的《未来投资规则：关于非财务信息的全球机构投资者调查》。[11]在调查中，投资者对投资决策用到的非财务信息来源作了评定。结果显示，年度报告（77%）、公司网站（62%）和价值总览报告（61%）被评为"必需"或"重要"。被投资者评为"必需"或"重要"的具体议题则是监管对业务的影响（86%）、最小化风险的做法（83%），以及预测未来估值提升的依据（71%）。[12]调查同时要求投资者评选对投资决策"有益"的披露信息。结果显示，得分最高的是行业部门或行业特定的报告标准和关键绩效指标（65%）、关于未来预期绩效和与非财务风险之间关联的声明和计量（64%），以及公司根据对价值创造最重大事项的判断所作的披露（60%）。[13]在决策时考虑环境、社会和治理议题的投资者中，50%表示公司就信息是否具有重要性的披露不够明确。这一比例凸显出，关注对给定受众具有重要性的议题相当关键。

由 SustainAbility 公司[14]于 2012 年 11 月开展的调查（《为评级者评级（第 5 阶段）：投资者的观点》[15]），考察了投资者考虑环境、社会和治理数据的频率，并据此作了排序。投资者中 60%"总是"或"经常"考虑治理议题，排在之后的是社会（40%）和环境（35%）议题。治理议题中，位序最高的（"重要/非常重要"）是道德议题（79%）。受调者中，大约 75%将客户关系管理列为位序最高的社会议题，而环境议题中位序最高的是能源效率（59%）。[16]

尽管就价值总览报告对公司和受众的效益开展缜密研究较为困难，但我们能够以价值总览报告支持者给出的理由为主要基础，就价值总览报告对不同受众的效益，以及公司从中获得的效益，给出几个假设。价值总览报告能够就所有相关资本，向关注公司长期价值创造能力的投资者提供信息。这会为公司带来更高比例的稳定、长期投资者。[17]向上述投资者提供研究服务的卖方分析师，能够根据价值总览报告中的信息，提供更深入的见解，并可能让投资者对公司前景持更为乐观的态度。[18]与此相仿，评级机构在为金融资本提供者作信用分析以供资源配置决策使用时，也可能从价值总览报告中找到有用的信息。更准确的信用评级，既可能使公司资本成本降低，也可能使之升高。员工、客户和供应商出于经济上的考量，也可以使用价值总览报告，并作出或然有利于公司的资源配置决策。

发布价值总览报告的公司可能会吸引到更优秀的员工，甚至用较低的薪酬就能招募到同等技能的员工。这点既要归功于发布价值总览报告的象征意义，又和价值总览报告中包含的信息有关。若价值总览报告提供的依据，能够证明公司在长期的价值创造能力，那么就会降低员工接受聘请的风险。价值总览报告，尤其在涉及高度利益相关者参与时，还能提升员工的整体参与程度。而研究显示，员工参与和工作效率之间存在紧密的关系。[19]

仅仅因为价值总览报告，而使客户接受更高的报价，或使供应商接受更低的报价，是不大可能的。不过，同对员工的作用一样，价值总览报告能够在势均力敌时为公司"加分"，尤其是在公司编制报告时与客户和供应商开展大量互动的情况下。客户可能会把"钱包"里的更大一块，留给作价值总览报告的公司；供应商在供不应求时，可能会给予这些公司更优先考虑。我们承认，上述说法都对公司报告作为员工、客户和供应商决策的基础，作了大胆的假定。也就是说，这些说法假定受众成员会投入时间和精力，来获取和理解价值总览报告中提供的信息。

与之相反，要说潜在收购者与合资伙伴会受到价值总览报告所载信息的影响，则不是一个大胆的假定。收购与合资决定事关长期的实质资源投入。如今，包括私人股权投资公司在内的收购者，都已经将环境、社会和治理（ESG）信息作为尽职调查中重要的一环。[20]价值总览报告不仅能将 ESG 信息置于财务绩效的背景之下，还能以影响公司在短期、中期和长期价值创造能力的所有六大资本为基础，提供其他议题的相关信息。由于合伙关系的成功，取决于其短期、中期和长期的绩效，因此价值总览报告中的信息对潜在合资伙伴同样有用。[21]优秀的价值总览报告能让公司在收购者和合资伙伴眼中更具吸引力，也能够让该公司在收购其他公司时更具优势。

虽然价值总览报告的主要受众由金融资本投资者构成，但关注环境和社会议题的非政府组织也能从中获益。报告能让非政府组织了解，公司是否将某项议题视为价值创造战略的一环，以及公司如何管理与非政府组织利害攸关的资本。根据价值总览报告，非政府组织能够决定是否、如何与公司互动，包括对报告内容及其编制的流程施加影响。由于非政府组织往往侧重面较窄，故而趋向于忽略一桩事实，即公司受制于金融资本提供者、多方利益相关者多重且常相抵牾的压力。在更全局了解公司的战略和绩效后，非政府组织可以在私下，或是通过公开活动，与公司开展更有效的互动。[22]鉴于多数非政府组织可用资源甚为有限，互动的有效性是相当关键的一点。不过，尽管价值总览报告可向非政府组织提供有用信息，组织自身也必须掌握审阅、理解报告的技能，才能从中获益。对公司来说，如果非政府组织对公司的了解更为全局统观，同时也践行一定程度的价值总览思维，那么公司就能与非政府组织更有效地沟通，从而理解并解决其关切事项。

更广义来说，我们可以假设，任何受众成员都可以在公司报告编制期间，通过了解如何读懂价值总览报告，与公司一道获得价值总览思维带来的效益。无论受众动因为何，与公司的关系性质为何，都能对如何实现自身长期目标有更深入的理解。实际上，价值总览报告可作为基础，促进同时有利于公司与受众的互动。对固然存在的权衡取舍，也至少能获得共同的理解。因而，开展价值总览报告的公司通过努力，协助受众了解如何使用价值总览报告并从中获益，是能为公司自身带来好处的。公司不应认定这一好处会自动出现——公司在抱怨"作了价值总览报告，也没得到投资者褒奖"时，往往存在上述认定。

三、支持组织与倡议

有两类由使命驱动的行动者正影响着价值总览报告的势头，即支持组织和支持倡议。两者都相信价值总览报告有利于社会，能推动公司和市场的更优资源配置决策，以建设更可持续发展的社会以及更可持续发展的公司。在前一章中，我们讨论了一些至关重要的支持组织和倡议。在本节中，我们意在探讨组织与倡议在推动系统层面的改变时，如何进行（或不进行）合作。

基本问题之一，是支持组织应该彼此合作还是竞争。赞成合作的一个重要理由，是合作能消除或至少消减商界的困惑。对各支持组织名称缩拼而成的"字母大杂烩"，公司已颇有怨言，而且质疑这些支持组织是否能相互兼容，抑或公司必须从中择取一二。投资者虽然受影响较小，但也有一样的疑问。监管者，作为上述组织施加影响的目标，同样想知道是否必须作出择取，而择取之后，又会不会置己于相竞争组织和倡议的风口浪尖。赞成合作的另一个理由，是消减困惑后，各支持价值总览报告的行动者便能加强实际能力，履行各自使命，也能更好地推动价值总览报告的发展。

赞成竞争的理由，则是认为通过鼓励"百花齐放"，最优组织或倡议便会在市场和监管界"脱颖而出"。这个理由，其实类似于支持（或不支持）会计准则趋同的理由[23]，并且有两个前提。第一个前提，是竞争实际存在，好比商品市场中，较优商品能占据更多的市场份额，或者至少说，不同"商品"能占据各自相称的市场一隅。第二个前提，是这些资源甚为有限的组织和倡议若着眼于各自主要使命，会比把资源用在开展合作上来得更为划算。

实际上，合作与竞争将会并存。真正的问题，是如何掌握两者间的平衡。就目前情况来说，两者并存已是现实，而且在我们看来略为太过偏向"竞争"。我们认为，加强合作有利于价值总览报告运动及其支持组织和倡议。平衡若能掌握得好，对各方都是利大于弊的。当然，支持组织必须自行决定与他方合作的性质和范围。一定程度的竞争——例如为筹集资金、征募试点公司、赢得投资者和监管者支持等——总是会存在的。不过，如果基于博弈理论的"竞合"（co-opetition）策略能够适用于由利益驱动的商品市场，那么在由使命驱动的部门也能够同样适用，哪怕该部门的竞争激烈程度，有时更甚于商品市场。[24]

四、监管者

监管者对公司报告所起的作用，是确保投资者获得作出知情决定所需的优质信息。从系统层面上说，监管者要负责确保市场的有序运作。监管要求的细节、形式（如基于规则还是基于原则），以及制定和实施要求的组织为何，要视国家而定。在美国，监管职责由证券交易委员会（SEC）履行。[25] 拥有资本市场的国家，都有与 SEC 类似的监管者，而且都是国际证监会组织（IOSCO）的成员。[26] 证券交易所在南非等一些国家具有很大的监管权力，而在美国等其他国家则权力较小。[27] 任何决定指令开展价值总览报告的监管者，无论执行方式是"硬性"（必须遵守）还是"软性"（要么遵守，要么解释），都是出于对价值总览报告有助于其履行法定职责的认定。作此决定的监管者都需有一定（或相当）程度的自主权，能够在其管辖范围内定义价值总览报告的含义。

尤其是在美国等国家，短期内获得监管支持不是件容易的事。试想一下 SEC 主席玛丽·J. 怀特（Mary Jo White）在 2013 年 10 月的发言。就披露环境或社会事务（均为很可能在价值总览报告中得到讨论的风险或机遇）相关的额外信息，效益是否大于对该等披露作出规定所产生的成本，她表达了怀疑的态度。[28] 怀特特别提及了就上述披露及关于公司"平等就业做法"的披露，而向 SEC 提出的监管诉求。她指出，SEC 对此的结论是"就该等事务所涉的非重大信息披露，将导致披露文件完全失控；且总体说来，在增加成本的同时，不会为投资者带来相应的效益"。[29] 怀特同时质问，披露信息的增加，是否会让投资者难以着眼于具有重要性的信息和与决策最为相关的信息。怀特的话表明，SEC 并不确信价值总览报告所涉的环境和社会议题信息具有重要性。而且如若仅从增加披露信息的角度出发，SEC 对价值总览报告很可能也是持怀疑态度的。此处的症结正是下一章的主题："重要性"。

虽然未必会发生，但监管者其实可以将《国际〈IR〉框架》作为依据，指令开展价值总览报告，并酌情加以监督和执行。鉴于各监管者所处环境中都已存在错综复杂的既定报告要求和指南，故而考虑到会给企业界造成的沉重成本负担，监管者可能对作出全盘改动（甚至部分改动）以支持价值总览报告心存顾虑。而仅仅将价值总览报告列为额外要求，同样也会产生成本，并可能造成关于价值总览报告如何与现行法定报告共存的困惑。对于这一问题的存在，IIRC 是十分清楚的。由于上市公司递交的文件要遵从监管要求，IIRC 承认，公司对特定信息的披露可能会不被法律允许。[30]

任何支持价值总览报告的监管者都最可能在既有报告监管中，加入价值总览报告的基本原则，甚至直接使用"价值总览报告"一词。无论是否引用《国际〈IR〉框架》的内容，只要监管者使用了该词，就会为价值总览报告打上其自身的"含义烙印"。这即是政府部门权力的强势。对政府部门行使权力之结果的看法，则将莫衷一是。举个比较天方夜谭的例子。假设 SEC 颁布新监管规定，要求公司递交"价值总览 10–K 报告"，且在确认非财务信息重要性时，遵从可持续会计准则委员会（SASB）的指引。有些人可能视之为价值总览报告运动的一大促因，因为对 SEC 来说，出台新规是深思熟虑的结果。另一些人则可能视之为价值总览报告运动的一大挫折，因为 SEC 对"价值总览"一词的侵用，恐怕会导致其含义的混乱。另一个可能的顾虑，是开展价值总览报告在美国会降格为"合规事务"，从而也就不会带来由价值总览思维产生的任何效益。

无论如何，上述假设都点出了价值总览报告运动在监管支持的利弊方面所面临的两难困境。监管者会强加含义于"价值总览报告"，寻求监管支持的组织和倡议对此必须接受。如果在多国俱是如此，则很可能会产生为数众多的含义，正如不久之前还存在的多国"公认会计准则"（GAAP）一样。[31]这些含义之间异同的程度，将取决于相关监管规定何时生效，以及已得到公司采用的情况是否普遍。如果在各国已有众多公司或多或少地遵从《国际〈IR〉框架》开展价值总览报告，那么与监管规定出台前，价值总览报告还未得到普遍采用的情况相比，上述含义之间就会更为相近。

迄今为止，这一问题依旧争论未决。除南非外，还没有任何国家通过立法或监管，对开展价值总览报告作出规定，包括以"要么遵守，要么解释"为基础的规定。尽管上文提及的支持组织，在不同程度上都公开或私下寻求政府对其工作的支持，但获得政府的明确支持不是件容易的事，而且需要时间和资源的投入。这也无可避免地会涉及游说活动，而反对的声音自然也是照例必有。由于监管规定具有普遍性，意即所有公司都必须遵从，所以政府通常在颁布新规时谨而慎之，以平衡相互抵触的利益诉求。公司遵从新规的实效，则取决于该规定的质量，以及政府监督和执行的力度。[32]

五、服务提供者

协助公司编制、发布价值总览报告的服务提供者由利益驱动，包括会计师事务所和其他鉴证可持续发展报告的机构、协助价值总览报告工作的咨询公司（包括会计师事务所的下属咨询机构、小型可持续发展事务咨询公司、公关公司等），以及提供价值总览报告编制相关软件和服务的信息技术供应商。服务提供者可分为"含义塑造者"和"含义接受者"两类。前者设法对"价值总览报告"和"如何作价值总览报告"的含义施加影响。后者意在理解对含义的现有共识，以便设计并交付产品和服务。

四大会计师事务所和深入参与价值总览报告运动的小型咨询公司，往往是"含义塑造者"。这些机构是公司报告领域的内行，也有动力以白皮书、在线讲座、大型会议等形式，发表对价值总览报告的看法。如此，这些机构就对价值总览报告的含义进行了有意或无意的塑造。与之相反，信息技术公司往往是"含义接受者"。其业务模式建基于协助公司完成某项任务的软件开发和服务规划。与编制公司报告相关的任务，通常来说取决于监管规定。信息技术公司提供的产品和服务，则以满足客户的合规需求为目的。大多数信息技术公司针对价值总览报告的思路即是如此。如果价值总览报告的含义能变得更清晰（而且越详细、越规范越好），这些公司就能更好地设计所需的软件和服务。

上述所有服务提供者都明白价值总览报告存在的商机。无论是通过作价值总核审计收取更高的鉴证服务费用，还是实现软件和服务的更大销量，我们认为追逐这些商机的动因是无可厚非的，而且也有利于打造价值总览报告的市场。要想开发商机，服务提供者必须要对价值总览报告有深刻的理解，必须首先将价值总览报告的优点介绍给客户，以便推销其服务。通过产品开发和营销的工作，服务提供者可以通过进行对标、识别"最佳做法"等方式，获得支持组织和倡议乃至监管者都能派上用场的信息。话虽如此，多数服务提供者是"市场跟随者"而非"市场引领者"，通常会等待市场在其他力量（常为客户需求和监管要求的合力）的作用下形成后，再入场提供服务。

服务提供者不大可能仅视价值总览报告为创收良机，而对其优点丝毫都不"买账"。毕竟，服务提供者必须就进入、开发哪些新市场，作出自己的资源配置决定。鉴于在南非以外，价值总览报告的市场基本尚不存在，在这块作出投资，定然是要冒风险的，也是需要着眼于长期回报的。只有服务提供者"确信"（当然，不至于会到无视经济考量的程度）价值总览报告的价值，才会作出该等投资。而投资总量可能甚为可观，内容则包括给予支持组织和倡议的现金和"优待"（如公开支持、提供办公空间、主办会议等），以及对产品和服务开发的资助。同时，服务提供者还要承担不投资于其他商机而产生的机会成本。其他无形投入还包括用服务提供者的品牌为价值总览报告背书等。

服务提供者若自身也编制价值总览报告，则可将编制成本同时视为投资。通过将自行编制的报告作为示范，服务提供者就传达了价值总览报告可行的信号，以及对价值总览报告的信念。同时也就在向客户推荐价值总览报告，推销相关产品和服务时，占领了"道德制高点"。大型软件公司SAP在2012年发布了首份价值总览报告，这正是暗应上述说法的一个实例。在第二份价值总览报告中，SAP 就报告的关键部分调整了对于"重要性"的处理方法。[33] 在下一章，我们就来探讨这一利害攸关而又难以捉摸的概念。

注　释

［1］GreenBiz 集团"提供清晰、简洁、准确、平衡的信息、资源和学习机会，帮助各类规模和各个行业的公司，以支持可营利业务做法的方式，将环境责任与公司营运相整合"。（GreenBiz 集团："关于 GreenBiz 集团"。）［GreenBiz Group, About Us, http://www.greenbizgroup.com, accessed March 2014.］

［2］安永会计师事务所、GreenBiz 集团：《2013 年可持续发展报告的六大增长趋势》。［Ernst & Young and GreenBiz Group, "2013 six growing trends in sustainability reporting", http://www.ey.com/Publication/vwLUAssets/Six_growing_trends_in_corporate_sustainability_2013/$FILE/Six_growing_trends_in_corporate_sustainability_2013.pdf, accessed February 2014.］报告也可在 GreenBiz 集团网站上获得。［http://www.greenbiz.com/research/report/2013/05/26/six-growing-trends-corporate-sustainability, accessed February 2014.］

［3］安永会计师事务所、GreenBiz 集团：《2013 年可持续发展报告的六大增长趋势》，第 30 页。［Ernst & Young and GreenBiz Group, "2013 six growing trends in sustainability reporting", p.30.］

［4］Black Sun 有限公司总部位于伦敦，是一家专注于帮助客户"将公司报告传播、可持续发展传播和数字媒体传播完美融合"的咨询公司。［http://www.blacksunplc.com/corporate/, accessed March 2014.］

［5］此项研究由 Black Sun 有限公司与国际价值总览报告委员会合

作开展。研究向所有"试点项目"的参与者发送了电邮，内含详细的基准在线调查。总计 43 家公司的 44 位调查对象完成了包括 44 道问题的调查问卷。研究从 2012 年 6 月开始，至 2012 年 8 月结束。Black Sun 还对 19 家上述公司作了电话采访。这 19 家公司为研究提供了具体的实例。收到电邮的调查对象共计 21 家上市公司、11 家非上市公司、6 家公营部门组织，以及 7 家其他组织，包括一家发展银行和一家由成员所有的信用合作社。（Black Sun 有限公司：《理解转型：作价值总览报告的经济理由》。）［Black Sun Plc，"Understanding Transformation：Building the Business Case for Integrated Reporting"，http：//www.blacksunplc.com/corporate/iirc_understanding_transformation/projet/BUILDING—THE—BUSINESS—CASE—FOR—INTEGRATED—REPORTING.pdf，accessed February 2014.］

［6］在波士顿学院企业公民责任中心（Boston College Center for Corporate Citizenship）和安永会计师事务所（Ernst & Young）于 2013 年开展的调查中，超过 50% 的上市公司表示缺乏资源是其尚未编制价值总览报告的原因。调查还涵盖了环境、社会和治理（ESG）报告的成本与效益、与财务绩效建立联系等方面。后者也是价值总览报告的核心理念之一。（《开展可持续发展报告的价值》）［"Value of sustainability reporting"，http：//www.ey.com/US/en/Services/Specialty—Services/Climate—Change—and—Sustainability—Services/Value—of—sustainability—reporting，accessed March 2014.］

［7］在波士顿学院和安永的调查中，超过 60% 的受调者表示，数据的获取以及数据的准确度和完整度是开展价值总览报告的难点。（同上，第 15 页。）

［8］美国吉布森律师事务所（Gibson Dunn）于 2013 年 1 月对《2012 年全年证券诉讼更新报告》（2012 YEAR-END SECURITIES

LITIGATION UPDATE）作了搜索，结果发现"公司社会责任""可持续发展""自愿披露""非财务信息"或"风险因素"等词一次都未被提及。搜索同时显示，"重要性"（本书第五章重点）被大量提及。同样证明可持续发展报告或价值总览报告自愿披露法律风险极低的，还有美国 Morvillo Abramowitz 律师事务所对 2013 年美国证券交易委员会（SEC）在 2013 年提出的诉讼案所作的"SEC 执法数据分析"。分析指出，在 2014 年，SEC 的"执法部门财务报告和审计事务专门工作组（Enforcement's Financial Reporting and Audit Task Force）将重点打击财务报表编制、证券发行报告和披露方面的违规行为，以及审计失败的问题。"也就是说，执法的重点是公司在现有监管之下所作的报告。

［9］安永会计师事务所、GreenBiz 集团：《2013 年可持续发展报告的六大增长趋势》，第 31 页。［Ernst & Young and GreenBiz Group, "2013 six growing trends in sustainability reporting", p.31.］

［10］Black Sun 有限公司：《理解转型：作价值总览报告的经济理由》，第 20 页。［Black Sun Plc, Understanding Transformation, p.20.］

［11］安永会计师事务所：《未来投资规则：关于非财务信息的全球机构投资者调查》。［Ernst & Young, "Tomorrow's investment rules: Global survey of institutional investors on non-financial performance", http：//www.ey.com/Publication/vwLUAssets/EY-Institutional-Investor-Survey/$FILE/EY-Institutional-Investor-Survey.pdf, accessed April 2014.］调查由安永受《机构投资者》（*Institutional Investor*）杂志定制研究组［http：//www.institutionalinvestor.com/Institutional-Investor-Magazine.html？StubID=10334］聘请开展，旨在了解投资者对投资决策中使用非财务信息的看法。安永与研究组共同设计了问卷，在 2013 年 9 月调查期间，共收到全球资深决策者 163 份答复，并在之后对完成问卷者进行了后续采访。受调者均来自大型金融机构，如第三方投资管理公

司、银行、退休基金、捐赠基金会、主权财富基金、保险公司和家庭理财公司等。这些机构中59%管理资产超过100亿美元。大约72%位于美国、加拿大和拉丁美洲，11%位于欧洲大陆或英国，剩下的则位于中东、非洲或亚太地区。

〔12〕同上，第11页。

〔13〕同上，第17页。

〔14〕SustainAbility公司由约翰·埃尔金顿（John Elkington）和朱莉娅·黑尔斯（Julia Hailes）于1987年创立，这也是世界环境与发展委员会（Brundtland Commission，也称布伦特兰委员会）发布《我们共同的未来》（Our Common Future）的同一年。SustainAbility自述为"促进商业领导层就可持续发展议程作出转型的智库和战略咨询机构"。〔http://production.sustainabilitylt.netdna−cdn.com/content/ftpfiles/safactsheet/1/sustainability_factsheet.pdf，accessed April 2014.〕

〔15〕SustainAbility：《为评级者评级（第5阶段）：投资者的观点》。〔SustainAbility，Rate the Raters Phase 5，The Investor View，http://www.sustainability.com/projects/rate−the−raters#projtab−9，accessed April 2014.〕SustainAbility与彭博合作，调查了超过1000位投资专业人士，其中大约50%是研究分析师或产品经理。这些投资专业人士中，一半有超过11年经验，74%经营证券业务。调查对象具有全球覆盖率，其中来自美国的占33%，英国的8%，印度的6%，巴西的4%，中国的3%，德国的3%。

〔16〕有些投资者在环境数据中挑选部分作为生产效率和成本控制的指标进行追踪。（艾博思、迈克尔·P.克鲁斯：《诺和诺德：对可持续发展的承诺》。）〔Eccles，Robert G. and Michael p.Krzus，"Novo Nordisk：A Commitment to Sustainability"，Harvard Business School Case 412−053，p.10.〕

［17］"长期投资者关注的，是相关、可信、及时的信息，用以评估公司的长期前景。他们会更倾向持有作价值总览报告公司的股票。这些公司更可能提供与长期价值挂钩的信息，减少有意投资者与公司管理层之间的信息不对称，从而缓解融资矛盾，节省监督成本。因此，在同等条件下，我预计长期投资者会对作价值总览报告的公司更感兴趣。"（乔治·赛拉菲姆：《价值总览报告和投资者群体》，第13页。）［Serafeim, George, "Integrated Reporting and Investor Clientele", Harvard Business School Working Paper, No. 14–069, February 2014. p.13.］

［18］应该指出，大多数卖方分析师特别关注的，是以季报为依据的年内预测，他们也因只着眼短期而臭名昭彰。所以就文中的这句话我们要有所保留。

［19］艾博思、凯瑟琳·M. 珀金斯、乔治·赛拉菲姆：《如何打造可持续发展的公司》。［Eccles, Robert G., Kathleen Miller Perkins and George Serafeim, "How to Become a Sustainable Company", *MIT Sloan Management Review* 54 No.4（2012）: 48.］

［20］乔治·罗伯茨（George Roberts）是一位私人股权投资者，于1976年同亨利·克拉维斯（Henry Kravis）和杰尔姆·科尔伯格（Jerome Kohlberg），共同创建了 KKR 集团。他曾表示，将环境、社会和治理（ESG）因素融入私人股权投资决策，是"利益与道德两顾"的做法，并指出私人股权投资公司应当接受短期成本，追求长期价值。在联合国"负责任投资原则"（Principles for Responsible Investment）倡议和私人股权投资国际（Private Equity International）共同组织的大会上，罗伯茨发言并表示 KKR 集团意在"预判趋势，抢得先机，不能后知后觉，落人一步（skating towards where the puck is going, not where it has been）"。他表示这句话的语境，是关于投资者和利益相关者之间的"共同价值"。这一提法，来自当年年初《哈佛商业评论》上由

迈克尔·波特（Michael Porter）和马克·克拉默（Mark Kramer）撰写的一篇文章，其中呼吁以同时创造社会价值的方式，创造经济价值。2010 年年底，KKR 集团发布了首份题为"创造可持续价值"的 ESG 报告。报告中提到，KKR 集团与环境防卫基金（Environmental Defense Fund）合作设立的绿色投资组合项目（Green Portfolio Program），涵盖了 KKR 投资组合中的 16 家公司。通过项目，节省共计 1.6 亿美元，并在其中 8 家公司减少了 345000 吨的二氧化碳排放。按罗伯茨的话说，在项目开始运作前，他是有顾虑的："我当时说，要是真打算做这个项目，就一定得做好，而且还得有度量指标，要有规范的审计。"他还说，项目自开始以来，已成了一个"关乎底线的业务议题"。（休·惠兰：《KKR 集团创始人表示长期价值应重于短期成本》。）[Wheelan, Hugh, "Long-term value should outweigh short-term cost says KKR founder", Responsible Investor, June 6, 2011.] 绿色投资组合项目的第二阶段，是与 BSR 组织合作。KKR 集团与 BSR 组织制定了分析供应链风险的框架，其中列出了六个风险类别，分别是执行层投入、现行项目质量（如规范、标准等）、落实质量、地理因素、产品类型和行业因素。（艾博思、乔治·赛拉菲姆、蒂法尼·A. 克莱：《KKR：利用可持续发展》。）[Eccles, Robert G., George Serafeim and Tiffany A. Clay, "KKR：Leveraging Sustainability", Harvard Business School Case 112-032, September 2011.（Revised March 2012.）]

[21] 联合国"负责任投资原则"倡议、普华永道会计师事务所：《将环境、社会和治理议题融入合并与收购交易》；[United Nations Principles for Responsible Investment and PricewaterhouseCoopers, "The Integration of Environmental, Social and Governance Issues in Mergers and Acquisitions Transactions", January 2013, http://www.pwc.com/gx/en/sustainability/publications/esg-impacts-private-equity.jhtml, accessed

March 2014.〕英国高校退休基金：《负责任私人股权投资工具一览》；〔Universities Superannuation Scheme，"Responsible Investment Private Equity toolkit"，May 2010，http：//www.uss.co.uk/Documents/USS%20PE%20internal%20guidance%202010.pdf，accessed March 2014.〕KKR 集团：《创造可持续价值：通过合伙关系取得进展——2012 年 ESG 与企业公民责任报告》。〔KKR，"Creating Sustainable Value，Progress Through Partnership"，2012 ESG and Citizenship Report，http：//www.kkr.com/_files/pdf/KKR_ESG-Report_2012.pdf，accessed March 2014.〕

〔22〕"非政府组织的战略已变得更为先进，干预方法近年来也趋于多样，包括撰写支持运动议题的投资分析、将资本直接投入或撤出特定投资项目、就具体企业社会责任议题与投资者持续沟通的项目、对管理资本市场的规则提出公共政策倡议等。在有些情况下，还设立了投资者与非政府组织合作的正式项目。"（史蒂夫·韦古德：《在资本市场开展运动》，第 3 页。）〔Waygood，Steve，*Capital Market Campaigning*. London：Haymarket House，2006，p.3.〕

〔23〕鉴于资本市场对当今全球经济所起的核心作用，立法者与监管者必须善加处理，确保市场的有效运作，建立完善的财务报告架构。历史经验显示，报告架构应以一致、全面的会计准则为基础，让财务报告能够反映真正的经济现实状况。（加比赫拉·瑞扎伊、L. 墨菲·史密斯、约瑟夫·Z. 森迪：《会计准则的趋同：来自学者和从业者的洞见》；〔Zabihollah Rezaee，Smith，L. Murphy and Szendi，Joseph Z. "Convergence in Accounting Standards：Insights from Academicians and Practitioners"，*Advances in Accounting*，Vol.26，No.1，pp.142-154，2010，http：//papers.ssrn.com/sol3/papers.cfm？abstract_id=1703584，accessed April 2014.〕罗伯特·H. 赫茨、金伯利·R. 佩特龙：《会计标准的国际趋同——美国财务会计准则委员会对挑战和机遇的观

点》；［Robert H. Herz and Petrone, Kimberley R. "International Convergence of Accounting Standards–Perspectives from the FASB on Challenges and Opportunities", *Northwestern Journal of International Law & Business*, Volume 25 Issue 3 Spring, 2005, http：//scholarlycommons.law.northwestern.edu/njilb/vol25/iss3/27/, accessed April 2014.］普华永道会计师事务所：《国际财务报告准则和美国公认会计准则的趋同》；［PricewaterhouseCoopers, "Convergence of IFRS and US GAAP", *ViewPoint*, April 07, http：//www.pwc.com/gx/en/ifrs–reporting–services/pdf/viewpoint_convergence.pdf, accessed April 2014.］戴维·特威迪、托马斯·R. 赛登施泰因：《设立全球准则：会计准则趋同的理由》。［David Tweedie and Seidenstein, Thomas R. "Setting a Global Standard：The Case for Accounting Convergence", *Northwestern Journal of International Law & Business*, Volume 25, Issue 3, Spring 2005, http：//scholarlycommons.law.northwestern.edu/njilb/vol25/iss3/25/, accessed April 2014.］

［24］"竞合"原理及其应用的发展要归功于纽约大学斯特恩商学院（New York University Stern School of Business）教授亚当·M. 布兰登布格尔（Adam M. Brandenburger）和耶鲁管理学院（Yale School of Management）教授拜瑞·内勒巴夫（Barry J. Nalebuff）。（亚当·M. 布兰登布格尔、拜瑞·内勒巴夫：《竞合》。）［Brandenburger, Adam, M. and Barry J. Nalebuff, *Co-opetition*. New York：Doubleday, 1996.］"竞合，是一种利用博弈理论的洞察，理解竞争者之间应何时进行合作的商业战略。竞合博弈是用来考察竞争者之间通过何种方式的合作，才能增加所有参与者的收益，并把市场做大的数学模型。模型同时考察在竞争过程中，参与者分配现有收益以何为最佳时机，才能让领先的竞争者获得更大的市场份额。模型由既定参与者各居一角的菱形价值关系图构建而成。参与者包括客户、供应商、竞争者和互补者（让竞

争者产品增值的参与者）。竞合的目的，是将参与者从赢者满盘通吃、输者两手空空的'零和博弈'，转移至竞争者相互合作，最终获利更丰的'增和博弈'。竞合的要点，是了解促使参与者竞争或合作的变量为何，以及对参与者来说，停止合作的最有利时机为何。"［Search CIO, http://searchcio.techtarget.com/definition/co-opetition, accessed April 2014.］

［25］美国证券交易委员会（SEC）视己为投资者权益的支持者。这点也体现在其简洁而有力的职责声明中："美国证券交易委员会的职责，是保护投资者，维护市场的公平、秩序和效率，促进资本的形成。"SEC在对其职责的进一步说明中指出："管理美国证券业的法律法规源于一个简单易懂的理念：所有投资者，无论是大型机构投资者还是私人投资者，都应能在购买证券之前及持有证券期间，获取该等投资对象的特定基本事实。为此目的，SEC规定上市公司向公众披露有用的财务信息和其他信息。如此，SEC就提供了共同的信息资源库，供所有投资者在自行判断应购买、出售还是持有某项证券时使用。只有在及时、全面、准确的信息持续流通时，投资者才能作出明智的投资决定。"（美国证券交易委员会："关于SEC"。）［U.S. Securities and Exchange Commission, About the SEC, http://www.sec.gov/about/whatwedo.shtml#.U1E5Y16kJfM, accessed April 2014.］

［26］"国际证监会组织（IOSCO）于1983年成立，是联合世界证券监管者的权威国际机构，也是得到认可的证券部门国际标准制定机构。IOSCO建立、落实、推动对国际公认证券监管准则的遵从，并正与20国集团和金融稳定理事会（FSB）紧密合作，制定全球监管改革议程。IOSCO成员的监管范围覆盖全世界95%以上的证券市场。IOSCO的成员包括超过120家证券监管机构和80家其他证券市场参与机构（如证券交易所、地区和国际金融组织等）。IOSCO是成员管

辖范围覆盖所有主要新兴市场的唯一国际财务监管组织。"IOSCO 的使命与美国证券交易委员会类似:"通过开展合作,落实、推动对国际公认证券监管准则的遵从、监督和执行,以保护投资者权益,维护市场的公平、效率和透明,应对系统性风险;通过改善信息交流、协同打击违规行为、对市场和中介机构进行监督,加强对投资者的保护,增强投资者对证券市场诚信的信心;在全球和地区层面交流信息与经验,以协助市场发展、强化市场架构、实施适用的监管。"(国际证监会组织:"关于 IOSCO"。)[IOSCO, About IOSCO, http://www.iosco.org/about/, accessed April 2014.]

[27] 苏珊·吕茨:《民族国家的复兴? 金融市场全球化时代的证券交易监管》。[Lü tz, Susanne, "The revival of the nation-state? Stock exchange regulation in an era of globalized financial markets", *Journal of European Public Policy* 5.1 (1998): 153-168.] 该文虽着眼于德国的证券交易所,但在第 10—13 页对其他证券交易所作了比较分析。

[28] 玛丽·J. 怀特:《独立性事关重大》;[White, Mary Jo, "The Importance of Independence", 14th Annual A.A. Sommer, Jr. Corporate Securities and Financial Law Lecture, Fordham Law School, October 3, 2013.] 美国证券交易委员会:"主席发言稿"。[U.S. Securities and Exchange Commission, Speeches, Chairman, http://www.sec.gov/News/Speech/Detail/Speech/1370539864016#.U1FAFl6kJfM, accessed April 2014.]

[29] 同上,第 7 页。

[30] 另外两个不披露特定信息的正当理由,是信息不够可靠,或可能造成竞争损害。在该等情况下,IIRC 建议公司指明所省略信息的性质和省略信息的原因。当原因为无法获取可靠数据时,公司应说明将如何纠正这一情况,需要多长时间。(国际价值总览报告委员

会:《国际〈IR〉框架》,第8页。)[The International <IR> Framework, p.8, http://www.theiirc.org/international-ir-framework/, accessed March 2014.]

[31] 由德勤维护的 IAS Plus 网站,针对各国境内上市和非上市公司为外部目的发布的合并财务报表,就其使用国际财务报告准则(IFRS)为主要公认会计准则(GAAP)的情况作了总结。[http://www.iasplus.com/en/resources/ifrs-topics/use-of-ifrs, accessed March 2014.]

[32] "监管对价值总览报告信息功能发挥有效作用是至关重要的,正如监管是设立会计准则的必需一样。对价值总览报告的转型功能来说,监管可能就不那么重要了,而且还有人提出,监管实际上会起妨碍作用。IIRC 基于原则的高层架构,让公司能够通过利益相关者参与,确认重大议题,并进而继续开展参与活动。如果监管使用的是规范性的、'基于规则'的方式,那么开展价值总览报告就有变为'合规事务'的危险。"(艾博思、乔治·赛拉菲姆:《从功能角度看公司报告与价值总览报告》。)[Eccles, Robert G. and George Serafeim, "Corporate and Integrated Reporting: A Functional Perspective", Social Science Research Network, 2014, http://papers.ssrn.com/sol3/papers.cfm?abstract_id=2388716, accessed March 2014.]

[33] SAP 公司:《2013 年价值总览报告》,"关于本价值总览报告","重要性"。[SAp, Integrated Report 2013, About This Integrate Report, Materiality, http://www.sapintegratedreport.com/2013/en/nc/about-this-integrated-report/materiality.html?sword_list%5B0%5D=materiality, accessed May 2013.]

第五章

重要性

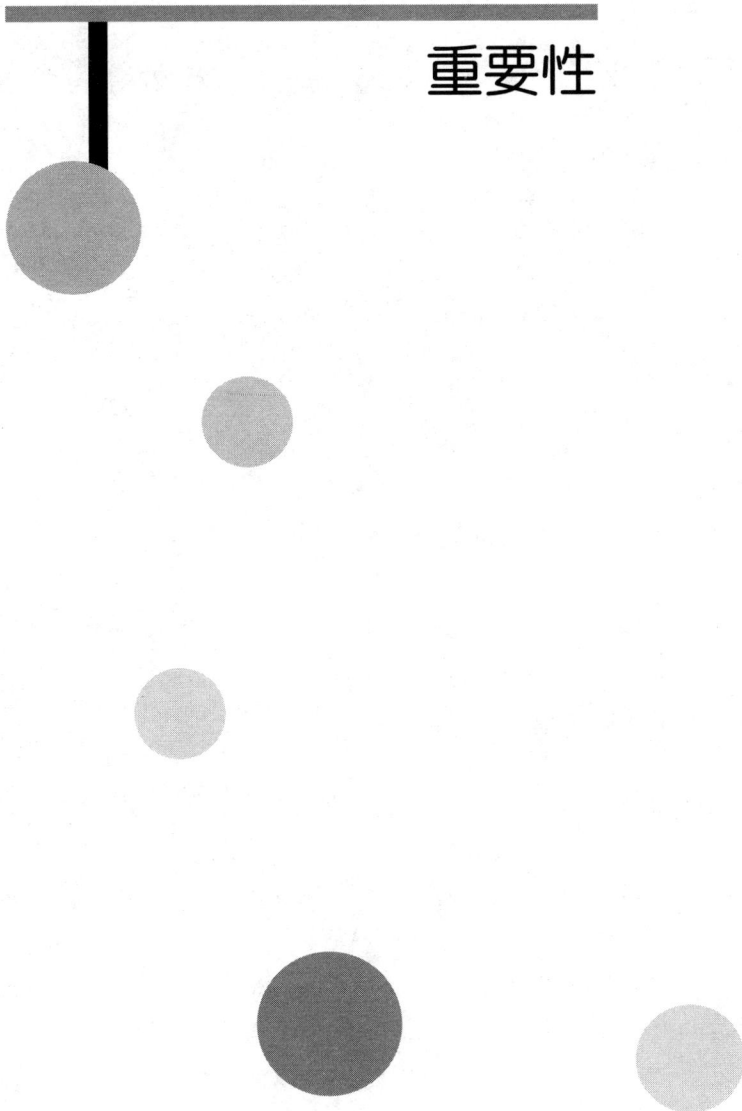

"重要性"（materiality）是公司报告的概念基石。然而，对重要性的权威定义却尚不存在。在《证券监管》[1]（Securities Regulations）一书中，路易斯·罗斯（Louis Loss）指出，法律界对该词没有具体定义。而有关重要性的法院意见，都仅仅勾勒了其概念的轮廓。在美国，每次遇上与重要性相关的案件，法院都认为必须逐案定夺。[2]联邦最高法院也曾表示，在确定重要性时，必须基于质量与数量两方面因素，以可获取信息的"混合整体"为准。[3]不仅如此，在对重要性的阐释中，最高法院没有解决"循环论证"的问题。这就让其所设立的"混合整体"准则在评估潜在的重大遗漏或错报时，变得更为复杂。[4]最后，各级法院的意见也明确表示，对重要性的判断必须清晰无疑。上述法院意见并不讨论重要性的"程度"；换言之，重要性是非黑即白的。一件事实，要么具有重要性，亦即应当列报；要么不具有重要性，亦即不需要列报。

这类"棘手的评估"需要公司自行作出。在一家公司的重要性确定流程中，除通过法律途径外，投资者是没有话语权的；而即使走法律途径，投资者也只是施加进一步引导，而非定能获得具体答案。因此，公司的"理性投资者"想要了解到哪些信息，应由管理层乃至董事会负责查明。说到底，有关重要性的决定是由公司自行作出的，是取决于报告主体的。[5]在确定重要性时，或许没有简单的**规则**可循，但公司决定哪些外部因素和议题应纳入价值总览报告的**流程**，应当是得到确切界定、责任归属分明的。董事会负有设立流程的最终责任。该流程应使董事会能够拍板，决定从公司的角度来看，哪些事项具有重要性。如此，董事会便建立了公司的正当社会角色。

在本章中，我们不会给出重要性的精确定义。正如会计师、历史学者卡拉·埃奇利[6]（Carla Edgley）所言，这种对意义的明确界定从历史角度来看不具可能，从术语使用的角度来说也没有必要。[7]有证据显示，文化背景也会影响重要性的含义。[8]本章的目的，不是要将这一概念确定下来，而是要通过回顾在财务与非财务报告中对重要性的使用，加深我们对"**什么是重要性**"的理解。在审视重要性这一概念所据的假设和先例时，我们的重点是重要性应**由谁**来确定、应**为谁**而确定。我们将以此来阐述，在价值总览报告中应**如何**确定重要性。

一、重要性的社会建构

重要性虽是公司报告的概念基石，但讲到底更是社会的建构。在《社会实在的建构》（*The Construction of Social Reality*）一书中，哲学家约翰·塞尔（John Searle）评论说，社会机构都具有一项共同的社会建构特点：象征意义。[9]举例说，联合国、哈佛大学、纽约证交所、劳力士、红十字会、苹果公司等，都具有超越了其各组成部分简单加总的象征意义。这些机构象征意义的价值，与品牌力量类似。因为只需提及其名，便可在人们心中唤起单靠机构现有"资产"和业务不足以完全解释的预期。毕竟，设计制造富有创意、吸引眼球的产品，并非只有苹果公司才能做到。仅凭产品的这些特点，不能够解释苹果公司在市场的垄断地位，也不能解释为什么在2013年10月《福布斯》（*Forbes*）杂志将其列为全球最有价值品牌。[10]是由各分散部分组成的社会，为这些机构增添了象征意义。社会代理人，如法官、委员、议员、理事、董事等，通过巩固机构的声誉，有意识地增进了其象征意义。因此可以说，这些机构是**社会建构的产物**：一家给定机构的存在，以机构与其受众共同认可的象征意义范畴为限。因此，意义无需定义而存在；反过来说，定义不能赋予意义。

以欺诈为例。法院对欺诈的处理办法与对重要性的处理办法类似。与欺诈一样，重要性并不缺乏意义，因为每个人都可以大致判断出什么具有重要性。但出于实际原因，重要性迄今尚无定义，且因此而恶名昭著。路易斯·罗思写道："无论是准据普通法还是证券法，法院历来都拒绝将欺诈加以明确定义。"[11]与此类似，重要性所据的法律也规定，重要性的含义必须在实际操作中根据所涉公司的具体情况而定。有鉴于此，会计师威廉·霍尔姆斯（William Holmes）鼓励我们"继续就重要性开展讨论、争辩、剖析、驳斥，并且还要'瞻前顾后，寄希望于确定什么不具重要性'"。他并下结论说，解决问题的办法是"将理解拓广，将判断收狭——直到触及官方基准为止"。[12]在我们看来，这就是说，与其去探求重要性的最终定义，不如把重点放在研究怎样作出判断，从而在逐案定夺的基础上，确定什么具有重要性。

因为重要性是取决于公司的社会建构，所以会给价值总览报告运动造成一些难题。鉴于各公司的董事会和管理层都会保护公司独特的品牌，因此各公司对社会的象征意义都是独一无二的。按照国际价值总览报告委员会（IIRC）的说法，判断哪些事项"相关并且重要"[13]，也是取决于公司的。每家公司都可以在受认可的、演进中的准则范围内定义其重要性阈值（materiality threshold）。因此，我们对重要性的理解必须涵盖所有作价值总览报告的公司。套用从"威斯特伐利亚和约"[14]衍生出来的说法，"重要性"于是随受众而定，意即一家公司之"重要性"，成为了其受众之"重要性"。

无论"受众"的愿望是否被听取，他们的参与都会产生一个问题：公司是在**向谁**报告？回顾约翰·塞尔的话，像重要性这样的社会建构是一种契约，需要机构，更具体说是机构代理人，来作为象征。对于价值总览报告中的重要性，我们必须要问："机构代理人在决定**哪些**议题具有重要性、哪些议题**不**具有重要性时，面向的对象是**谁**？"

尽管金融资本提供者是价值总览报告的"直接受众"[15]，或曰"使用者"，利益相关的"非直接受众"也在公司筛选重大议题时施加压力。公司之所以开展利益相关者参与，是因为他们能对资本提供者施加程度不一的影响，而且这种影响可能产生的严重后果往往是不容忽视的。因此，当公司决定哪些信息具有重要性时，必须出于自利，将利益相关者中非金融资本提供者的立场也考虑在内。[16]此外，正如阿道夫·伯利（Adolf Berle）和加德纳·米恩斯（Gardiner Means）所言，社会将未赋予个人的特权赋予了公司。[17]这也就意味着，公司既然获得了特权，即便没有社会责任，也有道义责任，应该考虑到社会的福祉，而不仅仅只关心怎样赚钱。因此，公司不仅要如此考虑问题，还负有道义责任，应就超越利润范畴的"重大行动"向社会作报告。

但这并不是说，对利益相关者具有"重要性"的议题，就会对公司具有重要性。最终，由董事会作为代表的公司，将确定什么就报告目的而言具有重要性。如是，公司就决定了要面向哪些利益相关者、怎样获取他们的投入，以及针对不同议题和受众成员，应给予多少相对权重。在下一章中，我们将通过"重要性矩阵"这一概念，对这一点作更详尽的考察。同时我们也会解释，为什么"可持续价值矩阵"这一提法要好于"重要性矩阵"。现在，我们将以环境相关报告为例，简要、概括地讨论在财务报告与非财务报告中重要性得到使用的情况，并比较两者的异同。然后，我们将就重要性与价值总览报告的关联给出自己的看法。

二、环境相关报告中的重要性

即便在财务报告中，非财务指标，甚至非定量指标，也都有可能满足重要性的条件。监管者已作出一定努力，就"非财务"类的环境、社会和治理（ESG）议题，提供了报告方面的指引，还在近来将指引拓展到气候变化议题，或更普遍的环境议题。然而他们这样做的后果，却是证明了监管干预的危害。欧盟国家监管者对本书第三章所述指令的实施会产生怎样的效果？在实施过程中，重要性这一概念是否会具有中心地位？这两个问题，还有待时间来证明。[18]

2010 年 1 月，美国证券交易委员会（SEC）针对可能影响公司营运的气候相关披露，推出了《气候变化披露指南》[19]（ Commission Guidance Regarding Disclosure Related to Climate Change，本节中简称《指南》）。《指南》没有颁布任何新的法规。SEC 只是如是表述："本解释性《指南》旨在提醒公司，根据现有联邦证券法规，在编制用于提交委员会、呈示投资者的披露文件时，有责任将气候变化及其后果纳入考量。"[20]SEC 指出，公司可以在可持续发展报告中，自愿披露气候相关议题，并同时指出："《1933 年证券法》第 408 条与《1934 年证券交易法》第 12b-20 条规定，除 SEC 明确要求的信息外，注册公司必须披露'其他或然存在的、具有重要性的信息，以确保按规定必须发布的报告，在其发布时所处的情况下不致失实'。"[21] 根据非营利组织 Ceres[22] 的观察，这一指引既未被公司积极落实，也未得到 SEC 的积极执行。[23]

SEC 在《指南》中回顾"最关键的非财务声明披露准则"时，显然对气候变化议题与对财务信息一样，使用了相同的"理性投资者"[24] 定义。这些"披露准则"包括了业务描述（见"规章 S-K"① 第 101 条（Item 101 of Regulation S-K））、法律程序（见"规章 S-K"第 103 条（Item 103 of Regulation S-K））、风险因素（见"规章 S-K"第 503（c）条（Item 503（c）of Regulation S-K）），以及管理层讨论和分析（见"规章 S-K"第 303 条（Item 303 of Regulation S-K））。《指南》随后讨论了"按照这些准则与规定，气候变化可能引发披露必要的一些情况"，以此解释这些与气候变化披露相关的一般准则。《指南》继而给出的例子有：法规、监管和国际条约的作用，监管或商业趋势的间接后果，气候变化的有形影响等。[25]

企业界对《指南》多表示反对，且声势浩大。《福布斯》杂志上，一篇评论文章出语尖酸，称 SEC 如此举措是"在麦道夫（Madoff）骗局过后，还想发挥余热"，并预测"尽管没有提出全新的披露要求，SEC 的此番'解释'会给公司带来各种伤害与未知因素，且对投资者丝毫没有好处，甚至还可能有害处"。[26] 到 2013 年为止，约有 73% 的上市

---

① 也即《联邦法规汇编》第 17 卷第 229 部分。

公司仍未提供与气候变化相关的披露信息。[27]这其中，有多少公司视气候变化为具有重要性的议题但对 SEC 的指引置之不理，又有多少只是认为气候变化对业务不具有重要性？鉴于重要性这一概念取决于报告主体，我们无从得知答案。

三、比较重要性的不同定义

重要性对于披露的核心作用，使得任何使命与公司披露事务有涉及的组织**都必须处理怎样定义重要性这一问题**。AccountAbility、碳信息披露项目（CDP）、全球报告倡议组织（GRI）、国际价值总览报告委员会（IIRC）和可持续会计准则委员会（SASB）这五大组织对价值总览报告中重要性的定义起关键作用。与监管方和会计准则制定者不同，上述组织主要关注，甚至只关注非财务报告，并且没有任何国家政府的官方支持。这些组织对重要性的定义，在下述几点上存在不同：（1）针对哪些受众（股东还是其他利益相关者）；（2）重要性确定流程是否依靠受众一定程度的参与；（3）其他信息是否应被视作相关背景；（4）所披露信息以何为边界。因此，这些组织相较 SEC 这样的监管机构，或国际会计准则理事会（IASB）这类监管方认可的机构，对重要性的定义存在不同程度的差异。

表 5.1 重要性定义比较

	监管机构（如 SEC、IASB 等）	Account Ability	CDP	GRI	IIRC	SASB
报告编制主体	上市公司	公司	公司、供应链、市镇政府	公司、教育机构、非营利组织、市镇政府、政府机构	公司	主要为在美国上市的公司
对重要性确定流程的分析以何为主要单位	报告主体	报告主体	报告主体	报告主体	报告主体	行业部门
报告边界	公司	公司	公司	可超越公司这一边界	可超越公司这一边界	公司
确定重要性时是否考虑"混合整体"	是	否	否	否	否	暗示为是
目标使用者	"理性投资者"	股东及其他利益相关者	主要为股东	主要为利益相关者，但包括股东	金融资本提供者及其他利益相关者	"理性投资者"
是否在监管方的定义范畴内	是	否	否	否	否	是
是否设定了时间范围	否	是（且重点在长期）	是（且重点在长期）	是（且重点在长期）	是（短期、中期和长期）	是（且重点在长期）
受众是否参与重要性确定流程	否	是	否	是	是	否
意在产生社会影响	否	是	是	是	间接回答为是	间接回答为是
意在使公司因绩效提高而获益	否	是	是	是	是	是

从表 5.1 可以看出，不同定义之间区别很大。该表同时概括了五大组织不同重要性定义的特点，以及监管机构常用定义的特点。CDP 与 SASB 的定义与监管方的定义最为相似。其中，CDP 的定义紧跟 IASB。SASB 的定义直接取自 SEC 与美国判例法，因此是五大组织中唯一暗示信息"混合整体"的。[28]CDP 和 SASB 都认为报告边界是公司（SASB 仅关注公司，CDP 则关注更广泛的报告主体，而关于这些报告主体采用的重要性定义是否要与上市公司一致，CDP 没有明确表态）。CDP 和 SASB 都认为主要目标受众是投资者，且受众参与不是重要性确定流程的一部分。然而，这两个组织的定义并不能与监管方的定义无缝对接。CDP 与 SASB 都将报告视作公司造福社会、提升绩效、强调长期发展的途径。这些关切事项在监管方的定义中是不存在的。

GRI 对于重要性的定义与监管方定义相距最远，AccountAbility 的定义相距第二远。GRI 定义与监管方定义的八个特点没有一个完全吻合。AccountAbility 有两个特点吻合：公司是唯一定义中关注的报告主体，且报告边界为公司。IIRC 的定义位于监管方定义和 AccountAbility、GRI 定义的中间，与 CDP 和 SASB 的定义所处位置相近。IIRC 的定义仅关注公司作为报告编制主体的情况，但认可超越公司的报告边界。虽然 IIRC 的主要使用者是金融资本提供者，但并不像 CDP 和 SASB 那样，将其定义扎根于监管方的定义。IIRC 同时指出，对于其他利益相关者，特别是想要从全局视角来了解公司绩效与前景的利益相关者，价值总览报告也能起帮助作用。而且，与监管方定义不同，IIRC 认为受众参与是重要性确定流程中的一部分。同其他非营利的准则制定者一样，IIRC 将报告视作增进绩效、造福社会、促使公司开展长期规划的途径。

与美国财务会计准则委员会（FASB）和 IASB 发布的"概念框架"确立了财务报告的基本原则和要素相当类似[29]，IIRC 的《国际〈IR〉框架》确立了价值总览报告的基本架构。而报告中财务信息重要性的准则与定义，则以 IASB、美国公认会计准则或当地国家的公认会计准则为根据。同 IIRC 一样，SASB 重点关注的也是投资者，所以其重要性定义更倾向投资者而非利益相关者的需求。然而，由于 SASB 的定义扎根于美国，且假设利益相关者参与以行业部门或其下属行业为单位，而非以公司为单位，所以价值总览报告中包含的非财务绩效信息，可能会超出 SASB 准则的覆盖范围。假如"理性投资者"认为某项利益相关者的议题不具相关性，那么这项议题是无法达到 SEC 的重要性阈值的，因而也达不到 SASB 的阈值。然而，如果在公司看来，这一利益相关者认为的重大议题会影响公司为股东创造长期价值的能力，那么与该议题相关的公司绩效应被纳入价值总览报告。GRI 的《G4 可持续发展报告指南》(G4 Sustainability Reporting Guidelines) 在此能派上用场。相比 SASB 以部门、行业分类的办法，IIRC 和 GRI 对报告主体来说更有针对性。CDP 在某些环境议题方面可被视为"专题权威"。《气候变化报告框架》(Climate Change Reporting Framework) 中包含的一些准则，也可被纳入 SASB 准则[30]和《G4 可持续发展报告指南》。[31]

AccountAbility 的作用是为重要性确定流程本身提供指引。其关注的重点不像 IIRC 那样放在总体框架上，也不像 CDP、GRI 和 SASB 那样放在对具体报告事项提出建议上。一家公司如果想要着手开展价值总览报告，应当首先参考《国际〈IR〉框架》，以及与其所处行业相关的 SASB 准则。如果环境议题对公司具有重要性，那么还应当参考《气候变化报告框架》。公司随后应当酌情扩大报告边界，通过利益相关方参与流程，以《G4 可持续发展报告指南》为依据，进一步提供所有适用的非财务绩效信息。至此，有许多利益相关者感兴趣的信息很可能仍会被遗漏在价值总览报告之外。这类信息应通过在线可持续发展报告等其他方式公布。

四、受 众

如第二章所述，价值总览报告的直接受众或"使用者"是"金融资本提供者"。我们也指出，金融资本提供者通常指代的是股权资本提供者（或投资者），但也应包括其他类型的投资者，如债券持有者。与威廉·霍尔姆斯呼吁拓广对重要性的理解相一致，《国际〈IR〉框架》（本章中以下简称《框架》）在关于"重要性"的部分中这样写道："价值总览报告应披露对机构短期、中期和长期价值创造能力具有实质影响的事件信息。"[32] 如此，《框架》就暗示而非明述了重要性的定义。同时，与霍尔姆斯呼吁收狭对重要性的判断相符，《框架》进而讨论了确认信息重要性的四个步骤：

1. 基于影响价值创造的能力识别相关事项……

2. 根据相关事项对价值创造产生的已知或潜在影响来评估其重要性……

3. 根据事项的相对重要程度排列其优先顺序……

4. 确定要披露的重大事项相关信息。[33]

将原本冗长的列表以重要性阈值为界加以缩减，最终纳入价值总览报告——这一过程需要运用判断，以将"具有重要性"的信息与

"不具有重要性"的信息区分开来。公司透过高级管理层及治理负责人员[34]确定什么具有或不具有重要性的能力，是公司作为社会机构的象征。因为给定因素的相关程度，必须以其对公司的重要程度来衡量，所以"要运用判断，来确定哪些重大事项的相关信息需要披露"。[35]公司可能会开展利益相关者参与流程，但什么对公司的战略具有重要性，最终还是由公司来决定。如此，公司就运用判断决定了哪些信息对使用者或受众来说重要并且相关；与此具有同等象征意义的是公司同时决定了哪些信息因不相关或不重要而无需列报。

根据《框架》，利益相关者是价值总览报告的间接受众。《框架》中这样写道："价值总览报告将使所有关注机构持续价值创造能力的利益相关者受益，这些利益相关者包括：员工、客户、供应商、业务伙伴、当地社区、立法机构、监管机构和政策制定者。"[36]利益相关者虽非报告的直接受众，但既可以影响公司对信息重要性的确认（以其利益与行为对金融资本提供者的影响为限），又可以成为报告使用者的直接受众（以其对公司长期价值创造能力的关心为限）。这与关心公司怎样处理利益相关者认为具有重要性（而公司本身未必认为具有重要性）的议题是不同的。

更广义地说，如今，公司常常通过实践价值总览和／或可持续发展报告，来区别对公司重要（或具有重要性）的事项和对社会重要（或具有重要性）的事项。有时，这种区别通过"重要性矩阵"来加以表现。"重要性矩阵"是社会建构，其意义既来自内容，又来自建构方式。对报告主体层面和社会层面之分析的区别，常有一个混淆视听的误解。

因为我们不将社会**本身**视作报告主体，且因为重要性是取决于报告主体的概念，所以，不能为社会定义重要性。社会是由具有一定明确身份的实体汇集形成的具化概念。这些实体包括非政府组织、政治组织、员工、工会、社区、宗教组织、民间社会组织、正式与非正式网络、公司、金融资本提供者等。社会的不同构件中**属于**报告主体的那些，各自持有其对重要性及如何确定重要性的观点。比如一家公司就能够持有这一观点，事实上持有这一观点，同时也必须持有这一观点。基于利益相关者的大量投入（或几乎不存在投入的事实），公司可对"哪些信息利益相关者会认为具有重要性"形成自身的**观点**。然而，公司**不能**确定什么对利益相关者具有重要性，正如利益相关者也不能确定什么对公司具有重要性。同理，我们也可以说，公司不能确定什么对理性投资者、金融资本提供者和所有其他直接受众具有重要性。这里的区别在于，法律要求公司为"理性投资者"作出判断，但法律未能解决下述问题，即从社会建构角度看，如此确定重要性是否站得住脚；公司只是按规定需要确定重要性而已。

公司与其利益相关者均无法为自身以外的实体确定重要性，这点似乎显而易见。然而，澄清这一点具有深远但常被人所忽视的影响。任何想要确定重要性的尝试，若是基于"对公司具有重要性"和"对社会具有重要性"之间的区别，便是混淆了两个非常不同的概念。首先是混淆了重要性这个概念。其次是混淆了公司对"什么对社会重要"的**看法**。由于社会不是具有明确身份的报告主体，公司真正确定的并非什么"对社会具有重要性"。其实，公司是在通过社会建构，将什么"对社会具有重要性"这个问题的自身**看法**列报。公司挑选利益相关者，进而将公司认为"什么对他们具有重要性"的观点汇总，从而构成上述社会建构的基础。如何挑选（或忽略）利益相关者，如何评估他们的观点，公司在汇总观点的过程中又该如何分配权重，这些都是社会建构过程中需要解决的问题。"基数"这一数据建模概念在这里能够适用。公司作为社会建构，与"金融资本提供者"具有"一对一"的实体关系。公司以此定义重要性。在这一关系中，双方或多或少都是定义明确的实体。在公司与社会之间，则存在"一对多"的关系——既然是"多"，便不是"一个"实体。

因为公司关于"什么对社会重要"的回答，同关于"什么对公司重要"的回答一样，都存在明显的自身烙印，所以任何利益相关者都可以提出异议，指摘公司关于"什么对社会重要"的回答"不对路子"。如此，就会给公司所作评估的正当性画上问号。这也反映了上一章所述的一个根本误解。公司提供的不是关于重要性的客观观点，从利益相关者角度来说不是，从社会角度来说就更不是了。公司也不应认为它提供的是客观观点。公司所做的，是通过社会建构，就公司认为利益相关者持何观点，形成公司自身的看法。利益相关者应认清并承认这一点。如果不同意公司的看法，利益相关者也可以尝试对之加以改变。

公司不能为各利益相关者确认重要性。同样，公司也不能为**其他公司**（即价值总览报告的另一间接受众）确认重要性。这里所说的"其他公司"，除供应商与客户外，还包括竞争对手与潜在竞争对手（以报告公司的绩效为基准进行对标者）、潜在收购者（既有战略收购者，又有私人股权投资公司等金融收购者），还有同盟公司或合资伙伴。不过，鉴于在确认"什么对社会重要"时，公司常常将客户与供应商纳入考量，但几乎从不将其他公司纳入考量，故而在对重要性的讨论中，其他公司并不重要。

五、治 理

相比其他与企业报告相关的非政府组织（除 AccountAbility 外），IIRC 在确认重要性时更注重公司治理。在《框架》的一份背景文件中，IIRC 写道：

> 《框架》的另一独特之处，就是在重要性的定义中，强调高级管理层和治理负责人员要参与重要性确定流程，以便组织作出决定，以最优、易懂、透明的方式，披露其独特的价值创造过程。[37]

秉承"收狭判断"的精神，我们认为，关于董事会在重要性确定中扮演的角色，可以表述得更为具体。事实上，我们将指出，这一确定流程说到底是董事会的责任。而且，为履行其受托责任，董事会必须开展这一确定流程。不过，为了更具体地表述董事会的角色，并扼要指出董事会在年度价值总览报告周期中的任务，我们必须首先回顾董事会在重要性之社会建构中的基本角色，也是常常被误解的角色。

阿道夫·伯利与加德纳·米恩斯在商科史上的巨著[38]《现代公司与私有财产》[39]（*The Modern Corporation and Private Property*）中，指出了政府授予公司的三项基本特权：

1. 能够限制责任或将损失社会化[40]，同时将利润私有化，以此吸引风险资本。[41]

2. 公司能够拥有其他公司。如此，控制集中度可以不与风险资本之份额成等比例。[42]

3. 控制权与所有权分离使可自由交易的股份成为可能。[43]

综上所述，"投资于现代公司的财产所有人，可说将他们的财富全然交予了公司的控制者。如此，财产所有人便用独立所有权，与或然仅能获得资本回报的权利作了交换……（这些财产所有人）也放弃了要求公司仅以符合其利益的方式营运的权利。"[44]正如本章在开头时所述，社会既已赋予公司这些特权，公司即便没有社会责任，也有道义责任在追求利润的同时造福社会。[45]故而，企业不仅有义务"履行"与利润无关的重大行为，而且有义务就这些重大行为向社会"报告"。

公司将社会利益纳入考量以交换上述特权，是董事会负有的受托义务。透过社会赋予公司的人格特权，公司具有了自身的法律身份；这一身份与其股东、董事、经理、员工、利益相关者是分离的。如此，公司便有了历经许多代人而存续的能力。在《坚定承诺》(*Firm Commitment*)一书中，牛津大学教授科林·迈耶（Colin Mayer）指出，公司当前的决定，在现任管理层和董事的任期届满之后，仍会产生持久的影响。因此，董事会是公司代际承诺合适的受托者。[46]这就意味着，董事会作出判断时，必须基于对公司营运所处社会环境的敏锐把握，并通过这些判断更好地监督管理团队制定、落实公司战略。同时，这也意味着董事会有责任将目光放长远，并在必要的范围内确保管理层同样如此。

AccountAbility 在 2003 年版《重新定义重要性》(*Redefining Materiality*)题为"管理重要性"[47]的章节中特别说明，董事会定义重要性应以所处公司为背景[48]，而非以可比公司为背景。因为董事会的受托责任面向的是公司本身，而非任何特定利益相关者群体（包括投资者在内[49]），所以公司需要对各类利益相关者的利益会怎样影响公司作出评估。这就需要公司去了解对各利益相关者具有重要性的议题，并深思所了解到的信息会如何定义对公司本身会具有重要性的事项。我们建议，在 IIRC 建议的重要性四步骤确认流程之前增添一步："识别与公司有关的利益相关者、其利益所在（包括其利益冲突处）及其相对的权重。"

我们推荐的这一步极少得到任何严格意义上的执行。之所以这样，有两个原因。第一，在现行观念中，董事会的受托责任要求他们将股东利益放在首位。如我们之前所述，至少在历史上深受英国影响的美国，董事会这样做的确是出于观念，而非法规。[50]第二，对受众中不同成员的相对重要程度，公司和董事会不愿意作太过具体的定义。像"我们矢志为股东获得卓越回报，坚信处理好利益相关者的利益能让我们取得更高回报"这样大而化之的话，说起来是比较容易的。这种话听上去很"适意"，也顺应"可持续发展符合经济利益"的新提法，但却忽略了一桩事实，即需要权衡取舍的消长关系，特别在短期，是常有的情况。[51]鉴于公司常对来自市场的短期绩效压力叫苦不迭，"行善得福，利成于益"（doing good by doing well）这样的乐天论调，似乎难以同叫苦声并行不悖。而且，不仅金融资本提供者和其他利益相关者之间有妥协，一类金融资本提供者同另一类之间（如股票相比债券）、不同利益相关者之间（如关注环境议题者相比关注社会议题者），也都存在消长关系。

如今，有些公司使用"重要性矩阵"来传达公司对不同议题相对重要程度的观点。这就产生了一个问题，即不同的重要程度是如何得到确认的。受众中所有成员都想知道的，是各利益相关者群体所获得的相应权重，以及在公司看来，一项议题对各群体的重要程度如何。因为重要性是非黑即白的，又是基于判断力的，所以必须首先行使判断力来确认受众中哪些成员最为重要。行使判断力需要勇气，要意识到有些利益相关者将会持相左的看法，可能还会出言反对。碰上这种情况，若是通过含糊其辞来处理，说些诸如"我们把所有利益相关者都放在心上"这样的话，则不仅会给公司确定重大事项的能力画上问号，还会妨碍公司从报告的转型功能中受益。[52] 转型需要利益相关者的参与。并且，同任何其他资源配置问题一样，可用于进行转型的资源是有限的。

确定各金融资本提供者和各利益相关者的相对重要程度，说到底是董事会的责任。在实际操作中，这意味着什么呢？我们建议，董事会每年发布一份具有前瞻性的《显著受众与重要性声明》(Statement of Significant Audiences and Materiality)，作为公司价值总览报告中的一部分。这份声明将向管理层、金融资本提供者，以及受众中所有其他董事会认为关系到公司存续的利益相关者告知情况。管理层在声明撰写过程中可起重要作用，但最终，这是一份董事会的声明，与年度财务审计有些类似。虽然管理层密切参与审计，而且在美国首席执行官与首席财务官都必须亲自签字，为公司内部控制背书，但是，择聘审计公司、签批审计范围的，是董事会审计委员会。双方的区别，在于审计声明最终是董事会的责任，而非管理层的责任。[53]

六、价值总览报告中的重要性

有证据表明，在受众中，投资者对价值总览报告怀有很大的潜在兴趣。《显著受众与重要性声明》若能与我们下一章中所述的新工具一同使用，可促使投资者接受价值总览报告。根据安永在 2014 年有关"未来投资规则"的调查，机构投资者希望进一步了解什么具有重要性，而且希望能直接从公司获得信息。"重要性是本调查中出现的一个关键概念。投资者更可能看重从公司而非第三方获得的信息。而且，那些从不将 ESG 信息纳入决策的人士之所以对 ESG 信息说不，主要就是因为他们感觉这类信息不具重要性。"[54]

在什么具有重要性、什么不具有重要性，以及哪些是显著受众、哪些不是显著受众这两个问题上，如果董事会传达的信息非常明确，那么投资者就可以获得相关指引，了解董事会如何对事项重要程度作出判断，以及董事会作此判断的能力。投资者正在寻求这样的指引。董事会的《显著受众与重要性声明》提供了新的渠道。借此，董事会可加强机构象征意义的社会建构属性。这一象征意义可以清楚呈示公司的关切所在，是公司对"可持续发展"所作承诺真实性的基础，也是让公司免受"漂绿"指责的重要途径。但是，如下一章所述，公司也必须要通过实实在在的资源投入和利益相关者参与，为公司就这些受众与议题因之重要性而被纳入价值总览报告所作的声明，提供充分的支持。

董事会将亲自选取并运用工具和指南，参考 IIRC 有关重要性和简练性的指引，确定撰写《显著受众与重要性声明》的流程。在声明中，假如只纳入十组受众，会比纳入二十组传达更多信息；纳入五组受众，又会比纳入十组传达更多信息。我们建议，在董事会草拟《显著受众与重要性声明》时，利用下列资源作为辅助：

● IIRC 建立的重要性确定**流程**。我们已在上文对此加以补充。

● SASB 所设的严格、循证、基于行业部门的准则。以此来确认事关投资者的 ESG 议题会是很好的起点。

● GRI 为利益相关者关心的议题所提供的类似指引。且董事会应当确认哪些事项对公司本身具有重要性。

● CDP 为列报董事会视为具有重要性的气候、水和森林议题，所提供的关键绩效指标。

在之前一章中，我们较为笼统地讨论了这四大组织如何能够通过努力互为补充，支持价值总览报告运动的发展。在下一章中，我们将讨论董事会的《显著受众与重要性声明》如何作为基础，支撑我们称为"可持续价值矩阵"的管理工具。

注　释

［1］路易斯·罗斯：《证券监管》。［Loss, Louis, *Securities regulation*, New York: Little, Brown and Company, 1961.］

［2］"有人说，只有具有重要性的欺诈陈述，才会造成后果。但如何判断陈述是否具有重要性呢？我们必须诉诸常识，判断当事人对事实符合或不符合陈述的信念，是否会顺理成章地导致或阻止合同的订立。"（小奥利弗·W. 霍姆斯：《普通法》。）［Holmes, Oliver Wendell, "The common law"（1881）in Gutenberg Project version：［308］LECTURE IX.

CONTRACT.– III. VOID AND VOIDABLE.］这是商法中第一次提及重要性。之后的判例，如贝斯克公司诉莱文森案［Basic Inc. v. Levinson, 485 U.S. 224，108 S. Ct. 978，99 L. Ed. 2d 194（1988）］、TSC 工业公司诉北路公司案［TSC Industries, Inc. v. Northway, Inc.，426 U.S. 438, 96 S. Ct. 2126，48 L. Ed. 2d 757（1976）］，以及美国《1933 年证券法》之后的法规，都可说是以霍姆斯有关商业重要性的法律建构为基础的。

［3］"……在所有情形下，被遗漏的事实都极有可能对理性股东的慎重考虑产生实际的显著影响。换言之，若被遗漏的事实得到披露，必须极有可能被理性投资者视为会显著改变可获得信息的'混合整体'。"（TSC 工业公司诉北路公司案）［TSC Industries, Inc. v. Northway, Inc.，426 U.S. 438、96 S. Ct. 2126、48 L. Ed. 2d 757（1976）at 449.］

［4］该案（TSC 工业公司诉北路公司案）定义中的循环论证，导致"信息的'混合整体'由何构成"这一问题没有得到解答。"混合整体"所指的，是除审议中的那条信息以外，其他所有具有重要性的信息吗？如果是这样，鉴于"混合整体"是由一条一条的信息构成的，最初判断那些构成"混合整体"的信息是否具有重要性时，又是以何为依据的呢？最初的第一条信息之所以具有重要性，是因为对理性投资者来说该条信息重要，所以被视为具有重要性的吗？在此之后，是否以具有重要性的信息逐渐增加为基础，对所有其他信息作出判断？可以想见，一条信息是否具有重要性，取决于可获得的其他信息数量有多少。当可获得的信息极少时，一条额外的信息可能关系重大。当可获得的信息很多时，一条额外信息可能就不这么要紧了。如果"混合整体"还包括不具有重要性的信息，那么就又产生了"混合整体"的建构以什么为基础的问题。

［5］"取决于报告主体"（entity-specific）这一说法，出现于美国财务会计准则委员会（FASB）对重要性的定义中："如果遗漏或错报

某条信息，会影响使用者以特定报告主体的财务信息为依据所作的决定，则该条信息具有重要性。换言之，重要性是相关性中取决于报告主体的一个方面；在单独实体的财务报告中，以与信息相关联事项的本质、程度或两者一道作为依据。因此，董事会不能为重要性指定统一的量化阈值，或预先确定在具体情况中什么具有重要性。"（美国财务会计准则委员会：《第8号财务会计概念公告》，第17页。）[Financial Accounting Standards Board，Statement of Financial Accounting Concepts No.8，p.17，http：//www.fasb.org/cs/BlobServer？blobkey=id&blob nocache=true&blobwhere=1175822892635&blobheader=application%2F pdf&blobheadername2=Content－Length&blobheadername1=Content－Disposition&blobheadervalue2=210323&blobheadervalue1=filename%3DC oncepts_Statement_No_8.pdf&blobcol=urldata&blobtable=MungoBlobs，accessed May 2014.] 对非财务信息重要性的另一讨论请见：艾博思、迈克尔·G.克鲁斯、乔治·赛拉菲姆：《有关非财务信息重要性的若干看法》。[Eccles，Robert G.，Michael p.Krzus and George Serafeim，"A Note on Materiality for Nonfinancial Information"，Harvard Business School Note N9－314－033，November 2013.]

[6]我们愿在此引用卡迪夫大学商学院（Finance Cardiff Business School）会计与金融学讲师卡拉·埃奇利（Carla Edgley）撰写的论文。她在整理与会计重要性相关的文献后，提供了一份出色的汇编：《会计重要性溯源》。[Edgley，Carla，"A genealogy of accounting materiality"，*Critical Perspectives on Accounting*（2013）.] 所有价值总览报告运动的参与者和研究重要性的学者，都会与我们一样，认为这篇论文为进一步研究重要性，将其应用层面从财务会计拓展至价值总览报告，打下了扎实的基础。

[7]非财务报告中的重要性，相比财务报告中的重要性，本身也更

少向过去看，更多的是向未来看。请见：吉尔·所罗门、沃伦·马龙：《价值总览报告：〈金氏报告与规则（第三版）〉对环境、社会和治理报告的影响》，第 8 页。[Solomon, Jill and Warren Maroun, "Integrated reporting: the influence of King III on social, ethical and environmental reporting", (2012), p.8.] 其中写道："在实际操作中，可持续发展相关信息的重要性是很难界定的，这点众所周知。为金融风险的重要性估值已是非常复杂的过程。为传统上'非财务'的、难以量化的风险界定重要性和重要性阈值，就更加困难了，甚至是办不到的。……'过去十年里一连串公司的倒闭，让许多利益相关者开始质疑，作为针对公司所作决策的基础，年度财务报告是否仍有相关性和可靠性。主要基于财务信息的报告，不能让利益相关者全面、深入地了解公司绩效及其创造并维持价值的能力，在环境、社会和经济问题日益突出的大背景下更是如此。可持续发展报告也存在缺点，例如常常显得与公司的财务报告脱节，提供的一般是向后看的绩效回顾等，而且鲜有例外，都无法将可持续发展议题与公司的核心战略联系起来。在多数情况下，这些报告未能化解民间社会对公司意图与做法挥之不去的猜疑。如今的利益相关者想要的，是向前看的信息，以据此更有效地评估公司的总体经济价值。'"（南非价值总览报告委员会：《价值总览报告框架》，"前言"（由默文·E. 金撰写）。[Mervyn King's Foreword, IRCSA 2011：1]）"威尔士亲王查尔斯于 2009 年在圣詹姆斯宫主办了一场可持续发展报告关键行动者会议（本书作者克鲁斯出席）。在会上，金氏分享了他的经验之谈：'我们在过去十年里所作的公司报告，如今已不再适用。这些报告都太过复杂，十个人里面有九个人理解不了。我们需要简练的国际语言。如此，你的养老基金经理，才能作知情投资，把你的钱投向能够创造长期价值的公司。单靠研读资产负债表，是没法识别这类公司的。资产负债表从本质上讲提供的是历史信息。研究持续价值创造，其实是在预测未来。那个未来将和我们今天的世界完全不同。气候变化、生态破坏、资源过度开发，这些情况在世界各地都还在发生。'"（耶斯·舒尔申克：《访谈摘要报告》，第23页。）["Interview Summary Report", Compiled by Jess Schulschenk in collaboration with the Albert Luthuli Centre for Responsible Leadership at the University of Pretoria, Published by Ernst & Young South Africa，August 2012. p.23.]

［8］有新证据表明，重要性在不同国家的含义可能存在很大差异。我们将"重要性"一词（materiality）输入谷歌 Correlate 工具，然后在2004年1月至2014年4月期间30个相关度最高的搜索词中，手动选择了以下最切题的搜索词。在美国，相关度最高的搜索词是：损益表、资产负债表、社会文化理论、需求弹性。这些词的平均可决系数（r2）为0.92。在印度、英国、加拿大、澳大利亚、新西兰的搜索词，无论与美国比较，或是彼此之间进行比较，结果都存在显著的区别。这些国家的搜索词，也顺次与"重要性"的相关度递减。换言之，不同国家对重要性含义的理解不同，这点需要进行更深入的研究。上述五国的结果如下（括号内为可决系数近似值）：印度（0.90）：会计日记账、褒义词、会计部门、花钱、管理层职责；英国（0.85）：主观的、明确的、分析、讨论、矩阵、社会的、规范化的；加拿大（0.83）：会计分录、标准差、推断、可疑账款、看待、同感；澳大利亚（0.83）：利益相关者分析、行为改变、明断评估、社会学习理论、企业；新西兰（0.76）：组织、计算标准差、资产、个人、矩阵。

［9］约翰·R.塞尔：《社会实在的建构》。[Searle, John R, *The construction of social reality*, New York：Simon and Schuster，1995.]

［10］库尔特·巴登豪森：《苹果登顶全球最有价值品牌排行榜》。[Badenhausen, Kurt, "Apple Dominates List of the World's Most Valuable Brands", *Forbes* online，November 6，2013. Accessed online at <http: //

www.forbes.com/sites/kurtbadenhausen/2013/11/06/apple-dominates-list-of-the-worlds-most-valuable-brands/> on May 1，2014.]

　　［11］罗斯继续写道："在证券交易管理法规里，要说对什么构成欺诈有任何严格界定，俄勒冈州州立法院曾表态：'有些人跟吉姆·R.沃林福德（J. Rufus Wallingford，电影角色，善招摇撞骗。）之流是一丘之貉。他们会整宿不合眼，费尽心机想出些坑蒙拐骗、打擦边球的办法，去钻法律的空子。根据实际情况处理个案，才是明智之举。'"（路易斯·罗斯：《证券监管》，第 1436 页。)［Loss，"Securities regulation"（1961），p.1436.］此处"普通法"所指，是宽泛的判例法汇编，以及其他与民间社会中说谎、欺诈或偷盗有关的约束禁令。而"证券法"所指更为具体，是《1956 年统一证券法》及其后续法案、实施条例，以及与《1956 年统一证券法》相关的判例。

　　［12］威廉·霍尔姆斯：《重要性反面观》。［Holmes，William，"Materiality-Through the looking glass"，*Journal of Accountancy*，133，No.2（1972）：44-49.］

　　［13］国际价值总览报告委员会：《有关〈IR〉中重要性的背景文件》，第 2—8 页。［International Integrated Reporting Council，"Materiality background paper for <IR>"，pp.2-8. http：//www.theiirc.org/wp-content/uploads/2013/03/IR-Background-Paper-Materiality.pdf.］

　　［14］在学界，"威斯特伐利亚式的主权"有时被概括为"教随国定"。可以说，作为"主权"这一概念的来源，1648 年签订的一系列"威斯特伐利亚和约"意味着："随着三十年战争的结束，中世纪的神圣罗马帝国也寿终正寝。为邦国选择宗教的权力被赋予给了掌管邦国的诸侯，而非哈布斯堡王室或教皇。宗教或政治统一的假象，在欧洲再无法维系下去。权力既分散到众诸侯手中，主权国家的根基也就此打下。"（布鲁斯·拉西特、哈维·斯塔尔、戴维·金塞拉：《世界政

治：供选择的菜单》。)〔Russett，Bruce，Harvey Starr and David Kinsella，*World Politics*：*The Menu for Choice*. Cengage Learning，2005.〕

〔15〕我们将价值总览报告的直接受众称为"使用者"。

〔16〕国际价值总览报告委员会：《国际〈IR〉框架》，第18页。〔International Integrated Reporting Council，"The International <IR> Framework"，p.18. http：//www.theiirc.org/wp-content/uploads/2013/12/13-12-08-THE-INTERNATIONAL-IR-FRAMEWORK-2-1.pdf.〕

〔17〕阿道夫·奥古斯塔斯·伯利、加德纳·科伊特·米恩斯：《现代公司与私有财产》，第69、120—121、250—251页。〔Berle，Adolf Augustus and Gardiner Coit Means，*The Modern Corporation and Private Property*，Transaction Publishers，1991（10th version，original published in 1933），pp.69，120-121，250-251.〕

〔18〕在欧盟关于非财务与多样性信息的指令中，有关重要性及重大议题的措辞较为含糊。《提案》第三节"提案的法律要素"中"提案的详细解释"下的"非财务信息"（第6页）中写道："提案第1（a）条将要求部分大型公司在年度报告中披露一份报表，其中至少应包括与环境、社会和员工事务以及人权、贪污和受贿议题相关的、具有重要性的信息。"然而，"具有重要性"这个说法，并未出现在《提案》第46条（第11—12页）或第36条（第12—13页）中。(《欧洲议会和欧盟理事会关于修订第78/660/EEC号指令和第83/349/EEC号指令中有关部分大型公司和团体对非财务与多样性信息进行披露方面的提案》)〔Proposal for a DIRECTIVE OF THE EUROPEAN PARLIAMENT AND OF THE COUNCIL amending Council Directives 78/660/EEC and 83/349/EEC as regards disclosure of nonfinancial and diversity information by certain large companies and groups.〕

〔19〕美国证券交易委员会:《与业务或法律事态相关的气候变化披露指南》。〔Securities and Exchange Commission, News, Press Releases, SEC Issues Interpretive Guidance on Disclosure Related to Business or Legal Developments Regarding Climate Change, http://www.sec.gov/news/press/2010/2010-15.htm, accessed April 2014.〕

〔20〕美国证券交易委员会:《气候变化披露指南》,第27页。〔Securities and Exchange Commission, "Commission Guidance Regarding Disclosure Related to Climate Change", 〔17〕CFR Parts 211, 231 and 241（Release Nos. 33-0106; 34-61469; FR-82）, Securities and Exchange Commission, February 2, 2010, p.27, http://www.sec.gov/rules/interp/2010/33-9106.pdf, accessed April 2014.〕

〔21〕同上,第12页。

〔22〕Ceres由一小群投资者于1989年创立,是对阿拉斯加港湾埃克森油轮瓦迪兹号（Exxon Valdez）漏油事件的回应。Ceres倡导可持续发展的领导,通过动员由投资者、公司和公众利益群体组成的强大网络,加速、拓展对可持续业务做法和解决方案的采用,为建设繁荣的全球经济作出贡献。（Ceres组织:"关于我们"。）〔Ceres, About Us, Who We Are, http://www.ceres.org/about-us/who-we-are, accessed, April 2014.〕

〔23〕在Ceres于2014年2月发布的报告中,有以下关键结论:（1）SEC未将气候变化的财务风险和机遇优先排序为重大披露事项;（2）SEC在2010年和2011年发出了49份有关气候变化披露质量的意见函,但在2012年仅发出了3份,2013年一份都没有;（3）大多数标准普尔500指数上市公司在10-K报告中与气候变化相关的披露都非常简短,几乎没有关于重大议题的讨论,也未量化影响和风险;（4）大多数通过碳信息披露项目进行披露的标普500上市公司,相较法定的

10-K 报告，都在自愿气候变化报告中提供了更详细的信息；（5）很多公司未在向 SEC 递交的 10-K 报告中作任何有关气候变化的陈述：有41%的标普 500 上市公司未在 2013 年 10-K 报告中包括任何与气候变化相关的披露信息。（Ceres 组织：《冷淡回应：美国证券交易委员会和公司气候变化报告》。）[Ceres, Resources, Reports, Cool Response: The SEC & Corporate Climate Change Reporting, http: //www.ceres. org/resources/reports/cool-response-the-sec-corporate-climate-change-reporting, accessed April 2014.]

[24]SEC 在对重要性的指引与准则中，假定了"理性投资者"这一前提。鉴于行为经济学的最新研究进展，该假定有值得怀疑之处。理性投资者的决策，可被视为建基于传统微观经济学理论中对风险和回报的观点。在该理论中，"理性人"以线性效用函数权衡风险和回报。然而，越来越多的行为经济学研究显示，"理性人"是不存在的。与此相对，专门根据投资者和经理人行为建构的"行为人"，具有"S"形效用曲线，且不关于原点对称。根据行为经济学分支"前景理论"，处于"盈利区"时，同理性人理论的解释相比，行为者或多或少更具有"风险厌恶"。反之，已处于"损失区"的投资者和经理人，同理性人模型的解释相比，远远更具有"风险偏爱"。（阿莫斯·沃特斯基、丹尼尔·卡尼曼：《前景理论新进展：不确定性的累积表现》。）[Tversky, Amos and Daniel Kahneman, "Advances in prospect theory: Cumulative representation of uncertainty", Journal of Risk and Uncertainty 5, No.4（1992）: 297-323.] 芭芭拉·布莱克在 2012 年的论文《行为经济学和投资者保护》中，指出了这项新研究对美国证券监管的影响，并针对"理性投资者"作了重新表述："在美国证券监管中，'理性投资者'是重要的司法观念。法院对理性投资者的认知能力有相当程度的信任。与之相对，行为经济学家发现，在当今市场中真实投资

者的行为，并不符合美国证券法规的预期。同样，有效市场假说对证券监管有很大的影响。然而，有效市场假说的一些基本前提却受到了实际证据的质疑。不幸的是，迄今为止，法院仅仅在联邦证券集体诉讼确认时，承认司法理论和行为经济学之间存在分歧。现在时机已到，法院应该着手解决这一分歧，处理对理性投资者行为的司法预期和行为经济学中'投资者视角'的认知缺陷之间，所存在的差异。这也符合美国证券法规的主旨，即保护投资者免受欺诈。"（芭芭拉·布莱克：《行为经济学和投资者保护：理性投资者及有效市场》。）[Black, Barbara, "Behavioral Economics and Investor Protection: Reasonable Investors, Efficient Markets", *Loyola University Chicago Law Journal*, 44（2013）: 1493-1509.]

[25]同上，第21—27页。

[26]拉里·里布斯坦：《SEC、全球变暖和宪法〈第一修正案〉》[Ribstein, Larry, "The SEC, Global Warming, and the First Amendment", *Forbes*. February 1, 2010. http://www.forbes.com/sites/streettalk/2010/02/01/tools-streettalk-wordpress/]

[27]扎赫拉·希尔吉：《大多美国公司无视SEC有关气候变化风险披露的规定》。[Hirji, Zahra, "Most US Companies Ignoring SEC Rule to Disclose Climate Risks", *Inside Climate News*. September 19, 2013. http://insideclimatenews.org/news/20130919/most-us-companies-ignoring-sec-rule-disclose-climate-risks Accessed April 2014.]

[28]SASB对"混合整体"的引述细致入微："重要性是美国财务报告的基本准则。重要性这一概念承认，就实体财务状况和营运绩效的合理列报来说，一部分信息是更为重要的。美国证券法要求上市公司披露理性投资者作知情投资决定所需的、年度及其他周期的绩效信息，以此保护个人投资者。联邦法律同时规定，公开上市的公司必须

披露具有重要性的信息。联邦最高法院对什么信息具有重要性是这样定义的：'若被遗漏的信息得到披露，必须极有可能被理性投资者视为会显著改变可获得信息的"混合整体"（TSC 工业公司诉北路公司案）。'在美国证券交易所上市的美国和他国公司，都受该披露要求的约束。'规章 S-K'为 10-K 报告和其他需向 SEC 递交的文件设立了具体披露要求。其中规定，公司需在 10-K 报告的'关于财务状况和营运结果的管理层讨论和分析'部分中，说明对财务结果有重大影响的已知趋势、需求和不确定因素。"（可持续会计准则委员会："做法、重要性、为什么重要？"。）[Sustainability Accounting Standards Board, "Approach, Materiality, Why is it Important？" http：//www.sasb.org/materiality/important/，accessed April 2014.]

[29]"《国际财务报告准则框架》说明了供外部使用的财务报表编制和列报的基本概念。"（德勤会计师事务所：《2010 年财务报告的概念框架》。）[Deloitte, USGAAPPlus, Standards, Other pronouncements, Framework, Conceptual Framework for Financial Reporting 2010, http：//www.iasplus.com/en-us/standards/other/framework, accessed April 2014.]"本声明意在设定宗旨和基本概念，为财务会计和报告指南的进一步发展提供指引。宗旨指的是财务报告的目标和目的。基本概念指的是财务会计的深层概念，这些概念指导需作出说明的交易决定和其他事件及情况、指导如何对此作出识别和计量，并指导如何对此作出总结以及与利益攸关方沟通。"（美国财务会计准则委员会：《财务报告概念框架》。）[Financial Accounting Standards Board, Standards, Concepts Statements, Conceptual Framework for Financial Reporting, http：//www.fasb.org/jsp/FASB/Page/PreCodSectionPage&cid=1176156317989, accessed April 2014.]

[30]"我们（SASB）唯一直接提到 CDP 的地方，就是在针对'非

可再生资源'行业部门的 SASB 准则中，涉及了 CDP 的调查问卷和气候披露标准委员会（CDSB）的框架。"（安德鲁·科林斯与艾博思、迈克尔·P. 克鲁斯、蒂姆·尤曼斯、凯蒂·奥伊利特的电子邮件通信。）[Andrew Collins, email correspondence with Robert Eccles, Michael Krzus, Tim Youmans and Katie Schmitz Eulitt, April 23, 2014.]"根据 SASB 与 CDP 签署的'谅解备忘录'，SASB 在为某些行业确定气候变化相关议题的重要性时，可以使用 CDP 的数据作为依据。SASB 同时可在引述 CDSB 的碳排放披露记录时，获得技术援助。"[http：//www.sasb.org/approach/key-relationships/, accessed April 2014.]

[31]根据全球报告倡议组织（GRI）和碳信息披露项目（CDP）签署的"谅解备忘录"，双方同意开展合作，以避免披露相关工作的重复劳动。"（本备忘录）将改善环境数据的一致性和兼容性，提高公司报告的效率和效益，减轻数千家公司的报告负担。"这些公司都参与了 CDP 的气候变化项目和供应链项目，并遵循 GRI 的《可持续发展报告指南》。实现上述效益的途径，是将数据点向两个报告渠道开放。任一渠道提供的信息，都可用于编制遵循 GRI《指南》的可持续发展报告和 / 或回答 CDP 的调查问卷。对如何具体操作给出说明的支持文档将于 2014 年年初发布。同温室气体排放报告方面一样，GRI 和 CDP 在水资源报告方面，也将努力做到对接。双方将在未来数月至数年内，协调技术流程，以简化全球水资源报告的方法。（全球报告倡议组织："共结联盟与协同作用"。）[Global Reporting Initiative, About GRI, Alliances and Synergies, https：//www.globalreporting.org/information/about-gri/alliances-and-synergies/Pages/CDP.aspx, accessed April 2014.]

[32]《国际〈IR〉框架》，"指导原则"，第 18 页。[The International <IR> Framework, Guiding Principles 3.17, p.18.]

[33]同上。

［34］国际价值总览报告委员会：《有关〈IR〉中重要性的背景文件》，第 2 页。［The International Integrated Reporting Council. "Materiality: Background Paper for <IR>", p.2, http://www.theiirc.org/wp-content/uploads/2013/03/IR-Background-Paper-Materiality.pdf, accessed March 2014.］

［35］同上，第 19 页。

［36］《国际〈IR〉框架》，第 7 页。［The <IR> Framework, p.7.］

［37］国际价值总览报告委员会：《有关〈IR〉中重要性的背景文件》，第 1 页。［IIRC, Materiality: Background Paper for <IR>, p.1.］

［38］"'假以时日，这本著作将被誉为美国治国理政方面最重要的作品……将是对美国政府和美国文明触及本质、鞭辟入里的思考历程中，一个骤然出现的转捩点（查尔斯·比尔德：《公司由谁拥有，由谁经营》（Charles Beard, "Who Owns – and Runs – the Corporations." ） ）.' 在《纽约先驱论坛报》（ New York Herald Tribune ）上获得如此评价的书少之又少，学术研究专著就更为凤毛麟角了。但这部注定将开创学术新域的作品，于 1932 年问世时，便获此殊荣……'该书是对当今经济学新纪元作详细论述的首部巨著，且其语言之明晰令人折服，在未来或将与亚当·斯密（Adam Smith）之《国富论》（ Wealth of Nations ）齐名并价。'（杰尔姆·弗兰克、诺曼·迈耶斯：载于《耶鲁法学评论》。（ Frank and Meyers, 1933, Yale Law Review, 42, 989-1000 ） ）"（科林·迈耶：《坚定承诺：为何如今的公司有负于我们？该如何重塑对公司的信任？》。）［Mayer, Colin, Firm Commitment: Why the Corporation is Failing Us and How to Restore Trust in It, Oxford University Press, 2013.］

［39］阿道夫·伯利、加德纳·米恩斯：《现代公司与私有财产》。［Berle and Means, The Modern Corporation and Private Property.］

　　[40]私营业主、非公开持股公司乃至大型公司一般都有通过破产保护，对责任作出限制的能力。关键的不同之处，在于控制大型公司的群体（高管和董事）能够将损失"社会化"，亦即分摊到他人（而非自己）的投入资本上。

　　[41]根据美国和英国的法律，"公司的存在即是以政府的许可为先决条件。该许可使公司得以创立，亦使其得以成为独立于任何合伙人（投资者和经理）而存在的单独法人（即如今所讲的'公司人格'（corporate personhood））"。上述得到政府许可的公司人格"特权"，"就产生了合伙人的有限责任……股东无需对公司的任何债务承担责任，因此可以向公司事务投入一定数量的资本，而不会对超出投入资本之外的公司债务负有责任。"（阿道夫·伯利、加德纳·米恩斯：《现代公司与私有财产》，第120—121页。）[Berle and Means, *The Modern Corporation*, p.120–121.]就有限责任对吸引风险资本的作用，见：弗兰克·H. 伊斯特布鲁克、丹尼尔·R. 菲谢尔：《有限责任与公司》，第636页。[Easterbrook, Frank H. and Daniel R. Fischel, "Limited liability and the corporation", U. Chi. L. Rev. 52（1985）: 89. p.636]其中写道："第三，有限责任让证券在交易市场的转让成为可能，也确保了证券的流动性。若不存在有限责任，对公司的股份将难以估值，因为股份将会带有潜在的超量责任。"有限责任对吸引风险资本之作用的数学证明可见：罗伯特·C. 默顿：《固定资产跨时定价模型》。[Merton, Robert C, "An Intertemporal Capital Asset Pricing Model", *Econometrica*, Vol.41, No.5（Sep., 1973）]文中总结道："所构建的资本市场跨时模型，与预期中的效用准则和资本（证券）的有限责任是一致的。"

　　[42]同样由公司人格衍生而出的，是公司可以"通过合法手段施加控制。为在不持有多数股的情况下，维持对公司的控制，已出现了多种合法手段。其中对大型公司最重要的是'金字塔式控股法'

（pyramiding）。其做法，是持有一家公司多数股后，转而使控股公司持有另一公司的多数股——此过程可如此循环往复多次。动用此法所需的股本，仅略多于最终合法控制财产的四分之一、八分之一、十六分之一，甚至更少。"（阿道夫·伯利、加德纳·米恩斯：《现代公司与私有财产》，第69页。）[Berle and Means, *The Modern Corporation*, p.69.]

　　[43]"公司制度中所有权与经营权的分离，是确保流动性必不可少的一环。与实物财产紧密结合在一起的，乃是经营权和'控制权'。而财产所有者与其财产则没有直接的个人关系，也无需承担任何责任。在实物财产未发生变动的情况下，经营权或多或少是永久性的，而财产所有权赋予的参与特权则被分割成不计其数的等份（'分散股权'），亦即'股份'。而'股票'（作为'标识物'）可随意易手，交易者无需为之承担责任，也与之无任何个人关系……最异乎寻常的一点，是流动的标识物之所以具有价值，纯粹且仅仅因为其具有流动性。"（阿道夫·伯利、加德纳·米恩斯：《现代公司与私有财产》，第250—251页。）[Berle and Means, *The Modern Corporation*, pp.250‐251.] 如引文所述，所有权与控制权的分离，加之由公司人格衍生出的有限责任，使得股票的自由交易乃至具有流动性的股票市场成为可能。

　　[44]阿道夫·伯利、加德纳·米恩斯：《现代公司与私有财产》，第5页。[Berle and Means, *The Modern Corporation*, p.5.]

　　[45]林恩·斯托特在2012年出版的《股东价值迷思》（*The Shareholder Value Myth*）中提出，以"利润最大化"为目的，故而极度轻视利益相关者的公司治理，是以自证其伪的社会交互观念为基础的。其代表，即是"经济人"（Homo economicus）假设。"看看咱们的好友'经济人'，能不能在这个（反社会人格临床表现）列表上对号入座。缺少内疚感（第7项）？显然如此；要是能得到物质利益，'经济人'又干吗要对伤害或误导他人感到不安呢？没有责任感、不顾及他

人安危（第5、6项）？'经济人'认为要负责和关心的，除自己以外再无别人。欺蒙拐骗（第2项）？只要能够自利，'经济人'就乐于撒谎。目无法纪，不遵守社会规范（第1项）？'经济人'说，只要警察不在，随时随地都可以违法乱纪。虽然'经济人'既不易怒也不冲动（第3、4项），但表上的七项与他相符的有五项之多。他的心里没有内疚和惭愧的包袱。在经过冷酷的算计，得出能够从中渔利的结论后，他会撒谎、欺骗、偷窃、玩忽职守、背信弃义——甚至不惜伤生害命。和任何精神变态的反社会者一样，'经济人'全无良知可言。"显然，大多数现代公司的董事会成员不是"经济人"，而且在谋利之余，回馈社会也是现代公司社会架构的常态。（林恩·A. 斯托特：《道德市场：价值观在经济中的关键地位》，第157—172页"正对良知"。）[Stout, Lynn A，"Taking conscience seriously"，*Moral Markets*：*The Critical Role of Values in the Economy*，Princeton University Press，Princeton（2007）：157–172.]

[46]梅耶尤其提倡"信托式"的双层董事治理形式，与德国公司的董事会模式相仿。（弗兰·朱利安、科林·迈耶：《德国公司的所有权和控制权》。）[Franks，Julian R. and Mayer，Colin，"Ownership and Control of German Corporations"（October 2001），Review of Financial Studies，Vol. 14，Issue 4，pp.943‑977，2001]鉴于信托形式尚不常见于美国和其他国家的公司，我们认为，梅耶的"分层董事会信托理论"可为这些公司董事所用："……对最短视的股东来说，公司只是用来抽租（rent extraction）的工具……让最短视的所有者（控制者）行使权力，不仅会导致控制权和财富都集中到所有者及其代理人的手上，而且还会是只顾及当下，不考虑今世后代利益的问题根源。争权夺利可能会为客户带来一定的好处，但把公司的视界如此局限于短期，会导致后代的福祉遭到忽视。因此，我们不应指望争权夺利的机制会是今

世后代的守护者……（公司必须转向担任公司价值守护者的受托者），来防止对未来世代造成亏欠……这些受托者的存在，会改变公司的性质，从纯粹由董事充任股东代理的安排，转向混合型的信托安排，从而使（董事会）代表公司的特定利益相关者行事。"（科林·迈耶：《坚定承诺》，第240、244—245页。）[Mayer, Firm Commitment, pp.240, 244-245.] 我们认为，这里的"特定利益相关者"，应是公司在开展价值总览报告的过程中识别的显著受众。

[47] 西蒙·扎德克、米拉·梅尔姆：《重新定义重要性》。[Zadek, Simon, and Mira Merme, "Redefining Materiality" AccountAbility, http：//www.accountability.org/images/content/0/8/085/Redefining%20 Materiality%20-%20Full%20Report.pdf, accessed May 2014.]

[48] 本章之前提到的行为经济学结论，可能会对董事会如何确定重要性产生影响，亦即在考察范围中，加入董事会就事项的重要性和显著程度作出判断时，所得到的信息具有正性还是负性的"情绪效价"（valence）这一因素。在观念上，这会是个很大的转变，因为之前对确定重要性的讨论都没有将情绪效价纳入考量。

[49] "具有误导性的股东'所有权'这一说法……将股东描述为公司的'所有者'。从法律上说，声称股东'拥有'公司显然是不对的。公司是自具所有权的独立法律实体；股东拥有的，仅仅是一种称为'股票'的证券，其法律权利极为有限。"（脚注："这一误导性的说法可能源于十九世纪。当时，大多数公司都是非公开持股公司，仅有一个或几个股东。在这样的公司里，股东行使的控制权要大得多，因而把这些股东视为所有者，可能会比较讲得通一些。"林恩·A. 斯托特：《股东控制权的非真实效益》。）["The Mythical Benefits of Shareholder Control", Lynn A. Stout, *Virginia Law Review*, Vol.93, No.3（May, 2007）, p.804, http：//www.jstor.org/stable/25050361.]

［50］"换言之，公司考虑范围内的（同样不仅限于法律规定内的）他人权益，包括人权，乃是由股东权益衍生而出的。故而，关于股东价值的这一论证，对相关法律，以及公司行为规范的形成，是影响深远的。该论证既如此精妙，接下来，我不妨同样用它来推出一个截然相反的结论（第31—32页）……股东价值是成果而非目标。股东价值不应是驱动公司政策的因素，而应被视为公司政策的产物。"（科林·迈耶：《坚定承诺：为何如今的公司有负于我们？该如何重塑对公司的信任？》。(Mayer, Colin, "Firm Commitment: Why the Corporation is Failing Us and How to Restore Trust in It"（2013）.)　另见：林恩·A. 斯托特：《股东价值迷思：为什么股东至上会有损于投资者、公司和公众》。)［Stout, Lynn, "The Shareholder Value Myth: How Putting Shareholders First Harms Investors, Corporations, and the Public"（2012）.］

［51］艾博思、乔治·赛拉菲姆：《绩效前沿》。［Eccles, Robert G. and George Serafeim, "The performance frontier", *Harvard Business Review* 91, No.5（2013）.］

［52］"公司报告的另一功能，可以称为'转型功能'。信息功能假定不存在对手方的反馈。转型功能则不尽然如此，而是将对手方的参与和行动也考虑了进来。对手方接收并评估信息。当发现能够通过影响公司行为，而使自身从中获利（也可能会使公司从中获利）的机会时，对手方会积极行动，推动改变。这一参与、行动和改变的过程，能够让公司转型。报告的转型功能并不以信息功能的有效运作为前提。在很多例子里，对手方是在信息不完整的情况下积极参与，推动改变的。比如说，全球报告倡议组织（GRI）和透明国际组织（TI）通过与公司互动，改善披露情况。这两个组织的参与、互动工作，常常是在信息不完整，甚至完全不存在的情况下进行的。虽则如此，但对手

方如果能更了解情况，那么工作效率自然会变得更高。"（艾博思、乔治·赛拉菲姆：《从功能角度看公司报告与价值总览报告》。）[Eccles, Robert and George Serafeim, "Corporate and Integrated Reporting: A Functional Perspective", Harvard Business School Working Paper, No.14-094, April 2014.]

[53]《2002 年萨班斯—奥克斯利法案》第 301 节第 2 段 [Sarbanes-Oxley Act of 2002, PL 107-204, 116 Stat 745, Section 301, Paragraph 2]："与注册会计师事务所相关的责任：发行证券之公司的审计委员会，以董事会下属委员会的身份，对以编制、出具审计报告或相关工作为目的受雇于公司的注册会计师事务所之聘用、酬金以及监督（包括公司管理层同审计者关于财务报告分歧的协调）负直接责任。所有上述注册会计师事务所必须直接向审计委员会报告。"

[54]安永会计师事务所：《未来投资规则》，第 2 页。[E&Y, "Tomorrow's investment rules: a global survey", p.2, http://www.ey.com/Publication/vwLUAssets/EY-Institutional-Investor-Survey/$FILE/EY-Institutional-Investor-Survey.pdf, accessed May 2014.]

第六章

可持续价值矩阵

在上一章中，我们建议董事会行使责任，通过年度《显著受众与重要性声明》(Statement of Significant Audiences and Materiality)，确定价值总览报告中的重大事项。该《声明》构成了"可持续价值矩阵"(Sustainable Value Matrix，简称 SVM)这一工具的基础。SVM 是"重要性矩阵"概念的拓展。与重要性矩阵一样，SVM 可用于外部报告、利益相关者参与和资源投入。不过，SVM 的作用远不局限于此。SVM 还可被用于促进创新，减少甚至扭转财务与非财务绩效之间，常常存在的互为消长情况。以此，SVM 就拓展了反映消长情况的"绩效前沿"。[1]当公司认识到促进创新是其带来的效益之一时，SVM 将会成为价值总览报告的推动因素。

一、重要性矩阵的历史简介

当 AccountAbility 在发布于 2003 年的报告《重新定义重要性》[2](Redefining Materiality)中，首次阐述正式的重要性确定流程时，重要性矩阵，如许多公司管理创新一样，首次出现在实践中。为确定重大事项，AccountAbility 提出了由五部分组成的重要性测试。测试应嵌于利益相关者参与的透明流程中，并得到外部鉴证——董事会应对测试的流程与结果负直接责任。[3]英国石油公司（BP）是利用这一测试编制重要性矩阵的先行者。BP 开展了重要性测试，以筛选议题并确定主次，然后将这些议题列入了 2004 年的可持续发展报告。[4]福特公司（Ford）与英国电信公司（BT）紧随其后，分别在 2004 年、2005 年和 2006 年的可持续发展报告中，加入了重要性矩阵。[5]

AccountAbility 和全球报告倡议组织（GRI）起初认为，重要性矩阵主要是用于可持续发展报告的工具，但随着实践中的演进，重要性确定流程中引入了与"财务"信息的相互依赖关系。AccountAbility 在观察到这一新兴的共同特点后表示："这些（矩阵）所据的，是人们熟知的风险分析矩阵图，但所用坐标轴代表的是社会与业务重要程度。"[6]GRI进一步给出了如下指引："定义具有重要性的报告议题时，所设定的阈值应用于确认对利益相关者、经济、环境、社会或报告主体最为重要的，故而在可持续发展报告中值得特别关注的机遇与风险。"[7]不过在实践中，重要性确定流程继续演进，公司也并不总是对 GRI 的指引全盘采纳。例如，GRI 建议 X 轴显示"经济、环境、社会影响的重要程度"，Y 轴显示"对利益相关者评估和决定的影响"，[8]但许多公司的 X 轴采用的是"对公司的重要程度"，或与此非常近似的定义。[9]

问世十年之后，重要性矩阵的发展开始呈现特定趋势。虽然公司定义"重要性"（materiality）的明确程度不一，但公司倾向于将"materiality"与"importance"这两个英文单词互换着使用。矩阵虽有许多变体，但设计上都有一个基本特点。X 轴通常陈列从公司角度看，各可持续发展议题的重要程度；Y 轴则陈列从"社会"或"利益相关者"的角度看，各议题的重要程度。Y 轴的确定流程，通常涉及利益相关者某种形式的参与。对公司和利益相关者来说都高度重要的议题，将被视作"具有重要性"，并成为报告的重点。

重要性矩阵的基础是"重要性"这一概念。公司使用这一概念，即暗示知道不列报哪些信息，或者说，暗示重要性确定流程中存在一定的准则。公司与受众能够纳入考虑的信息是有限的，所以，必须关注对决策来说重要的信息。重要性作为概念提供了将信息分类为"具有重要性"和"不具有重要性"的准则。重要性矩阵能够用于可持续发展报告或价值总览报告，还能够用于利益相关者参与、资源投入，以及通过向可持续价值矩阵之演进（见下一节）促进创新。

在矩阵发展的初期，GRI、AccountAbility及后继组织都将利益相关者参与视作矩阵建构流程中的一步，**即为建构而参与**。[10]公司确定某事项对于利益相关者的重要程度，正是通过利益相关者的参与。公司还必须决定一项议题对自身的重要程度。议题是否重要，决定因素有议题的本质、利益相关者动用资源支持议题的能力，以及这种支持对公司能够施加的（正面或负面）影响。一旦重要性矩阵得到建构，就可以作为平台，让公司利益相关者进一步**在使用中参与**。以此，公司可为具体的利益相关者参与提供背景信息，使利益相关者能从公司的全局角度出发来看待一项议题。"为建构而参与"和"在使用中参与"，分析起来是不同的。"在使用中参与"有助于公司进一步了解在特定议题上，利益相关者观点的不同，以及利益相关者对公司如何采取行动，在期望上的不同。"在使用中参与"还能够促进合作，寻求争议议题的解决方法。

重要性矩阵也为公司和利益相关者双方在资源投入方面提供信息。从公司角度来说，出于风险与机遇方面的考虑，公司与利益相关者认为具有重要性的议题，相较不具重要性的议题，理应获得更多资源（如时间、金钱、管理高层的关注、利益相关者的参与等）。这些议题形成了公司战略的关键组成部分。从利益相关者角度来说，矩阵可以提供信息，帮助利益相关者了解在与公司互动、动员他方影响公司决策时，应该增加资源投入（若议题位序较低），还是减少资源投入（若议题位序较高）。潜在员工可以运用矩阵，来决定是否要为公司工作。

客户可以使用矩阵，作为影响产品购买决定的一个因素。供应商可以在需求高涨，存货短缺时，给予公司优先考虑。

开展报告与资源投入虽然分析起来是各自独立的，但资源投入上的决定与外部报告之间，存在清晰的对应关系。这也反映出公司报告的转型功能。公司更有可能对投入大量资源的议题加以报告。反过来说，公司也有可能因认为诉讼或竞争风险太大，而选择不列报某项重大议题。如第四章所述，虽然我们对此持怀疑态度，但在某些情况下，这种说法是成立的。

二、重要性矩阵存在的问题

由于重要性矩阵是一项新生工具，对矩阵建构和使用的研究较为有限。尽管如此，这些有限的研究与我们自己的分析都显示：大多数公司对矩阵是如何编制的，仅给出了最为粗略的解释。然而重要性矩阵对公司受众最有帮助的正是这些解释。在 2011 年，Framework 公司发布了题为《重要性之桥》(The Materiality Bridge) 的报告。报告以《企业责任杂志》(CR Magazine) 2010 年与 2011 年 "百佳企业公民" 列表上的公司为索引，找到这些公司在《重要性之桥》付梓前最新发布的可持续发展报告，然后以其中对重要性的讨论作为依据，审视了公司使用重要性分析，作为报告和战略工具的情况。[11] 在这 100 家公司中，51 家开展了正式的重要性相关流程，以确认可持续发展议题，并按轻重缓急排序，但只有 13 家公司使用可视化形式来展示结果。[12] 2013 年的一项研究，调查了 195 家巴西公司。这些公司的报告都遵循全球报告倡议组织（GRI）的准则，其中 98 家在可持续发展报告中发布了重要性方面的信息，[13] 83 家披露了哪些议题公司认为具有重要性，60 家使用了重要性矩阵。研究还发现，43 家公司发布了 5 到 10 个具有重要性的议题，另有 28 家发布了 10 到 20 个这样的议题。《重要性之桥》和 2013 年的研究都没有考察矩阵是如何建构的，也没有考察矩阵是如何得到使用的。

Fronesys 公司[14] 在 2011 年的一份报告中，回顾了 31 家公司使用的矩阵，并提供了改善这一管理工具的建议。[15] 建议中最引人注目的，包括要求公司披露矩阵建构背后的流程和评分机制、就评估议题影响力的方法给出更多细节，以及回顾可比公司使用矩阵的结果，以规避无法解释的异常值。报告内容还包括了坐标轴标记的差异，以及在利益相关者和公司坐标轴上各成员的范围。不过，报告主要关注的是议题评分问题，并对此作了跨公司的比对。[16] 为研究这些问题，报告设立了两个度量。其一，是"同议题一致程度"（Issue Coherence Level，简称 ICL），用来衡量不同公司对同一议题的评分。[17] 其二，是"重要性趋同程度"（Materiality Convergence），用来评估公司与利益相关者就某一议题的重要程度存在怎样的交集。[18]

Fronesys 的分析假定重要性矩阵建构的背后，存在足够的相似度，故而可以对之使用 ICL 这样的工具作总体分析。然而，鉴于矩阵建构中存在的巨大差异，这一假设未必成立。我们将讨论下述几个方面存在的差异情况：X 轴与 Y 轴如何定义（甚至说，哪条是 X 轴，哪条是 Y 轴）；两条坐标轴是只表示"当前情况"，还是包括"未来趋势"；议题如何得到定义、确认和排序；议题及其权重的确认流程包括什么形式的利益相关者参与，参与的深入程度如何；以及在利益相关者坐标轴上，如何赋予各利益相关者权重，以使"利益相关者"甚至"整个社会"能够被置于一个维度。跨公司比较矩阵的做法，与我们在前一章中对重要性的处理也是截然相反的。什么对公司具有重要性这个问题是取决于报告主体的。重要性必须由公司确定，并得到董事会的批准。

通过比较福特（Ford）和戴姆勒（Daimler）这两家同行业的公司，可以说明上述差异。两家公司对重要性矩阵都有相当复杂的处理方法（本章附录 A "比较福特和戴姆勒的重要性矩阵"较详细地讨论了两家公司的矩阵）。福特和戴姆勒的矩阵坐标轴，恰好采用了相反的定义，且戴姆勒的坐标轴仅以"重要程度"来定义，暗示其反映的是当前情况。反过来，福特在公司坐标轴"当前与潜在影响"上，加入了未来的维度。福特还在利益相关者坐标轴上，使用了另一种表述，即将坐标轴基于发展趋势（"日益引起关切的事项"），而非重要程度。同样，在确认公司与利益相关者关切的议题及其重要程度时，两家公司所采用的流程和所作解释的详细程度也都存在显著差异。鉴于两条坐标轴连定义都存在不同，用来确认议题并排序的流程也存在不同，两家公司编制的矩阵自然不会一样。就福特和戴姆勒来说，实际情况正是如此。

虽然，由于两家公司将议题置于矩阵时使用了不同的描述和格式，给比较增添了困难，但我们仍然可以指出两者的区别。戴姆勒认为，客户满意度（位于矩阵右上角）、诚信与合规、对求职者的吸引力、培训与职业发展、创新与开发、业务伙伴诚信度管理都是位序很高的议题。在福特的"重大影响、高度关切"方框中，这些议题或与之类似的议题并没有出现。福特更关切的是公共政策、水资源、供应链可持续性、公司财务状况等议题。在两家公司的排序中，气候变化议题位序都较高，这点符合预期。鉴于重要性取决于报告主体的本质，我们推断，这两家势均力敌的竞争对手在重要性矩阵中确认的议题之所以存在差异，主要是由于两家公司对于显著受众有不同的定义。

三、重要性矩阵的现状

为了进一步了解如今公司如何建构、使用重要性矩阵，我们考察了91家公司的情况（考察方法与公司列表见本章附录B）。我们将重要性矩阵定义为由两条坐标轴组成、分布有具名议题的图表，且议题在矩阵（或评分表）上的位置要清晰可见。[19]基于分析，我们就重要性矩阵建构与使用的当前做法，考察了五个方面的内容，分别是利益相关者确认与参与、维度定义与标记、议题确认与描述、议题评分，以及交互性。

（一）利益相关者确认与参与

我们注意到，不同公司就利益相关者确认与参与的流程，以及对此所作解释的详细程度存在显著差异。考察对象中，仅有12%对确认流程作了解释，但87%对参与流程作了解释（尽管详细程度差异很大）。[20]在能够确认利益相关者群体数量的案例中（63%），平均群体数量为7.9。最常见的具名利益相关群体是客户、社区、员工、供应商、投资者、媒体、政府及非政府组织。大多数公司给出了上层利益相关者群体的名称，但几乎没有公司对组成这些上层群体的利益相关者加以确认。大众公司（Volkswagen）是个例外。在2012年可持续发展报告中，大众附加了题为"利益相关者对话"的报告，其中包括了利益相关个体和群体的名称，还给出了相应的地理位置信息。[21]瑞士圣加仑大学（University of St. Gallen）属于"科学类"利益相关者群体，地理位置为欧盟地区，而德国工业联合会（Federation of German Industries）则属于"政治与政府机构类"利益相关者群体，地理位置为德国国内。

利益相关者确认的方法数量有限，而且我们的考察对象采用的方法各不相同。陶氏化学公司（Dow）成立了可持续发展议题外部顾问理事会，"帮助陶氏化学的领导层同外界独立的思想领袖进行开放的对话"，从而确认可以"推动、阻碍或塑造可持续发展议题对话"的利益相关者。[22]而嘉士伯集团（Carlsberg），则根据 GRI 的《G3 可持续发展报告指南》，确认了八个外部与内部利益相关者群体，而后将之列出并排序。[23]

利益相关者参与的方法主要包括采访、调查、讨论小组和媒体追踪。不过，公司为实现利益相关者参与所作的努力并不相同。有些仅开展了非正式讨论或调查，有些则制定了详尽的流程，或向外部群体咨询，以设计参与方法。例如，史泰博澳大利亚公司（Staples Australia）发放并收回的问卷，由"超过 400 位利益相关者填写，包括业务伙伴、客户、供应商、可持续发展议题专家、社区中的利益相关者"，内容则是关于"哪些可持续发展议题最为重要，需要史泰博来处理"。[24]日本最大的建筑公司大和房建（Daiwa House）将六个利益相关者群体加以分拆，针对每个群体给出了五大议题，并列出了先后顺序。[25]虽然大和房建没有解释汇总利益相关者优先事项、构建矩阵的流程，但上述分拆能够让读者跨群体比较议题的重要程度。这种高透明度是很少见的。韩国电力公司（Kepco）则给出了一张图表，列出了各利益相关者群体、Kepco 对这些群体的责任，以及群体参与的渠道（见图 6.1）。[26]

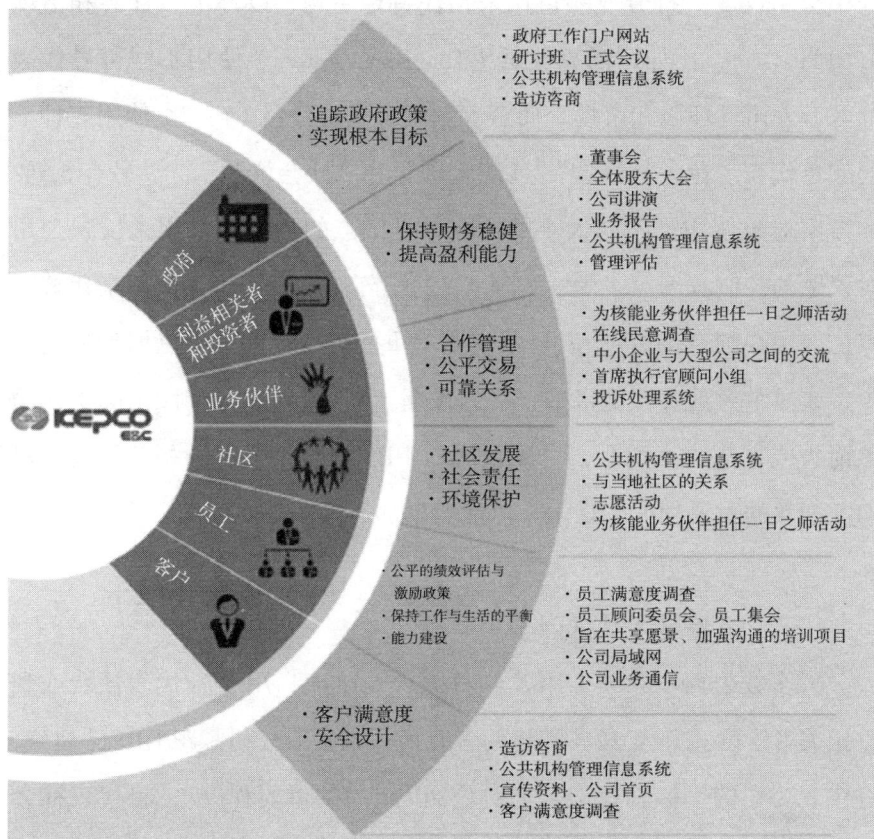

图 6.1　Kepco 的利益相关者参与

来源：韩国电力公司：《2012 年可持续发展报告》，第 20 页。［Kepco，Kepco 2012 Sustainability Report，http：//www.kepco-enc.com/webzine_business-kopec/sr_2012_e.pdf，p.20，accessed May 2014.］

（二）议题确认与描述

不同公司对具有重要性的议题在数量和描述上存在很大的差异。在我们考察的矩阵中，所包含的议题数量从 7 到 69 不等，平均数量为 23。公司运用不同的格式，如颜色、符号、圆点大小、箭头等，在矩阵中呈示议题。符号或颜色用来指代特定主题，以环境、社会和治理方面为多。[27]比如，汤森路透（Thomson Reuters）使用不同符号代表社区、公司、环境和市场，而意大利国家电力公司（Enel）使用三种不同颜色代表"业务与治理""环境管理"和"社会议题"。[28]另有5.5%的考察对象使用了不同大小的圆点，且圆点的大小最常用来反映公司对议题的控制程度。[29]最后，4.4%的矩阵使用了箭头（或用来代替圆点，或用在圆点旁边），以显示议题的重要程度较前一年是增加还是减少，或显示对重要程度未来变化的预期。例如，瑞银集团（UBS）使用上箭头或下箭头来说明，一项议题对UBS利益相关者的相关程度、对UBS绩效的重要程度，在未来可能会增加还是减少。[30]

（三）维度定义与标记

大多数公司（88%）用X轴代表公司维度，用Y轴代表社会或利益相关者维度。其余12%则将两者互换。大多数公司紧跟GRI的建议，将代表公司的坐标轴标记为"对公司/组织的重要程度"，将代表社会或利益相关者的坐标轴标记为"对利益相关者的重要程度"，[31]但对坐标轴上"重要程度"的含义作出解释的公司，则几乎没有。公司维度上的"重要程度"通常由对企业战略、财务绩效的影响来定义，有时还包括对声誉的影响。挪威国家石油公司（Statoil）对公司维度作了清晰定义，其表述如下："评估事项对公司的影响，根据的是潜在财务影响、声誉影响、环境和社会影响、企业战略和关键业务、同业比较和标准化等因素。"[32]

由于利益相关者维度包含了各类利益相关者，他们牵涉到的利益也各不相同，所以这个维度更难定义，将它们汇总之后具有什么含义，就更难知晓了。与公司维度一样，利益相关者维度的含义取决于其所使用的数据，以及汇总不同数据的方法。对这一维度的一个较优解释，来自丹麦食品生产商丹尼斯克（Danisco）："我们在矩阵中给议题排序的依据，不仅有提出议题的利益相关者数量，还有任一利益相关者群体对议题关注或关切的程度。对公司最重要的利益相关者、客户、员工甚为关切的事项，在关注程度上就可能位序较高。"[33]

有些坐标轴定义在"重要程度"以外，还增添了其他要素，不过这种情况出现比例要小很多。尽管相对来说不具代表性（仅占考察对象整体的12%）且存在很大差异，最通常的附加要素是在公司坐标轴上，增添"时间"这一组成部分。例如，雀巢公司（Nestle）对X轴的标记是"对雀巢当前或日益增加的影响"，而波尔公司（Ball Corporation）的标记则是"对波尔当前或潜在的影响"。[34]显然，"日益增加"和"潜在"是不同的概念，前者的意思是事件已经发生且仍在继续，后者是说事件可能会发生。雀巢和波尔都没有说明公司在评估一项议题时，分别给了现在与未来怎样的权重。而且，时间维度极少得到定义或定量。福特公司是一个例外。"虽然我们考虑潜在影响和重要程度时，跨度超过十年，但是三至五年，是福特能够基于内部规划与生产周期，对自身行动作出显著改变的时间框架。"[35]尽管如此，福特并没有就现在与未来的权重给出解释。

（四）议题评分

公司给议题评分时，使用的数据类型和方法是什么？评分如何给出，包括使用了什么类型的数据、采集汇总使用了什么方法——就这些问题能够提供的信息越多，矩阵对读者就越有用。假如没有这些信息，读者只能知道公司对各议题相对重要程度的观点。尽管公司的观点是有用的，但了解公司的观点是怎样形成的同样有用，甚至可能更有用。与前文中的重要性矩阵建构一样，大多数公司对议题评分的过程几乎没有给出任何解释，只有8%提供了少量解释。总体上看，对议题评分所用的算法几无置评。

无论使用了何种算法，公司将议题置于矩阵时的精确度是不同的。我们观察到的基本方法有三种：（1）在坐标轴上使用数字标记（如从1到5）；（2）文字标记（如高、中、低）；（3）无标记（但暗示从低到高的顺序）。[36]无论使用哪种方法，公司均在矩阵中创建单元格，或使用"等压线"代表重要性"边界"。

不过，仍有公司明确解释了评分方法，并提供了定量说明。瑞银集团所用的坐标轴标记为1—100，评分分为五级。[37]荷兰皇家帝斯曼集团（Royal DSM）沿坐标轴使用了数字标记的评分办法，并将矩阵划分为四个不同的象限，分别加以说明。[38]然而，在我们的考察对象中，没有一家公司就利益相关者权重如何给出，或利益相关者观点如何汇总至 Y 轴，作出明确的表态。[39]

（五）交互性

最后，我们考察了公司利用在线工具的新方法。在第八章中，我们就这一主题还会有更总体的讨论。通过制作更具交互性的重要性矩阵，公司可以在网站上突破我们之前谈到的一些局限。有些公司的交互矩阵能提供使用者更多层面的数据。通常的做法是在公司网站上展示"可点击的"议题圆点，将使用者指向新的页面，其中载有对议题更深入的解释和公司更详细的回复。例如，在德国化学公司巴斯夫

（BASF）的重要性矩阵上，点击"资源稀缺性"议题，使用者可以进入新页面，其上介绍了巴斯夫针对资源效率与可再生原料所采取的战略。[40]还有一些交互矩阵允许使用者在一个或多个维度上改变观察视角。例如，思科公司（Cisco）的交互重要性矩阵允许用户选择在矩阵上只呈示一组议题（社会、环境或治理），或根据公司的控制程度（高、中、低）呈示议题。[41]金宝汤公司（Campbell's Soup）则允许用户在矩阵上呈示四组不同议题中的一组。[42]

（六）对矩阵的使用

通过对 91 家公司的研究，我们发现，正如公司在建构与呈示矩阵上存在显著差异，公司给予企业报告、利益相关者参与、资源投入的相对重视程度也各不相同。关于就上述目的使用矩阵的方法，公司所给出的解释详细程度不一。在大多数情况下，公司暗示使用矩阵的主要目的是为了可持续发展报告或价值总览报告。然而，将矩阵中的项目同报告内容相联系的公司很少。属于例外的有三星人寿保险（Samsung Life）和韩国 GS 建设公司（GS Engineering and Construction）。对矩阵中的优先事项，两家公司都提供了报告中对应的页码。[43]与此类似，公司极少就"在使用中参与"展开讨论，而且如我们之前所述，就"为建构而参与"披露了多少信息，公司之间也存在巨大差异。从受众角度来看，公司对矩阵使用最不透明的一块是有关资源投入的决定。加拿大户外用品公司 Mountain Equipment Co-Op（简称 MEC）对其重要性分析的解释，可算是一个例外："重要性分析在 MEC 有两种使用方式：其一是通过突出利益相关者和公司的关切事项，为可持续发展战略提供信息；其二是为公司报告提供信息，以确保具有重要性的议题得到坦诚的沟通。了解公司与利益相关者的重要事项后，我们便可以有的放矢，在报告与战略中明确轻重缓急。"[44] 这段简短的声明清晰地传达了公司的看法，即资源投入较多的议题应是报告的重点。

四、从重要性矩阵到可持续价值矩阵

我们赞赏公司和非政府组织为发展重要性矩阵所作的努力。重要性矩阵能起很大作用，帮助公司制定可持续发展战略，并与利益相关者一道，建设可持续发展的社会。不过，我们认为是时候也有理由更进一步，增强矩阵构建与使用的严格程度。我们在上文中对 91 家公司矩阵的分析，可作为这一观点的依据。我们建议，现在应从"重要性矩阵"转变至"可持续价值矩阵"（Sustainable Value Matrix，简称SVM）。

"可持续价值矩阵"不只是改换术语这么简单。我们之所以认为"可持续价值矩阵"较"重要性矩阵"更为恰当，是基于前一章的讨论，特别是考虑到重要性的意义，只能来自重要性确定主体所具的视角。一家公司不能为他方（如另一家公司、利益相关者等）定义重要性。因此，只有一个维度，即通常情况下的 X 轴，是"有关"重要性的，我们将这条坐标轴称为"公司议题重要性"。

可持续发展战略能够让公司在为股东创造长期价值的同时，为建设可持续发展的社会作出贡献。这就涉及从公司角度确认什么对投资者具有**重要性**，什么对社会具有**显著影响**。非显著利益相关者及其所代表的议题，在公司的《显著受众与重要性声明》中，是不存在的。可持续价值矩阵及其支持性披露文本，可以通过图表形式呈示《声明》的内容。

我们将利益相关者维度，即通常情况下的 Y 轴，称为"社会议题显著程度"。这与"社会议题重要性"是不同的。各利益相关者对重要性有各自的观点，而社会作为整体并不具有对重要性的观点。回顾上一章中有关"基数"的概念：公司与社会之间，存在"一对多"的关系，而不是重要性所要求的"一对一"关系。既是"多"，便不是"一个"主体。公司择选利益相关者，将之汇总、具化成"社会"这一概念，在 Y 轴上加以呈示。公司通过自行设计的流程，确认重要（及不重要）的利益相关者[45]、决定怎样通过利益相关者参与获取他们的观点、其他收集数据的方法，以及通过什么算法，将数据汇总、转变为 Y 轴维度上某项议题的度量。实际上，Y 轴最准确的标记应该是"汇总成'社会'整体后的所选利益相关者的利益在公司看来所具有的显著程度"。

不过，我们决定将这个拗口的标记缩略为"社会议题显著程度"。公司如何看待自身在社会中的角色，决定了公司会选择与哪些利益相关者互动，以及在汇总这些利益相关者的观点时，如何给予权重。因此，公司如何看待自身角色，会影响到公司对"社会议题显著程度"的看法。故而，公司的看法不是、也不应被解读为"客观"或"准确"反映社会赋予各议题的显著程度。[46]公司的看法，反映的是**从公司的角度看**，各议题对社会的显著程度，其基础是董事会的《显著受众与重要性声明》。该声明明确了显著利益相关者以及他们相对而言的重要程度。[47]

可持续价值矩阵（SVM）是用文字表达的矩阵，含有得到定义的单元格（大小可以不一）和阈值，突出了重要性非黑即白的二元本质（见图 6.2，另见本章最后一家虚构制药公司的 SVM）。每个单元格都含有如下属性：公司报告、利益相关者参与、资源投入，以及创新。公司有责任，也因此必须有勇气表明自身观点，指出哪些议题达到了为重要性和显著程度所设的阈值，哪些议题没有达到。由董事会代表的公司，必须首先决定"公司议题重要性阈值"，为重大议题确认阈值，然后决定"社会议题显著程度边界"，确认利益相关者议题显著程度的边界。这两条界线放置在矩阵何处，完全由公司自行决定。公司必须要如此行事，且对作出决定的方法作明确说明。而说明的第一步就是发布《显著受众与重要性声明》。

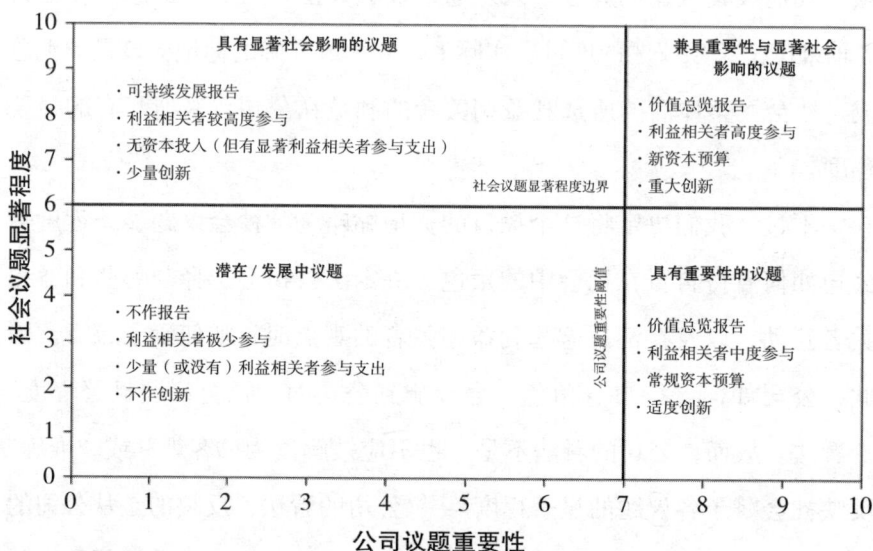

图中内容：

具有显著社会影响的议题
· 可持续发展报告
· 利益相关者较高度参与
· 无资本投入（但有显著利益相关者参与支出）
· 少量创新

兼具重要性与显著社会影响的议题
· 价值总览报告
· 利益相关者高度参与
· 新资本预算
· 重大创新

社会议题显著程度边界

潜在／发展中议题
· 不作报告
· 利益相关者极少参与
· 少量（或没有）利益相关者参与支出
· 不作创新

具有重要性的议题
· 价值总览报告
· 利益相关者中度参与
· 常规资本预算
· 适度创新

公司议题重要性阈值

纵轴：社会议题显著程度（0—10）
横轴：公司议题重要性（0—10）

图 6.2　可持续价值矩阵

四个单元格

单元格"兼具重要性与显著社会影响的议题"中包含的议题，是以既定公司目标为前提得到确认的、对公司最显著利益相关者来说最具相关性的议题。所有这些议题应以直线管理的方式得到负责，且应纳入公司的价值总览报告。这些议题也要求高度的利益相关者参与和资源投入。在这个单元格中的议题，时常面临满足金融资本提供者目标与满足利益相关者目标之间，难以两全而必须妥协的问题。因此，这些议题最需要重大创新。具体来说，通过利益相关者参与产生的"开放式创新"，可让公司在改善财务与非财务绩效时齐头并进。这些重大创新往往风险较高，需要可观的资本投入，且回报需要较长时间。[48]在价值总览报告中，公司应该解释其就利益相关者参与、资源投入和创新方面所作的努力和所持的期待。

由于在"具有重要性的议题"单元格中的议题对可持续价值创造非常重要（对受众中的股东尤其如此），故而这些议题应纳入公司的价值总览报告。虽然这些议题在公司看来对利益相关者不那么重要，但鉴于利益相关者能为可持续发展议题提供一定的创新机会，程度适中的参与是合乎情理的。[49]总的来说，在这一单元格中的资源投入，应少于上方单元格，但可能仍然相当可观。

与此相反，"具有显著社会影响的议题"单元格对可持续价值创造并不重要。不过，公司虽然暂时不认为这些议题对其战略起关键作用，但仍然不能对民间社会的诉求置之不理。有鉴于此，这些议题需要适当的资源投入。同时，这些议题对可持续发展只提供少量创新机会。不过，既然公司承认这些议题较为重要，就应当开展深入的利益相关者参与，并在价值总览报告之外作开诚布公的可持续发展报告。对这些议题的管理，则可以通过"可持续发展小组"领导的"可持续发展项目"进行，并由首席可持续发展官（Chief Sustainability Officer）牵头。这些议题不通过直线管理的方式得到负责。

最后一个单元格，名为"潜在／发展中议题"，包括了在总体上暂时可以也应该可以忽略的议题。公司没有针对这些议题开展报告的需要，而且如果作了报告，反而会是错误，因为报告这些议题会制造混乱，使受众从公司认为重要的议题中分心。因此，对这些议题应该尽少开展利益相关者参与、尽少投入资源。创新基本与此单元格无关。即便存在创新机会，也不值得在此处投入资源，而应投向别处。

SVM 的转型力量是行使治理判断力的产物。这点可以从两方面看出，一是对"重要性"和"显著影响"的二元处理方法，二是通过划清界线，为企业报告、利益相关者参与、资源投入决定和创新机会指明方向。公司通过对具有或不具有重要性和显著影响的事项明确表态，能够建立企业的可信度与正当性。公司由此可避免"漂绿"的指责。毕竟，公司要是宣称"把所有事、所有人都放在心上"的话，该等指责可能是不无道理的。

诚然，如此指明界限也可能引发矛盾。一些利益相关者若不满于公司在 SVM 置放其议题的位置，可能决定施加影响以图产生改变。这是属于他们的权利。公司有义务与其互动，但未必要同意他们的观点。SVM 可作为基础，让公司与所有利益相关者在清晰明了、反映公司自视社会角色的框架内，展开更具意义的对话。

虽然到目前为止已经发布的价值总览报告总体质量尚可，但在公司传达对重要性的看法这一方面，还存在很大的改进空间。这也是我们下一章要讨论的主题。

一家虚构制药公司的可持续价值矩阵

显而易见，迄今为止还没有一家公司编制过可持续价值矩阵（SVM）。不过，我们可以"假想"一家制药公司的例子，以更具体地阐述这一概念（见图6.3）。之所以说"假想"，是因为这个例子违背了SVM的基本原则，即SVM是取决于报告主体的社会建构。不过，通过使用来自其他出处的数据，我们可以展示一家制药公司所制矩阵的可能情况，并附上对应的"假想"分析，以说明这个例子并非基于一家真实公司的视角。该SVM中的43项议题直接引自可持续会计准则委员会[50]（SASB）（见表6.1）。我们使用了SASB的"重要性分布图"（Materiality Map™）来确认X轴的取值，并将"公司议题重要性阈值"线置于SASB的重要性临界点。Y轴的取值，是对波士顿咨询公司（Boston Consulting Group）熟稔制药行业的八位合伙人开展调查后获得的平均值。调查的目的是为了模拟利益相关者参与流程。[51]我们遵循设立准则的精神，绘制了"社会议题显著程度边界"，并在范围从1到10的坐标轴上，将之设于6.0的位置。

在43项议题中，只有6项出现于"兼具重要性与显著社会影响的议题"单元格，且这6项议题不是属于SASB的"社会资本"类议题，就是属于"业务模式与创新"类议题。对一家制药公司来说，这点凭直觉就能理解。气候变化风险（议题1）是"具有重要性的议题"单元格中唯一的条目。这可能意味着，相较公司认为其利益相关者对这项议题的重视程度，公司自身对这项议题更为重视。另一种可能情况，是这家虚构的公司在确认重要性时，给予了美国证券交易委员会和欧洲联盟有关气候变化的新监管指引较多权重。"具有显著社会影响的议题"单元格中，分布有许多与公司产品相关的、"领导与治理"方面的议题，同时还有许多"社会资本"及"业务模式与创新"类的议题。除气候变化风险外，所有"环境"类议题都出现在"潜在/发展中议题"单元格内。这与制药公司相对来说对环境影响较小的普遍印象吻合。最后，虽然没有"人力资本"类的议题被公司视为具有重要性，但公司认为在其利益相关者眼中，"员工健康与安全"以及"招聘与续聘"是重要的议题（见"具有显著社会影响的议题"单元格），而余下的五项人力资本议题则并不重要。

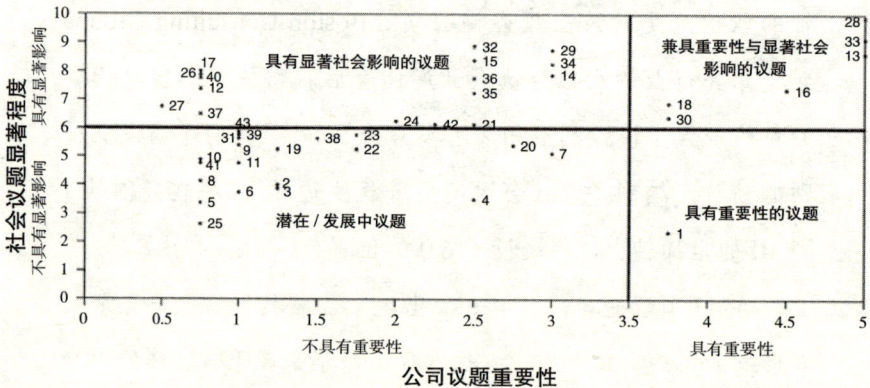

图 6.3 一家虚构制药公司的可持续价值矩阵

表 6.1　虚构制药公司引自 SASB 的议题

编号	议题	类别	单元格
1	气候变化风险	环境	具有重要性的议题
2	环境事故与补救	环境	潜在 / 发展中议题
3	水资源利用与管理	环境	潜在 / 发展中议题
4	能源管理	环境	潜在 / 发展中议题
5	燃油管理与运输	环境	潜在 / 发展中议题
6	温室气体排放与空气污染	环境	潜在 / 发展中议题
7	废料与废水管理	环境	潜在 / 发展中议题
8	生物多样性相关影响	环境	潜在 / 发展中议题
9	沟通与参与	社会资本	潜在 / 发展中议题
10	社区发展	社会资本	潜在 / 发展中议题
11	设施相关影响	社会资本	潜在 / 发展中议题
12	客户满意度	社会资本	具有显著社会影响的议题
13	客户健康与安全	社会资本	兼具重要性与显著社会影响的议题
14	披露与标记	社会资本	具有显著社会影响的议题
15	营销与合乎道德的广告	社会资本	具有显著社会影响的议题
16	服务的获取	社会资本	兼具重要性与显著社会影响的议题
17	客户隐私	社会资本	具有显著社会影响的议题
18	开发新市场	社会资本	兼具重要性与显著社会影响的议题
19	多样性与平等机会	人力资本	潜在 / 发展中议题
20	培训与发展	人力资本	潜在 / 发展中议题
21	招聘与续聘	人力资本	具有显著社会影响的议题
22	薪酬与福利	人力资本	潜在 / 发展中议题
23	劳工关系与工会相关实务	人力资本	潜在 / 发展中议题

续　表

编号	议题	类别	单元格
24	员工卫生、安全与健康	人力资本	具有显著社会影响的议题
25	童工与强迫劳动	人力资本	潜在／发展中议题
26	核心业务的长期发展前景	业务模式与创新	具有显著社会影响的议题
27	为外部效应所负责任	业务模式与创新	具有显著社会影响的议题
28	研究、发展与创新	业务模式与创新	兼具重要性与显著社会影响的议题
29	产品社会价值	业务模式与创新	具有显著社会影响的议题
30	产品生命周期／使用影响	业务模式与创新	兼具重要性与显著社会影响的议题
31	产品包装	业务模式与创新	潜在／发展中议题
32	产品定价	业务模式与创新	具有显著社会影响的议题
33	产品质量与安全	业务模式与创新	兼具重要性与显著社会影响的议题
34	监管与法务相关问题	领导与治理	具有显著社会影响的议题
35	政策、准则、行为规范	领导与治理	具有显著社会影响的议题
36	商业道德与竞争性行为	领导与治理	具有显著社会影响的议题
37	股东参与	领导与治理	具有显著社会影响的议题
38	董事会结构与独立性	领导与治理	潜在／发展中议题
39	管理层薪酬	领导与治理	潜在／发展中议题
40	游说与政治献金	领导与治理	具有显著社会影响的议题
41	原材料需求	领导与治理	潜在／发展中议题
42	供应链标准与选择	领导与治理	具有显著社会影响的议题
43	供应链参与及透明度	领导与治理	潜在／发展中议题

来源：可持续会计准则委员会："重要性图表"。[Sustainability Accounting Standards Board，SASB Materiality Map^{TM}，http：//sasb.s3-website-us-east-1.amazonaws.com/，accessed May 2014.]

注　释

［1］艾博思、乔治·赛拉菲姆：《绩效前沿：为可持续发展战略而创新》。［Eccles，Robert G. and George Serafeim，"The Performance Frontier：Innovating for a sustainable strategy"，*Harvard Business Review* 91，No.5（May 2013）：50 - 60.］

［2］Fronesys 公司：《确定重要性：分析谁，分析什么，如何分析》，第3页。［Fronesys，"Materiality Determination：Analysing who，what and how"，October 2011，p.3.］该报告分析了31家公司的重要性矩阵，并对结果作了总结。完整版本的报告可向 Fronesys 购买获得。

［3］报告推荐了包含五个方面的重要性测试：（1）直接、短期的财务影响；（2）政策绩效；（3）行业惯例；（4）利益相关者的行为和关切事项；（5）社会规范（包括监管要求和非监管要求）。（西蒙·扎德克、米拉·梅尔姆：《重新定义重要性》，第4页。）［AccountAbility，http：//www.accountability.org/images/content/0/8/085/Redefining%252520Materiality%252520-%252520Full%252520Report.pdf p.4，accessed May 2014.］

［4］英国石油公司：《作出正确选择：2004年可持续发展报告》。［BP，"Making the Right Choices"，Sustainability Report 2004，http：//www.bp.com/liveassets/bp_internet/globalbp/STAGING/global_assets/downloads/S/Sustainability_Report_2004.pdf，accessed May 2014.］

［5］福特公司：《我们的可持续发展之路：2004/2005年可持续发展报告》；［Ford，"Our Route to Sustainability"，Sustainability Report 2004/5，http：//corporate.ford.com/doc/2004-05_sustainability_report.pdf，accessed May 2014.］英国电信公司：《2006年社会和环境报告》。［BT，"Social and Environmental Report"，2006. http：//www.btplc.com/betterfuture/

betterbusiness/betterfuturereport/pdf/2006/2006Environmentalreport.pdf, accessed May 2014.]

[6] AccountAbility:《重要性报告》, 第 20 页。[AccountAbility. "The Materiality Report", http: //www.accountability.org/images/content/0/8/088/ The%20Materiality%20Report.pdf, accessed May 2014, p.20.] 报告分析了英美资源集团（Anglo American）、福特汽车公司（Ford Motor Company）、Gap 公司、挪威海德鲁公司（Norsk Hydro）、Tasmania 公司、耐克公司（Nike）、诺维信公司（Novozymes）、英国石油公司（BP）、英国电信公司（BT）和西班牙电信公司（Telefonica）的做法和经历。(《重要性报告》, 第 7 页。)["The Materiality Report", p.7.] 风险分析矩阵的实例请见: 普华永道会计师事务所:《风险评估实用指导》, 第 28 页, 图 5。[PricewaterhouseCoopers, "A practical guide to risk assessment", December 2008, p.28, Figure 5.] 风险分析可被定义为 "针对可能正面或负面影响目标实现的事件, 进行系统识别和评估的过程。该类事件可在外部环境中（如经济趋势、监管局面和竞争状况等）及组织内部环境中（如人员、流程和架构等）得到识别。当该类事件与组织目标相交, 或预计将会相交时, 就构成了风险"。(《重要性报告》, 第 5 页。)["The Materiality Report", p.5.]

[7] 全球报告倡议组织:《技术规程》。[Global Reporting Initiative, Reporting, G3.1 and G3 Guidelines, Guidelines Online, https: //www. globalreporting.org/resourcelibrary/GRI-Technical-Protocol.pdf, accessed May 2014.] GRI 将重大议题筛选流程称为 "排序" 步骤:"在 '排序' 步骤中运用的方法各组织不同。具体情况, 如业务模式、所处行业部门、地理位置、文化和法律方面的营运背景、所有权结构、所产生影响的大小和性质等, 会改变公司对议题排序的方法, 以及在可持续发展中涵盖的 '方面'。鉴于上述差异, 重要的是组织需要制定合理流

程，培养将之记录在案的能力，以及在后续报告周期中重复这一流程的能力。"

〔8〕同上。

〔9〕可持续发展组织中心（Center for Sustainable Organizations）创始人兼执行总裁马克·麦克尔罗伊（Mark McElroy）在评价这种矩阵构造时指出，如此"等于扭曲了可持续发展报告中重要性的概念，因为这种构造剔除了可能是最重大的议题，即组织产生的、无论是否与特定业务计划或战略相关的广泛社会、经济和环境影响"。（《重要性矩阵真的反映实质情况吗？》）〔"Are Materiality Matrices Really Material？" http：//www.sustainablebrands.com/news_and_views/articles/are-materiality-matrices-really-material，accessed December 2013.〕GRI 在 2011 年为《G3.1 可持续发展报告指南》发布的《技术规程》（Technical Protocol）中，将 X 轴改成了"对组织的显著程度"。〔https：//www.globalreporting.org/resourcelibrary/GRI-Technical-Protocol.pdf，accessed May 2014.〕

〔10〕Framework 公司：《价值总览报告现状》，第 5 页；〔Framework LLC，"State of Integrated Reporting"，2013，p.5〕Fronesys 公司：《重要性的前景》，第 7 页。〔Fronesys，"Materiality Futures"，2011，p.7.〕

〔11〕Framework 公司：《重要性之桥》。〔Framework LLC，"The Materiality Bridge"，2011.〕

〔12〕可视化形式可以是矩阵或图表。（Framework 公司：《重要性之桥》，第 2 页。）〔Framework LLC，"The Materiality Bridge"，2011. p.2.〕

〔13〕Report Sustentabilidade 公司：《重要性在巴西：公司如何识别相关议题》。〔Report Sustentabilidade，"Materiality in Brazil：How companies identify relevant topics"，2013. http：//www.reportsustentabilidade.com.br/research-materiality-in-brazil.pdf，accessed May 2014.〕

［14］Fronesys 将自身业务称为"数字经济"咨询服务。其业务重点是在四个核心领域展开研究、咨询和培训。这四个领域分别是创新与创业、可持续发展、大数据，以及智慧城市和数码技能。（Fronesys公司："关于 Fronesys"。）［Fronesys, About, http：//www.fronesys.com/blog/about.html, accessed May 2014.］

［15］Fronesys 公司：《重要性的前景》，第8页。［Fronesys，"Materiality Futures"，2011，p.8.］选择公司的过程中使用了 Corporateregister.com、Framework 公司的重要性分析和在线搜索引擎。选中的31家公司都曾公布重要性矩阵，各坐标轴至少有三种程度的数据粒度（granularity），而且矩阵对议题作了逐个识别和定位。

［16］"非政府组织"是利益相关者坐标轴上最常见的成员，而"管理层/专家"是公司坐标轴上最常见的成员。（Fronesys公司：《重要性的前景》，第10—11页。）［Fronesys，"Materiality Futures"，2011. pp.10–11.］

［17］"方法是测量图上所有议题圆点与平均重要性圆点之间的距离，然后计算平均值。据此，如果所有公司均一致同意某议题在公司坐标轴上的位置，而且其利益相关者也一致同意该议题在利益相关者坐标轴上的位置，则'议题一致程度'（ICL）的对应值为0。在议题圆点位置随机分布的情况下，ICL 的对应值大约为4。"（Fronesys公司：《重要性的前景》，第14页。）［Fronesys，"Materiality Futures"，2011，p.14.］报告发现，"经济稳定/衰退"的一致程度最高，而"生物多样性"则程度最低。

［18］"如果公司与利益相关者就所有议题的重要性排序意见一致，则趋同程度为完全吻合，且议题圆点都会位于 X 轴坐标值等于 Y 轴坐标值的直线之上。为衡量重要性趋同程度，Fronesys 使用了平均残差（R2，参见图8）这一统计参数。R2 实际上是对上述直线趋异程度的衡量。"（Fronesys公司：《重要性的前景》，第16页。）［Fronesys,

"Materiality Futures", 2011, p.16.]

[19]比如说，我们的考察将中国移动的重要性矩阵剔除在外，因为该矩阵未能正确标记议题位置。中国移动没有对矩阵上的圆点加以标记，而只是在矩阵下列出了具有重要性的议题。然而，这些议题未得到评分，也无法与矩阵上的圆点一一对应。（中国移动通信集团公司：《2012年可持续发展报告》，第6页。）[China Mobile Limited, 2012 Sustainability Report, http://www.chinamobileltd.com/en/ir/reports/ar2012/sd2012.pdf, p.6, accessed May 2014.]

[20]我们分析了公司报告和网站，以评估对利益相关者确认流程和利益相关者参与流程的解释。

[21]大众公司：《2012年可持续发展报告》。[Volkswagen, Sustainability Report 2012, http://sustainability-report2012.volkswagenag.com/fileadmin/download/11_Stakeholder_Dialoge_e.pdf, accessed May 2014.]

[22]陶氏化学公司：《2012年年度可持续发展报告》，第41、43页。[Dow, 2012 Annual Sustainability Report, http://www.dow.com/sustainability/pdf/35865-2012%20Sustainability%20Report.pdf, pp.41, 43, accessed May 2014.]关于陶氏可持续发展议题外部顾问理事会的更多背景信息参见：艾博思、乔治·赛拉菲姆、李欣：《陶氏化学：为可持续发展而革新》。[Eccles, Robert G., George Serafeim and Shelley Xin Li, "Dow Chemical: Innovating for Sustainability", Harvard Business School Case 112-064, January 2012. (Revised June 2013)]

[23]嘉士伯集团："公司社会责任"，"重要性分析"。[Carlsberg Group, CSR, Materiality Analysis, http://www.carlsberggroup.com/csr/ReportingonProgress/overview/Materialityanalysis/Pages/MaterialityMatrix.aspx, accessed May 2014.]

[24]史泰博公司："史泰博的精神"，"报告方法"，"重要性分析"。

［Staples，Staples Soul，Reporting Approach，Materiality Analysis，http：//www.staples.com/sbd/cre/marketing/australia_soul/staples-soul-reporting-approach.html#id_ra2，accessed May 2014.］

［25］大和房建集团：《2012 年年度报告》，第 145 页。［Daiwa，Daiwa House Group Annual Report 2012，http：//www.daiwahouse.com/english/groupbrand/ar/pdf/daiwahouseAR2012E_2.pdf，p.145，accessed May 2014.］

［26］韩国电力公司：《2012 年可持续发展报告》，第 20 页。［Kepco，Kepco 2012 Sustainability Report，http：//www.kepco-enc.com/webzine_business-kopec/sr_2012_e.pdf，p.20，accessed May 2014.］

［27］意大利国家电力公司："可持续发展"，"责任"，"重要性矩阵"。［Enel，Sustainability，Responsibility，Materiality Matrix，http：//www.enel.com/en-GB/sustainability/our_responsibility/materiality_matrix/，accessed May 2014.］

［28］汤森路透公司："知识效应"，"重要性矩阵"。［Thomson Reuters，The Knowledge Effect，Materiality Matrix，http：//blog.thomsonreuters.com/index.php/materiality-matrix/，accessed May 2014.］

［29］圆点大小还被用来反映议题的"全球可持续发展显著程度"。(Mountain Equipment Co-Op：《2013 年重要性矩阵》。)［Mountain Equipment Co-op，MEC's 2013 Materiality Matrix，http：//www.mec.ca/media/Images/pdf/accountability/MEC_2013_materiality_matrix_v2_m56577569831501444.pdf，accessed May 2014.］也被用来反映"来自利益相关者的压力"。(Braskem 公司：《2012 年年度报告》。)［Braskem，Annual Report 2012，http：//rao2012.braskem.com/media/pdf/RAB12_PDF_completo_in.pdf，accessed May 2014.］

［30］瑞银集团："关于我们"，"公司责任"，"我们的做法"，"重

要性评估"。〔UBS, About us, Corporate responsibility, Our approach, Materiality assessment, https://www.ubs.com/global/en/about_ubs/ corporate_responsibility/commitment_strategy/materiality-matrix.html, accessed May 2014.〕

〔31〕X 轴上最常见的三个标记是"相关程度"（26%）、"影响程度"（23%）、"重要程度"（20%）。Y 轴上最常见的三个标记是"重要程度"（34%）、"相关程度"（16%）和"显著程度"（9%）。

〔32〕挪威国家石油公司：《2012 年年度报告：可持续发展报告》，第 51 页。〔Statoil, Annual Report 2012, Sustainability Report, http://www. statoil.com/AnnualReport2012/en/Download%20Center%20Files/01%20 Key%20downloads/20%20Sustainability%20Report%202012/Sustainability. pdf, p.51, accessed May 2014.〕

〔33〕丹尼斯克集团：《2010/2011 年可持续发展报告》，第 20 页。〔Danisco, 2010/2011 Sustainability Report, http://cdn.danisco.com/ uploads/tx_tcdaniscofiles/danisco_sustanability_report_2010-11_04.pdf, p.20, accessed May 2014.〕

〔34〕雀巢公司："创造共同价值（CSV）"，"什么是 CSV"，"重要性"。〔Nestle, Creating Shared Value, What is CSV, Materiality, http://www. nestle.com/csv/what-is-csv/materiality, accessed May 2014.〕波尔公司："可持续发展"，"我们的做法"，"优先顺序"。〔Ball Corp, Sustainability, Our Approach, Priorities, https://www.ball.com/materiality/, accessed May 2014.〕

〔35〕福特公司：《2012/2013 年可持续发展报告》。〔Ford, Sustainability 2012/2013, http://corporate.ford.com/microsites/sustainability-report-2012-13/blueprint-materiality-analysis.〕

〔36〕数字标记占 14.3%，文字标记占 60.4%，无标记占 25.3%。

［37］E级：0—19分，关乎有限数量的利益相关者，目前对瑞银的绩效没有影响；D级：20—39分，关乎一个利益相关者群体，目前对瑞银的绩效有很小影响；C级：40—59分，关乎数个利益相关者群体，目前对瑞银的绩效有一定影响；B级：60—79分，关乎大多（包括所有显著）利益相关者，目前对瑞银的绩效有相当影响；A级：80—100分，关乎所有利益相关者，目前对瑞银的绩效有直接影响。

［38］荷兰皇家帝斯曼集团：《2012年价值总览年度报告》。［DSM, Royal DSM Integrated Annual Report 2012. http：//annualreport2012.dsm. com/downloads/DSM-Annual-Report-2012.pdf, accessed May 2014.］右上角象限是"优先处理的议题"，左上角象限是"积极跟踪和沟通的议题"，左下角象限是"位序较低的议题"，右下角象限是"积极管理的议题"。

［39］虽然戴姆勒在2012/2013年重要性矩阵中承认，将利益相关者观点汇总至Y轴是复杂的过程，但仅对相关做法给出了一句话的说明："我们还为利益相关者群体之间（在部分情况下）差异很大的关注事项，作了计算加权平均的处理；处理结果在经过汇总后加入重要性矩阵。"（戴姆勒公司：《2012年可持续发展报告》，"关于报告"，"重要性矩阵"。）［Daimler, Sustainability Report 2012, About this report, Materiality matrix, http：//sustainability.daimler.com/reports/daimler/annual/2013/nb/English/7520/materiality-matrix.html, accessed December 2013.］德勤建议运用决策科学，计算利益相关者权重："鉴于当前对环境、社会和治理（ESG）估值产生的影响理解尚浅，决策科学的方法可作为有用工具，帮助经理人设计坐标轴，将ESG议题涉及的复杂情况，包括多方利益相关者的主观偏好等，整合为体系。使用上述方法，可以增强ESG重要性确定的可信度，以利商界领袖为关乎各利益相关者的ESG管理、投资和披露决策，作更有力的辩护。决策科学可用于

加权、汇总利益相关者群体的评分，并赋予相关议题重要的时间维度。使用上述方法，可以改善评分流程的透明度，提供客观的、承认利益相关者群体差异的度量。"（德勤会计师事务所：《披露长期业务价值：重点在哪里？》。）［Deloitte, "Disclosure of long term business value: What matters ?" http: //www.deloitte.com/assets/Dcom-UnitedStates/Local%20Assets/Documents/us_scc_materialitypov_032812.pdf, accessed May 2014.］

［40］巴斯夫公司："可持续发展"，"识别和管理可持续发展议题"，"重要性分析"。［BASF, Sustainability, Identification and Management of Sustainability Issues, Materiality analysis, http: //www.basf.com/group/corporate/en/sustainability/management-and-instruments/global-materiality-matrix, accessed May 2014.］其他实例请见：沃达丰公司："可持续发展"，"我们的愿景与做法"，"重大议题"；［Vodafone, Sustainability, Our vision and approach, Material issues, http: //www.vodafone.com/content/sustainability/our_vision_and_approach/managing_sustainability/material_issues.html, accessed May 2014.］法兰克福机场公司："连通可持续发展"，"2012 年的报告"，"可持续发展管理"，"可持续发展战略"。［Fraport, Connecting Sustainability - Report 2012, Sustainability Management, Sustainability Strategy, http: //sustainability-report.fraport.com/sustainability-management/sustainability-strategy/#wesen, accessed May 2014.］

［41］思科公司：《2013 年公司社会责任报告》。［Cisco, 2013 Corporate Social Responsibility Report, http: //www.cisco.com/assets/csr/pdf/CSR_Report_2013.pdf, accessed May 2014.］

［42］金宝汤公司：《2013 年公司社会责任报告》。［Campbell Soup Company, 2013 Corporate Social Responsibility Report, http: //csr.campbellsoupcompany.com/csr/pages/success/materiality-analysis.asp#.UvGgNRBdVQF.］其链接至 2014 年 5 月已失效。原报告中的四组利

益相关者议题分别为"客户／消费者""利益相关者关系和社区""工作场所"以及"环境和供应链"。

[43]三星人寿保险：《2010—2011年可持续发展报告》；[Samsung Life Insurance, 2010-2011 Samsung Life Insurance Sustainability Report, http://www.samsunglife.com/companyeng/pdf/2010_2011_SR_eng_full_page.pdf, accessed May 2014.]GS建设公司：《2011年环境和治理价值总览报告》。[The Corporate Library, GS EandC Integrated Report, http://public.thecorporatelibrary.net/Sustain/sr_2011_313140.pdf, accessed May 2014.]

[44]Mountain Equipment Co-Op：《2013年重要性矩阵》。

[45]大多数公司将上层利益相关者群体大体划分为员工、客户、供应商、非政府组织等。但每个上层群体内都存在许多差别情况，针对各利益相关者群体构建考察样本时所作的决定，也有许多微妙之处。非政府组织的情况尤为复杂。公司未必总能搞清楚，哪家非政府组织能够最"正当"地代表某议题的社会利益。反过来，公司在构建矩阵、开展互动时，将某家非政府组织确认为利益相关者，能够赋予这家非政府组织正当性，也会引发问题，即为何公司选择了这家而不是另一家非政府组织，为何公司没有两家非政府组织都选。对识别、选择和与利益相关者互动的更详尽讨论见：戴维·惠勒、海克·法比、里夏尔·博埃勒：《采掘业中积极响应利益相关者的公司所面临的悖论和困境》。[Wheeler, David, Heike Fabig and Richard Boele, "Paradoxes and Dilemmas for Stakeholder Responsive Firms in the Extractive Sector: Lessons from the Case of Shell and the Ogoni", *Journal of Business Ethics*, September 2002, 39, 3, pp.297-318.]

[46]我们在比较福特与戴姆勒的矩阵时，已对此作出评述。我们发现，相同议题在两家公司的重要性矩阵上得到了不同的评分，这突

出了 Y 轴不是议题对社会重要程度的客观度量，而是公司就议题对社会显著程度所作的**判断**。

[47]我们的方法已经为一些公司采纳。这些公司将 Y 轴标记为"社会"或"社会利益"。请见：思科公司：《2013 年公司社会责任报告》；[Cisco.]巴西石油公司："投资者关系"，"可持续发展报告"。[Petrobras, Investor Relations, Sustainability Report, http: //investidorpetrobras. com.br/en/governance/sustainability-report/relatorio-de-sustentabilidade- detalhe-4.htm], accessed May 2014.]荷兰皇家帝斯曼集团：《2012 年价值总览年度报告》。[DSM.]

[48]艾博思和赛拉菲姆表示，创新需要决心和勇气："处理财务和 ESG 绩效之间最利害攸关的权衡取舍，也即常常在整个行业都还悬而未决的挑战，需要全组织范围内的重大创新，包括改善'一整批'重大议题绩效的全新产品、流程、业务模式等。就单个产品或流程进行创新，解决特定议题，可能是处理办法中的一环，但仅仅如此无法转变公司整体的绩效前沿。"他们进而指出，"……重大创新常常需要大量投资，而其效益可能要数年之后才会兑现。如果公司希望股东作长期投入，以获得上述效益，就需要将能够证明投资必要的信息传达给股东。像 Natura 公司一样，将 ESG 和财务绩效信息整合为统一文件（即价值总览报告），是传达信息的有效途径。"（艾博思、乔治·赛拉菲姆：《绩效前沿》，第 54、58 页。）[Eccles and George Serafeim, "The Performance Frontier", pp.54, 58.]

[49]艾博思和赛拉菲姆指出，微小或中度的创新可能不够："微小创新，如效率改进等，可将向下倾斜的绩效前沿推高一些，但只有产品、流程或业务模式的重大创新，才能够将绩效前沿转变为向上倾斜。"他们继而表示，"如果公司在（如能源消耗或劳工实务等）一个方面的绩效低于行业基准，那么首先应当使之达标。这样做至少能减

轻风险，因为在旨在提升公司 ESG 绩效的活动中，利益相关者倾向于把精力放在掉队落后的公司上。许多其他方面的改进，如减少制造废料等，涉及能够提高效率，进而改善财务绩效的微小或中度创新。这类创新正日益成为确保竞争力的必要（但不充分）条件。"（同上，第53—54 页。）

[50] 可持续会计准则委员会："重要性分布图"。[Sustainability Accounting Standards Board，Approach，Materiality，SASB Materiality Map™ http：//www.sasb.org/materiality/sasb-materiality-map/，accessed May 2014.]

[51] 马丁·里夫斯与艾博思的电子邮件通信。[Martin Reeves，email correspondence with Robert Eccles，April 17，2014.]我们对波士顿咨询公司资深副总裁及下属战略学会（Strategy Institute）主席马丁·里夫斯（Martin Reeves）和其他七位合伙人的帮助深表感谢。他们拨冗完成的调查问卷，为矩阵的 Y 轴提供了数据。

附录 A　比较福特和戴姆勒的重要性矩阵

2013 年 12 月 30 日在福特（Ford）网站上呈示的 3×3 矩阵（见图 6A.1），虽与公司在 2005 年初次公布的矩阵结构相仿，但存在明显的差别。矩阵中的议题数量从 34 个增加到了 61 个，议题的定义变得更为详细、具体，指出了之前重要性分析得出的议题发展趋势，同时互动性也得到了加强。[1]矩阵右上角方框内"重大影响、高度关切"类的议题被纳入了公司印发的摘要报告，三个相邻方框内的议题在网上呈报，其余五个方框内的议题则未作任何形式的详细报告。网站同时具有"交互"功能，使用者可以点击方框，查看其中包含的议题。[2]"重大影响、高度关切"方框中显示了 7 类 14 项议题（见表 6A.1），使用者可向下滚动查看每项议题的定义/描述、评论、趋势分析，以及指向福特网站上其他页面的链接。这些页面就议题相关的公司战略，提供了更详细的讨论和信息。[3]

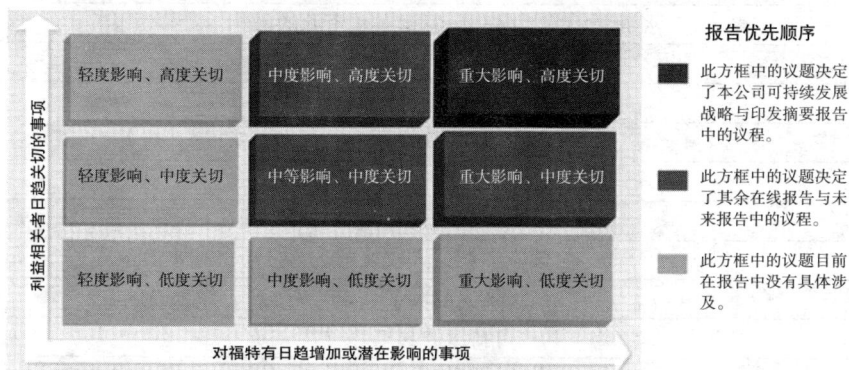

表 6A.1　福特的重要性矩阵

来源：福特公司："2011/2012 年可持续发展情况"，"我们的可持续发展蓝图"，"分析流程概述"。［Ford, Sustainability 2011/12, Our Blueprint for Sustainability, Overview of the Analysis Process, http://corporate.ford.com/microsites/sustainability-report-2012-13/blueprint-materiality-analysis, accessed December 2013.］

表 6A.1　福特的"重大影响、高度关切"议题

确认为本类的重大议题共有 14 项
可持续发展愿景与管理
可持续发展愿景、治理与管理
公共政策
温室气体／燃油经济性相关法规
治理
人权相关战略
气候变化
低碳相关战略
车辆温室气体排放
电气化相关战略
水资源
水资源相关战略——地方社区影响
水资源相关战略——产品对水资源的影响
水资源相关战略——营运对水资源的影响
营运
环境管理
供应链可持续性
供应链相关人权议题
供应商关系
可持续原材料
供应链环境可持续性

来源：福特公司："2011/2012 年可持续发展情况"，"我们的可持续发展蓝图"，"分析流程概述"。[Ford, Sustainability 2011/12, Our Blueprint for Sustainability, Overview of the Analysis Process, http://corporate.ford.com/microsites/sustainability-report-2012-13/blueprint-materiality-analysis, accessed December 2013.]

福特就 2012/2013 年矩阵的编制过程给出了不算特别具体，但可算较为清晰的说明。福特将"具有重要性的信息"定义为"欲对公司环境、社会、财务相关进展作出明智决定与判断的利益相关者最感兴趣的信息，以及最可能影响这些利益相关者观点的信息"。[4]福特同时强调，"在本可持续发展报告中所用的'重要性'概念，与财务报告中所用的概念不具有同一含义。"[5]

福特概括地说明了在公司与利益相关者坐标轴上议题确认、排序的流程，但没有给出任何支持性的分析细节。福特指出，公司坐标轴上的议题在公司政策、战略、绩效追踪工具、年报（或 10-K 报告）中常被提及。福特并未明确说明如何定义 X 轴上的"日趋增加或潜在影响"，但指出考虑范围为"十年内可能产生的影响及其重要程度"。[6]针对利益相关者维度，福特分析了利益相关者参与活动的摘要，以及代表更广泛利益相关者观点的文件。[7]对于分析是如何汇总后并入利益相关者维度的，公司没有作出解释，但指出"投资者与多方利益相关者的投入"得到了额外的权重，因为"他们属于本公司报告的显著受众"。[8]

非营利组织 Ceres 下属的一个利益相关者委员会审议了福特的分析。委员会的成员包括非政府组织代表、尽社会责任的投资组织和供应商。福特在网站上列载了委员会详细的建议，并注明了委员会是否（如是，以何种形式）对各议题作了数据鉴证。[9]

福特的竞争对手戴姆勒，同样为其 2012 年可持续发展报告编制了重要性矩阵（见图 6A.2）。[10]与福特一样，戴姆勒每两年对矩阵作一次更新，并指出了对各议题所作鉴证的范围。相较福特的矩阵，戴姆勒矩阵的 X 轴（由利益相关者参与决定）与 Y 轴（由公司可持续发展办公室与董事会可持续发展委员会决定）作了交换。戴姆勒没有使用方框分隔议题，仅沿两条坐标轴呈示了评分为"较高"或"很高"的议题。[11]戴姆勒的矩阵也没有包含任何交互功能。两家公司的相似之处是都利用了文件与利益相关者参与来确认议题、给予权重。不过，戴姆勒在利益相关者坐标轴上，对流程的解释更为详细。流程的第一步，就是在德国斯图加特市（Stuttgart）举行的"戴姆勒利益相关者对话"（Daimler Stakeholder Dialogue）。这项活动每年举办一次，并按照议题（如环境保护与人权）将与会者分入不同的工作小组。[12]

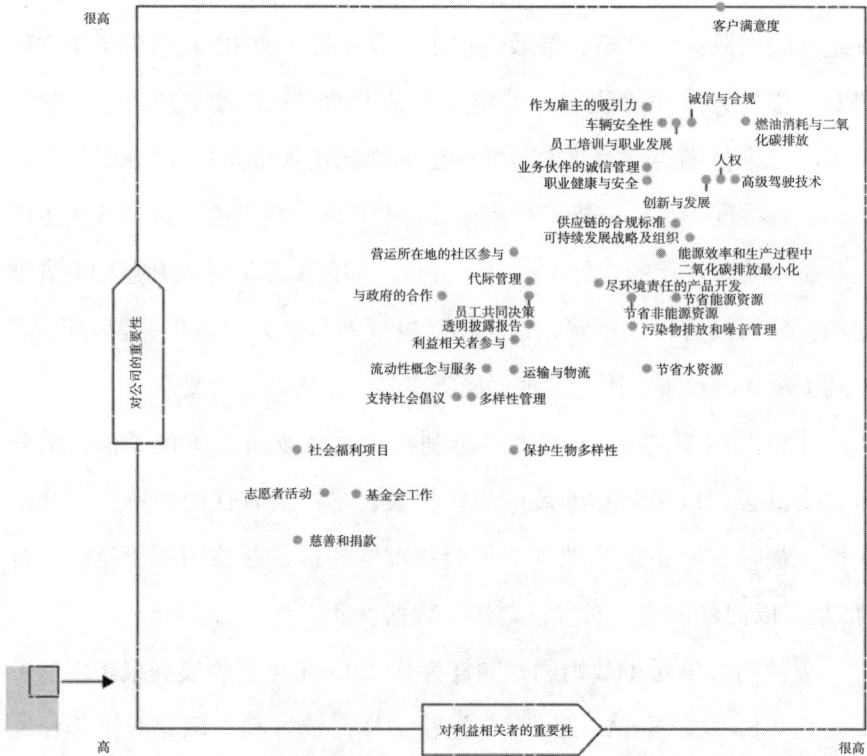

图 6A.2　戴姆勒的重要性矩阵

来源：戴姆勒公司：《2012 年可持续发展报告》。[Daimler, Sustainability Report 2012.]

在 2011 年的可持续发展报告中，戴姆勒加入了重要性分析流程图（见图 6A.3），用以显示矩阵建构的流程。戴姆勒同时开展了第一次在线调查，"从 2012 年 11 月 15 日到 12 月 14 日的四周时间内，在网址'daimler.com'向所有利益相关者开放"。[13]调查共收到约 700 份回复。与福特一样，戴姆勒给予一些利益相关者群体（如股东、客户、供应商、员工、非政府组织等）的权重，相比另一些未具名的利益相关者群体要多。[14]不过，同福特一样，关于这些权重如何影响议题在 Y 轴上的位置，戴姆勒没有给出任何分析细节。

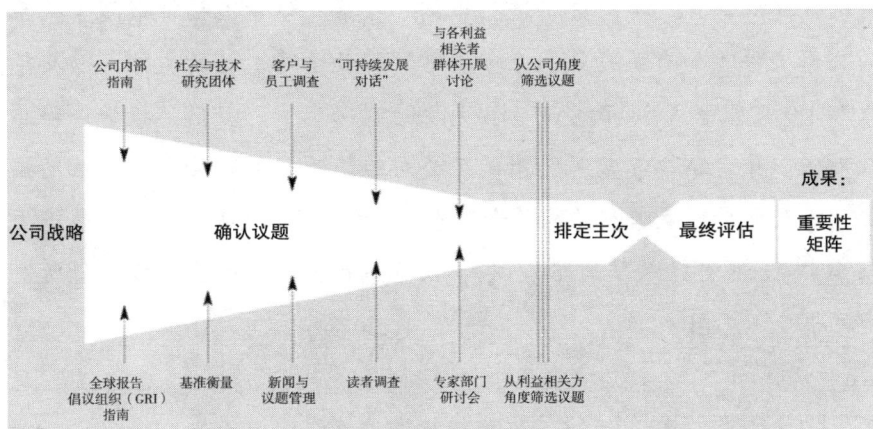

图 6A.3　戴姆勒的重要性矩阵建构流程

来源：戴姆勒公司：《2011 年可持续发展报告》。[Daimler, Sustainability Report 2011.]

注　释

[1]考察范围涵盖了福特从 2004/2005 年至 2012/2013 年的重要性矩阵（因无法获得 2009/2010 年的矩阵，故而未纳入考察范围）。

[2]福特每两年对此作一次更新。

［3］福特公司："我们的可持续发展蓝图"，"分析流程概述"。［Ford，Sustainability 2011/12，Our Blueprint for Sustainability，Overview of the Analysis Process，http：//corporate.ford.com/microsites/sustainability-report-2012-13/blueprint-materiality-analysis，accessed December 2013.］

［4］同上。

［5］在可持续发展报告的语境下对重要性作此澄清，始于福特为2006/2007年可持续发展报告建构的重要性矩阵。在2011/2012年的可持续发展报告中，福特大幅更新了重要性分析流程。其依据是AccountAbility的三步建议：（1）识别重大业务议题；（2）排定这些议题的优先顺序；（3）对分析进行审阅。在第一步中，福特审阅了一系列公司文件（如有关政策、业务战略和绩效追踪工具的文件，以及年报和10-K报告等）、向外部利益相关者（如客户、社区、投资者和非政府组织等）征求了意见、审阅了公司组织的利益相关者参与活动摘要，以及更广泛反映利益相关者观点的文件（如《G3可持续发展报告指南》《Ceres可持续发展路线图》，以及尽社会责任的主流投资者所发布的报告）。（同上。）

［6］同上。

［7］这些文件包括《Ceres可持续发展路线图》［Ceres Roadmap for Sustainability（http：//www.ceres.org/resources/reports/ceres-roadmap-to-sustainability-2010/view，accessed May 2014）］、消费者趋势和态度报告，以及尽社会责任的主流投资者所发布的报告。（同上。）

［8］同上。

［9］福特公司："2012/2013年可持续发展情况"，"我们的可持续发展蓝图"，"鉴证"。［Ford，Sustainability 2012/13，Our Blueprint for Sustainability，Assurance，http：//corporate.ford.com/microsites/sustainability-report-2012-13/review-assurance#fn01，accessed December 2013.］

〔10〕戴姆勒公司：《2012 年可持续发展报告》，"关于报告"，"重要性矩阵"。〔Daimler，Sustainability Report 2012，About this report，Materiality matrix，http：//sustainability.daimler.com/reports/daimler/annual/2013/nb/English/7520/materiality−matrix.html，accessed December 2013.〕

〔11〕重要性矩阵在戴姆勒 2011 年的可持续发展报告中首次出现，且该报告对评分"较高""很高"和"极高"的议题分类定义更为清晰。（《戴姆勒 360：2011 年可持续发展相关情况》，第 11 页。）〔Daimler 360，Facts on Sustainability 2011，http：//sustainability.daimler.com/daimler/annual/2013/nb/English/pdf/DAI_2011_sustainability_en.pdf，p.11，accessed December 2013.〕

〔12〕戴姆勒公司：《2012 年可持续发展报告》。〔Daimler，Sustainability Report 2012.〕

〔13〕同上。

〔14〕戴姆勒之后又进一步加深了重要性分析，且相比 2011/2012 年时有了大幅改变。2013 年的可持续发展报告将矩阵替换为表格，以更透明、准确地呈示重要性分析结果。该重要性分析的核心是一项公开利益相关者调查。在调查期间，共收到超过 800 份回复。除此之外，戴姆勒在德国和国际市场都开展了"可持续发展对话"，对议题进行定性讨论。报告中，从公司角度对可持续发展议题的分析反映了戴姆勒管理委员会、可持续发展委员会和可持续发展办公室的评估意见。更多信息请见：戴姆勒公司：《2013 年可持续发展报告》。〔For more information see，Daimler，Sustainability Report 2013，http：//sustainability.daimler.com/reports/daimler/annual/2014/nb/English/7520/materiality−analysis.html，accessed June 2014.〕

附录 B　考察重要性矩阵的方法

　　我们研究了 91 家公司在网站上发布的重要性矩阵。为了准确地考察公司当前的做法，我们将搜索范围限制在 2010 年以来发布或更新的矩阵。通过在线搜索，我们确认了首批 16 家公司，然后以下列 4 处来源确认的公司作为补充。其中，10 家公司来自 Framework 公司在 2011 年发布的报告《重要性之桥》(The Materiality Bridge)。14 家公司来自 Fronesys 公司在 2011 年发布的报告《重要性的前景》(Materiality Futures)。荷宝 SAM（ RobecoSAM ）从针对 2000 家公司的 "企业可持续发展评估"（ Corporate Sustainability Assessment ）中提供了专利数据。[1]这 2000 家公司是标准普尔全球市场指数（ S&P Global Broad Market Index ）的代表性样本，在选取过程中以地理位置与所处行业为据，以期准确反映标准普尔总体中约 10000 家公司的情况。荷宝 SAM 对这些公司作了评估，寻找了包括公司的重要性流程说明、重要性矩阵、重要性议题讨论等信息。我们在荷宝 SAM 研究的基础上，确认了 42 家公司的重要性矩阵，并将这些公司纳入了我们的考察。最后，通过第七章对价值总览报告的分析，我们确认并加入了另外 9 家公司。

　　重要性矩阵或单独列于公司网站，或列于公司报告之中（公司年度报告、可持续发展报告，或价值总览报告）。我们评估的对象包括重要性矩阵与其周围的文本或链接。我们的分析从三个方面展开，分别是：利益相关者、矩阵建构、目的与用途。

利益相关者

● 公司是否对如何确认利益相关者群体作出解释?

● 公司是否对利益相关者参与流程作出解释?

● 有多少利益相关者群体参与了与公司的互动?

矩阵建构

● X 轴如何标记?

● Y 轴如何标记?

● X 轴或 Y 轴的标记是否有时间要素(如当前/日趋/未来)?

● 重要性矩阵中包括了多少议题?

● 议题是否得到定义或解释?

● 议题是否通过颜色或符号分类?

● 公司是否改变议题圆点大小?

● 是否用箭头在重要性矩阵上指示议题位置随时间移动的情况?

● 矩阵是否具有交互功能?

● 议题评分方法是否得到解释?

● 坐标轴所用标度(数字/类别/未使用)为何?

目的与用途

● 公司使用矩阵是为报告目的还是管理目的?(以重要性矩阵周围文本为本问题的参考。管理目的指利益相关者参与或资源配置。)

公司名称和出处、矩阵发布时间和链接请参见表 6B.1。

表 6B.1 公司重要性矩阵考察

公司	出处	年份	链 接
安讯能（Acciona）	荷宝 SAM	2012	http://annualreport2012.acciona.com/media/31795/Annual_Report_2012.pdf
旭硝子株式会社（ASAHI GLASS COLTD）	荷宝 SAM	2013	http://www.agc.com/english/csr/book/pdf/agc_report_2013e.pdf，P. 20
美国电话电报公司（AT&T）	Framework 公司	2010	http://www.att.com/gen/corporate-citizenship？pid=24331
阿特拉斯·科普柯（ATLAS COPCO）	荷宝 SAM	2012	http://www.atlascopco.com/microsites/images/atlas%20copco%20annual%20report%202012_tcm17-3522782_tcm411-3526280.pdf
波尔公司（Ball Corporation）	Framework 公司	2011	https://www.ball.com/materiality/
巴西银行（BANCO DO BRASIL）	荷宝 SAM	2012	http://ww45.bb.com.br/docs/ri/ra2012/eng/ra/06.htm
巴斯夫（BASF）	在线搜索	2013	http://www.basf.com/group/corporate/en/sustainability/management-and-instruments/global-materiality-matrix
拜耳（Bayer）	Fronesys 公司	2013	http://www.annualreport2013.bayer.com/en/homepage.aspx
宝马（BMW）	Fronesys 公司	2012	http://www.bmwgroup.com/e/0_0_www_bmwgroup_com/verantwortung/svr_2012/nachhaltiges_wirtschaften.html
Braskem	在线搜索	2012	http://rao2012.braskem.com/media/pdf/RAB12_PDF_completo_in.pdf
英国电信集团（BT GROUP PLC）	荷宝 SAM	2013	https://www.btplc.com/betterfuture/betterbusiness/betterfuturereport/report/strat/mat.aspx

续　表

公　司	出　处	年份	链　接
凯克萨银行（CAIXA BANK）	荷宝 SAM	2011	http://multimedia.lacaixa.es/lacaixa/ondemand/criteria/gri/2011/indicadores_gri_ing/files/assets/downloads/publication.pdf
金宝汤（Campbell's Soup）	Framework 公司	2013	http://csr.campbellsoupcompany.com/csr/pages/success/materiality-analysis.asp#.UvGgNRBdVQF
嘉士伯（Carlsberg）	在线搜索	2011	http://www.carlsberggroup.com/csr/ReportingonProgress/overview/Materialityanalysis/Pages/MaterialityMatrix.aspx
塞米克（CEMIG）	第七章分析	2010	http://www.cemig.com.br/es-es/la_cemig/Documents/Relatrio%20Cemig%202010%20（Ingles）%20（Baixa）.pdf
思科（Cisco）	Framework 公司	2013	http://www.cisco.com/assets/csr/pdf/CSR_Report_2013.pdf
COCA-COLA HBC	荷宝 SAM	2012	http://integratedreport.coca-colahellenic.com/
戴姆勒（Daimler）	Fronesys 公司	2013	http://sustainability.daimler.com/reports/daimler/annual/2013/nb/English/7520/materiality-matrix.html
大和房建（DAIWA HOUSE）	荷宝 SAM	2012	http://www.daiwahouse.com/english/groupbrand/ar/pdf/daiwahouseAR2012E_2.pdf
丹尼斯克（Danisco）	Fronesys 公司	2011	http://cdn.danisco.com/uploads/tx_tcdaniscofiles/danisco_sustanability_report_2010-11_04.pdf
德勤（Deloitte）	在线搜索	2013	http://public.deloitte.com/media/0565/5-reporting-process.html
德国电信（Deutsche Telekom）	Fronesys 公司	2012	http://www.cr-report.telekom.com/site13/strategy-management/stakeholder-involvement/stakeholder-expectations#atn-1341-1679，atn-1341-1678

续　表

公　司	出　处	年份	链　接
斗山重工 （DOOSAN HEAVY INDUSTRIES & CONSTRUCTION）	荷宝 SAM	2012	http：//org-www.doosan.com/doosanheavy/attach_files/report/english/2012_ report.pdf
斗山工程机械 （DOOSAN INFRACORE）	荷宝 SAM	2012	http：//org-www.doosan.com/doosaninfracore/attach_files/csr_report/2012%20 Doosan%20Infracore%20Integrated%20Report_en.pdf
陶氏化学（Dow Chemical）	Framework 公司	2012	http：//www.dow.com/sustainability/pdf/35865-2012%20Sustainability%20 Report.pdf
DURATEX	荷宝 SAM	2012	http：//www.duratex.com.br/ri/en/download/Duratex_RA_12.pdf
葡萄牙电力公司 （EDP ENERGIAS DE PORTUGAL）	荷宝 SAM	2012	http：//www.edp.pt/en/sustentabilidade/partesinteressadas/Pages/ partesinteressadas.aspx
伊莱克斯（ELECTROLUX）	荷宝 SAM	2012	http：//annualreports.electrolux.com/2012/en/sustainability/valuechain/ materialitymapping/materiality-mapping.html
伊纳燃气公司 （ENAGAS SA）	荷宝 SAM	2012	http：//www.enagas.es/cs/StaticFiles/ENAGAS/Informe_Anual_2012/en/Annual_ ReportWEB_2012/pubData/source/Annual_Report_2012.pdf
意大利国家电力公司（Enel）	在线搜索	2012	http：//www.enel.com/en-GB/sustainability/our_responsibility/materiality_ matrix/
意大利埃尼集团（Eni）	Fronesys 公司	2012	http：//www.eni.com/en_IT/sustainability/reporting-system/materiality/ materiality-analysis.shtml

续 表

公 司	出 处	年份	链 接
德国意昂集团（Eon）	Fronesys 公司	2012	http：//www.eon.com/en/sustainability/approach/stakeholder-management/materiality-analysis.html
福特（Ford）	Fronesys 公司	2013	http：//corporate.ford.com/microsites/sustainability/sustainability-report-2012-13/blueprint-materiality-analysis
法兰克福机场集团（Fraport）	荷宝 SAM	2012	http：//www.fraport.com/en/sustainability/sustainability-management/strategy-and-goals/wesentlichkeitsmatrix.html
友诚国际（Friends Life）	Fronesys 公司	2012	http：//www.friendslife.com/crreport/overview/material-issues.jsp
格西那（GECINA）	荷宝 SAM	2012	http：//www.gecina.fr/fo/fileadmin/user_upload/docs_finance/Rapport%20Document%20reference/2013/RSE-EXPERT_VA.pdf
南美投资集团（GRUPO DE INVERSIONES SURAMERICANA）	荷宝 SAM	2012	http：//www.gruposuramericana.com/en/Annual%20Reports/Annual_Report_2012.pdf
努特雷萨集团（GRUPO NUTRESA）	荷宝 SAM	2012	http：//www.gruponutresa.com/es/webfm_send/274
GS 建设公司（GS ENGINEERING & CONSTRUCTION）	荷宝 SAM	2011	http：//public.thecorporatelibrary.net/Sustain/sr_2011_313140.pdf
喜力（Heineken）	Framework 公司	2012	http：//www.sustainabilityreport.heineken.com/overview/brewing-a-better-future/where-to-now.html

续 表

公 司	出 处	年份	链 接
亨氏（Heinz）	在线搜索	2011	http：//www.heinz.com/CSR2011/about/materiality_analysis.aspx#
蒂则诺纺织工业公司（Industria de Diseño Textil）	荷宝 SAM	2012	http：//www.inditex.com/investors/investors_relations/annual_report
英特尔（Intel）	Framework 公司	2012	http：//csrreportbuilder.intel.com/PDFFiles/CSR_2012_Full-Report.pdf
凯米拉（Kemira）	荷宝 SAM	2012	http：//www.kemiraannualreport2011.com/sustainability-performance/our-approach/materiality-matrix
韩国电力公司（Kepco）	在线搜索	2012	http：//www.kepco-enc.com/webzine_business-kopec/sr_2012_e.pdf
荷兰皇家电信（KONINKLIJKE KPN NV）	荷宝 SAM	2013	http：//www.kpn.com/v2/static/annualreport-2012/english/pdf/sr/kpn-csr-2012-complete.pdf
韩国电信（KT CORP）	荷宝 SAM	2012	http：//file.kt.com/kthome/eng/social/csrReport/csr03/SR_eng_2013_full.pdf
拉希拉和迪卡诺亚公司（Lassila & Tikanoja）	第七章分析	2012	http：//www.lassila-tikanoja.fi/annualreport2012/PDF/LT_Annual_Report_2012%20-%20suojattu.pdf
Lemminkäinen	第七章分析	2012	http：//www.lemminkainen.com/Global/Investors/Annual-reports/Annual%20report%202012.pdf
马士基（Maersk）	第七章分析	2012	http：//www.maersk.com/Sustainability/Documents/Maersk_Sustainability_Report_2012.pdf
玛氏（Mars）	在线搜索	2011	http：//www.mars.com/global/about-mars/mars-pia/our-approach-to-business/defining-our-approach.aspx

续　表

公　司	出　处	年份	链　接
米勒康胜（Miller-Coors）	在线搜索	2012	http：//www.millercoors.com/GBGR/Brewing-for-Good/Materiality-Map-Information.aspx
Mountain Equipment Co-Op	在线搜索	2013	http：//www.mec.ca/media/Images/pdf/accountability/MEC_2013_materiality_matrix_v2_m56577569831501444.pdf
NATURA COSM É TICOS SA	荷宝 SAM	2012	http：//natura.infoinvest.com.br/enu/4381/RA_NATURA_2012_ENG_Final.pdf
耐斯特石油公司（NESTE OIL OYJ）	荷宝 SAM	2012	http：//www.nesteoil.com/default.asp？path=1，41，12079，12082，17615
雀巢（Nestle）	荷宝 SAM	2013	http：//www.nestle.com/csv/what-is-csv/materiality
诺保科技股份公司（NOBEL BIOCARE HOLDING AG）	荷宝 SAM	2012	http：//corporate.nobelbiocare.com/Images/en/2012_AnnualReport_final_3_tcm269-61852.pdf
诺维信（Novozymes）	第七章分析	2013	http：//www.unglobalcompact.org/system/attachments/62021/original/NovozymesReport2013_COP.pdf？1391154433
欧姆龙（OMRON）	荷宝 SAM	2010	http：//www.omron.com/about/csr/pdf_inquiry/pdf/report_2010/report_e2010.pdf
奥托昆普（OUTOKUMPUOY）	荷宝 SAM	2012	http：//reports.outokumpu.com/en/2012/sustainability/reporting-on-sustainability/focus-on-material-issues/
巴西国家石油公司（Petrobras）	Fronesys 公司	2012	http：//investidorpetrobras.com.br/en/governance/sustainability-report/relatorio-de-sustentabilidade-detalhe-4.htm
普华永道（PwC）	在线搜索	2013	http：//www.pwc.co.uk/corporate-sustainability/materiality.jhtml

续　表

公　司	出　处	年份	链　接
荷兰皇家帝斯曼集团（ROYAL DSM NV）	荷宝 SAM	2012	http：//annualreport2012.dsm.com/downloads/DSM-Annual-Report-2012.pdf
太阳联合保险（RSA INSURANCE GROUP PLC）	荷宝 SAM	2012	http：//www.rsagroup.com/rsagroup/dlibrary/documents/35403_RSA_CR_Report_03May.pdf
萨伊博姆（SAIPEM SPA）	荷宝 SAM	2012	http：//saipemcsr2012.message-asp.com/en/reporting/methodology-and-reporting-criteria
三星（Samsung）	在线搜索	2013	http：//www.samsung.com/us/aboutsamsung/sustainability/sustainabilityreports/download/2013/2013_Sustainability_Report.pdf
三星人寿保险（SAMSUNG LIFE INSURANCE）	荷宝 SAM	2011	http：//www.samsunglife.com/companyeng/pdf/2010_2011_SR_eng_full_page.pdf
SAP	荷宝 SAM	2010	http：//archive.sapsustainabilityreport.com/2010/be-heard
西门子（Siemens）	在线搜索	2013	http：//www.siemens.com/sustainability/en/sustainability-at-siemens/materiality.htm
新加坡交易所（Singapore Exchange）	第七章分析	2103	http：//files.shareholder.com/downloads/ABEA-69RPAC/2954394182x0x686021/68D2ADDE-5720-4A19-8903-7D5E33E38069/Singapore_Exchange_Annual_Report_2013.pdf
SK 海力士（SK HYNIX）	荷宝 SAM	2012	http：//www.skhynix.com/inc/pdfDownload.jsp？path=/ko/sustainable/sustain/2012SK_hynix_en.pdf
鲜京电信（SK TELECOM）	荷宝 SAM	2012	http：//www.sktelecom.com/en/social/list_persist_report.do

续表

公　司	出　处	年份	链　接
史泰博·澳大利亚（Staples Australia）	Framework 公司	2012	http://www.staples.com/sbd/cre/marketing/australia_soul/staples-soul-reporting-approach.html#id_ra2
美国道富银行（State Street）	Framework 公司	2012	http://www.statestreet.com/better/documents/2012/StateStreet_CR2012_Report.pdf
挪威国家石油公司（Statoil）	第七章分析	2012	http://www.statoil.com/AnnualReport2012/en/Download/Download%20Center%20Files/01%20Key%20downloads/20%20Sustainability%20Report%202012/Sustainability.pdf
瑞士电信（SWISSCOM）	荷宝 SAM	2013	http://report.swisscom.ch/sites/all/themes/swisscom/pdf/Swisscom_AR_2013_EN.pdf
赛门铁克（Symantec）	Framework 公司	2013	http://www.symantec.com/corporate_responsibility/topic.jsp？id=priority_issues
意大利电信（TELECOM ITALIA SPANEW）	荷宝 SAM	2012	http://www.telecomitalia.com/tit/en/sustainability/our-approach/hot-topics/our-materiality-matrix.html
西班牙电信（Telefonica）	在线搜索	2012	http://annualreport2012.telefonica.com/informe-sostenibilidad/analisis-de-materialidad/matriz-de-materialidad.html
TELENET 集团	荷宝 SAM	2011	http://corporate.telenet.be/_webdata/materiality_matrix_0.pdf
香港上海大酒店（HSH）	第七章分析	2012	http://www.hshgroup.com/en/~/media/Files/HSHGroup/Investor_Relations/Financial_Results/2012/Annual_Report/AR_2012_C15.ashx
汤森路透（Thomson Reuters）	在线搜索	2012	http://blog.thomsonreuters.com/index.php/materiality-matrix/

续 表

公 司	出 处	年份	链 接
TüV 德国莱茵集团 （TüV Rheinland）	Fronesys 公司	2011	http：//www.tuv.com/media/geschaeftsbericht/2011/new_en/pdf_6/TUV_CR11_Sustainability_EN.pdf
瑞银集团（UBS）	在线搜索	2013	https：//www.ubs.com/global/en/about_ubs/corporate_responsibility/commitment_strategy/materiality-matrix.html
芬欧汇川 （UPM-KYMMENE CORP）	荷宝 SAM	2012	http：//www.upm.com/EN/RESPONSIBILITY/Principles-and-Performance/gri/Documents/UPM%20annual%20report%202012.pdf
乌斯米纳斯（Usiminas）	荷宝 SAM	2011	http：//www.usiminas.com/irj/servlet/prt/portal/prtroot/pcd！3aportal_content！2fusiminas！2fcomum！2fconteudo！2fiviews！2fbr.com.su.i.iview.JAI_iView_Publica_do_KM/prtl_est/Corporativo/RelatorioDeSustentabilidade/2011/eng/ra/14.htm
沃达丰（Vodafone）	Fronesys 公司	2013	http：//www.vodafone.com/content/dam/sustainability/pdfs/vodafone_sustainability_report_2012_13.pdf
大众（Volkswagen）	Fronesys 公司	2012	http：//annualreport2012.volkswagenag.com/managementreport/value-enhancingfactors/csrandsustainability.html
西太平洋银行 （WESTPAC BANKING）	荷宝 SAM	2011	http：//www.westpac.com.au/docs/pdf/aw/WestpacGroup_2011_Annual_Review.pdf
威普罗（Wipro）	Fronesys 公司	2012	http：//www.wipro.com/Documents/GRI_2011_12.pdf
芬兰 YIT 公司	第七章分析	2012	http：//vuosikertomus2012.yit.fi/en/corporate-responsibility/responsibility-our-way-working/materiality-matrix

注 释

[1] 特此感谢塞茜尔·朱瑞（Cecile Churet）与荷宝 SAM 提供的数据。

第七章

报告质量

在第三章中，我们将公司对价值总览报告的采用列为价值总览报告运动势头的关键指标。不过，我们也在第二章中讨论了"合并"报告和真正"价值总览"报告之间的差异。在第六章中，我们说明了在公司编制可持续价值矩阵时，不守纪律而产生"漂绿"的情况。作价值总览报告的公司绝对数量的多寡固然重要，然而，报告的质量才是最重要的。这些价值总览报告的全面性和可比性如何，首先取决于价值总览报告框架及非财务信息报告标准的质量。虽然公司可通过其他方式完成价值总览报告，但应用上述框架和标准的效果，将决定价值总览报告对投资者的实用程度。

为评估报告质量，我们以 2013 年 7 月公布的《国际〈IR〉框架征求意见稿》(Consultation Draft of the International <IR> Framework，简称《意见稿》) 为背景，分析了 124 家上市公司自行声明的价值总览报告。[1]报告来源为全球报告倡议组织（GRI）"可持续发展披露数据库"（Sustainability Disclosure Database）2013 年 10 月 17 日的信息，其中 100 份取自 135 家非南非公司。之后，我们又加入了 24 份南非年收益最高上市公司的报告。分析团队从 2013 年 10 月 8 日开始工作，至 2014 年 3 月 14 日结束。在此期间，团队开展了不计其数的电话会议，对研究和分析进行讨论。团队投入了 400 多个小时对各份报告的数据模板均作了编码，而后用了 500 个小时左右对数据进行汇总和分析。[2]

虽然使用上述报告编制时尚不存在的框架来分析这些报告，似乎有些不合常理，但我们可以以此衡量在价值总览报告运动的早期，公司出于直觉遵循的原则是否与 2013 年 12 月发布的《国际〈IR〉框架》(The International <IR> Framework，简称《框架》) 相符。如果公司的实践契合《框架》的建议，就不仅认可了《框架》的价值，还暗示应用《框架》的难度处于合理区间。[3]

在将公司报告与《意见稿》比对时，评分以 7 个"内容元素"、"六大资本"和 7 项"特别要素"，总计 20 项因素为基础。各项因素的分数区间为 0 分（最低）到 3 分（最高），意即每份报告的最高总分为 60 分。根据"内容元素""六大资本"和"特别要素"的分类，我们还计算了单类评分。尽管评分时一定程度的主观性难以避免，但我们采取了多个步骤，以在不同报告和评分者之间，尽可能确保结果的一致性和准确性。第七章附录对我们所用的方法作了详细解释。

我们在分析工作开始前，对报告质量并无既定预期，但最终结果仍让我们感到惊喜。虽然存在较大差异，但平均来说，上述 100 家南非以外的公司报告质量尚可。南非的 24 家公司显然做得更好，这主要是由于《金氏报告与规则（第三版）》（King III，简称《金氏（第三版）》）和南非价值总览报告委员会的《价值总览报告框架讨论文件》（IRCSA Discussion Paper，简称《讨论文件》）的出台，让这些公司在编制价值总览报告方面已积累了至少两年经验，而且也根据受众的反馈和向其他公司的学习对报告质量作了改进。不过，在上述两组样本中都存在明显的不足。如下所述，这些不足包括"内容元素"中的"前景展望"，以及"特别要素"中的"信息连通性"和"利益相关者参与"等。

一、六大资本

《国际〈IR〉框架》特别强调，公司应以价值总览报告和价值总览思维为视角，善用六大资本（金融资本、制造资本、自然资本、智力资本、人力资本，以及社会与关系资本），在"短期、中期和长期创造价值"。[4]尽管第二章已作过讨论，图 7.1 是对这一点的再次说明。[5]

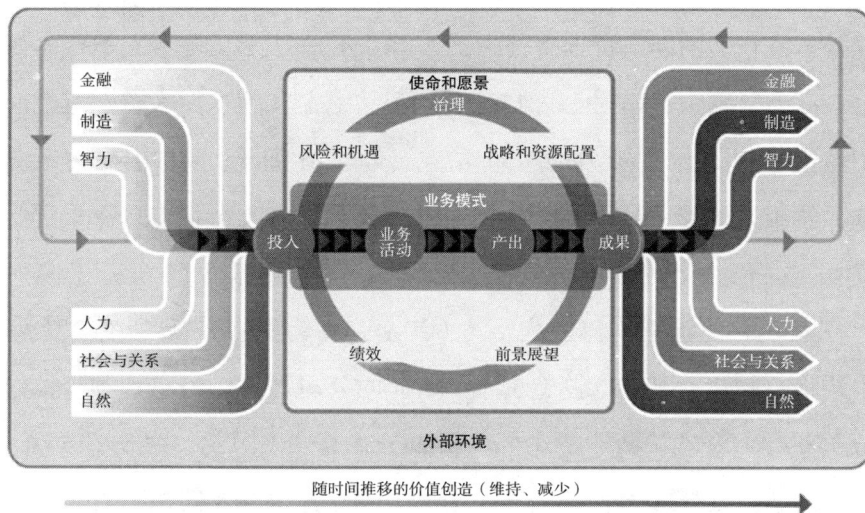

图 7.1　《国际〈IR〉框架》价值创造过程

来源：国际价值总览报告委员会：《国际〈IR〉框架》，第 13 页。[International Integrated Reporting Council, The International <IR> Framework, p.13, http://www.theiirc.org/international-ir-framework/, accessed April 2014.]

所有 124 家公司六大资本方面的平均得分为 2.0，其中有 25 家六大资本均得到 3 分。大多数公司各大资本均得到 2 分或 3 分，比例分别为：金融资本（85.5%）、制造资本（67.7%）、自然资本（82.2%）、人力资本（83.1%）、智力资本（71.8%），以及社会与关系资本（80.7%）。南非的公司平均分为 2.29，其他公司平均分为 1.98。我们将巴西塞米克公司[6]（CEMIG）、芬兰 Lassila & Tikanoja 公司[7]、新加坡证券交易所[8]（Singapore Stock Exchange）、西班牙 Inditex 公司[9]、斯洛文尼亚电信公司[10]（Telekom Slovenije）和南非 AngloGold Ashanti 公司[11]所作的披露

267

视为佳例。

各大资本之间平均分数差异较小，最高分与最低分的差值为 0.33（见图 7.2）。很可能由于样本公司中 17 家属于金融行业，故而同该行业基本不相关的制造资本得分最低（1.83 分）。人力资本和自然资本得分最高，分别为 2.16 分和 2.15 分，可见多数公司视这两大资本与价值创造密切相关。[12]智力资本同样得分较低（1.93 分）。社会与关系资本尽管难以计量，然而得分一样偏低，说明许多公司不将之视为重要资本。

南非的公司平均得分为 2.29（其余公司为 1.98），且所有六大资本均得分较高。其中，制造资本（南非的公司平均 2.29 分，其余 1.72分）和智力资本（南非公司平均 2.29 分，其余 1.84 分）的分差最大。前者的原因在于多数南非公司（54%）经营范围涉及能源、食品、金属、制药和电信等依赖制造资本的行业。[13]

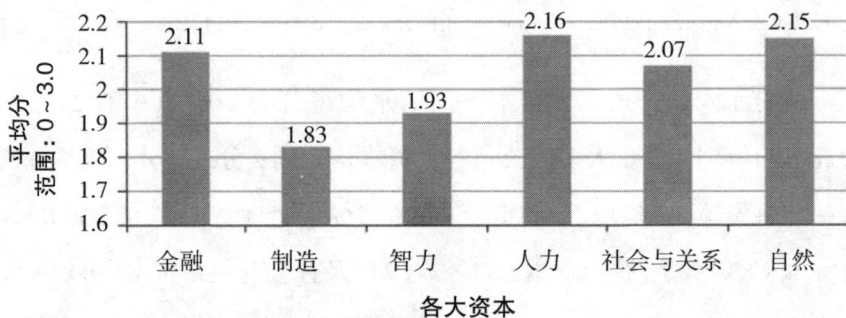

图 7.2　各大资本平均分

二、内容元素

　　我们评估的七个"内容元素"平均得分为 2.1，与六大资本的得分大致相当。其中，有 25 家公司所有内容元素均得到 3 分。同样，大多数公司每个内容元素均得到 2 分或 3 分，比例分别为：机构概述和外部环境（86.3%）、治理（83.1%）、风险和机遇（71.8%）、战略和资源配置（78.2%）、业务模式（78.2%）、绩效（86.3%）、前景展望（71.8%）。我们视巴西银行[14]（Banco do Brasil）、优美科公司[15]（Umicore）、南非 Kumba 矿业公司[16]（Kumba Iron Ore）、英杰华集团[17]（Aviva）、BAE 系统公司[18]（BAE Systems）、SGS 集团[19]（Société Générale de Surveillance）和先正达公司[20]（Syngenta）为各内容元素方面报告的佳例。

　　内容元素的平均得分差异甚小，最高分与最低分的差值为 0.30（图 7.3）。"风险和机遇"（2.03 分）、"未来展望"（1.93 分）是得分最低的两个元素。这些较低的分数或许显示出，讨论未来导向的议题，本身即缺乏清晰度；而公司方面也有与之相伴的顾虑，在诉讼频仍的环境中尤其如此。

　　南非公司的所有内容元素均得分较高，平均分为 2.35，而南非以外公司的平均分为 2.06（与六大资本的得分差值相近）。内容元素"治理"平均得分最高（南非公司平均 2.5 分，其余 2.11 分），"机构概述和外部环境"（2.46 分）与之不相上下。鉴于南非公司的价值总览报告可追溯至关于公司治理的《金氏（第三版）》，内容元素"治理"获得的高分也就不足为奇了。即便是南非公司得分最低的两个内容元素

"风险和机遇"（南非公司平均 2.29 分，其他公司 1.97 分）和"前景展望"（南非公司平均 2.21 分，其他公司 1.86 分），也比南非之外的公司得分要高。

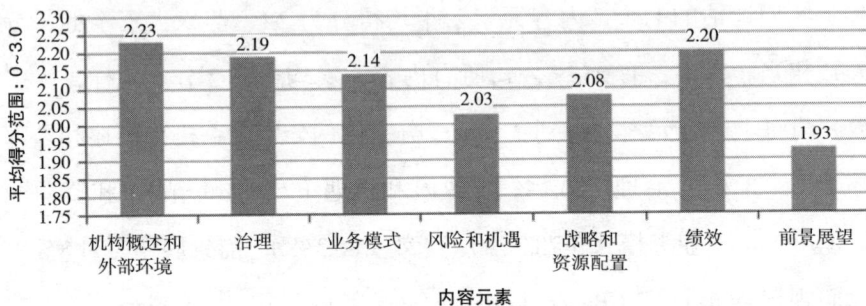

图 7.3　内容元素平均得分

　　我们将上述简单的量化分析进一步加深，将得到识别的典型公司做法与《国际〈IR〉框架》的意图作了对照。我们发现，即便当公司就某一内容元素作了充分说明时，信息也常散落于报告的不同部分。术语不一致的现象很普遍。因此，虽然公司各元素的平均得分较高，但几乎所有报告，根据《国际〈IR〉框架》关于信息连通性和列报规范的指导原则，都尚需要大幅的改进：

　　　　当价值总览报告的结构逻辑性强、列报规范、使用清晰易懂的通俗语言，并且运用有效的搜索工具（如清晰分明但相链接的章节和交叉索引）时，其信息连通性和整体实用性会得到提高。在这种情况下，可以借助信息和沟通技术，提高对信息的搜索、访问、合并、连接、自定义、重新使用或分析能力。[21]

尽管少数报告可称得上"结构逻辑性强、列报规范、使用清晰易懂的通俗语言",但很少有报告做到"运用有效的搜索工具(如清晰分明但相链接的章节和交叉索引)"。借助信息和沟通技术,"提高对信息的搜索、访问、合并、连接、自定义、重新使用或分析能力"的报告,则几乎没有。因此,要想解读这些价值总览报告如何"合零为整",仍免不了要花费很多的精力。

(一)机构概述和外部环境

《国际〈IR〉框架》问道:"机构从事什么业务,机构在什么样的环境下运营?"[22]并且说明了什么应纳入回答。不过,《框架》有意没有对报告的格式作出规定。[23]我们发现,公司对此问题的回答不存在一致的做法,而是常常与其他内容元素,如业务模式和/或绩效相关的信息(如财务绩效,有时又与金融资本联系)混合在一起。而且,报告中若提供机构概述,其出现的位置也各不相同。举例说,在线价值总览报告中可能包含指向公司网站另一部分,如"公司概况""关于我们""简况说明"等页面的链接,而使用者在打开后仍需要再次搜索所需的信息。

(二)治理

《国际〈IR〉框架》问道:"机构的治理结构如何支持机构在短期、中期和长期创造价值?"[24]与机构概述不同,多数公司在报告中划出了单独、明确的章节,对公司治理进行讨论。之所以这样,很可能是由于多数国家都有将公司治理设为专门议题的相关规定。不过,我们仍然发现公司对议题的处理存在很大差异。有些动用报告中相当长的篇幅（不下于几十页），给出了公司治理诸多方面（如管理层薪酬等）的细节，有时还包括对风险的讨论（但一般不涉及因捕捉机遇而产生的风险）。有些公司则篇幅甚短，且语焉不详。关于上述篇幅的差异存在许多解释，包括法定报告要求所起的作用、公司对议题持"合规即可"或"签到即可"的态度，或是公司根本不知对该议题应如何讨论才好。而且，对这一议题的处理鲜有明确设定时间范围的例子。

（三）业务模式

《国际〈IR〉框架》问道："机构的业务模式是什么？"[25] 如图 7.1 所示，机构如何在短期、中期和长期创造价值是《框架》的核心。《框架》强调，提高业务模式说明有效性和可读性的方法，包括确认业务模式的关键要素、（就这些要素对机构的相关性）辅以说明文字的简单图表[26]、基于机构特定情况的合理文字陈述、识别对关键利益相关者的依赖性及影响外部环境的重要因素等。[27]

根据指导原则，大多数对业务模式的讨论都可通过加强"信息连通性"得到改善。尽管有些公司合并了对业务模式的说明和对绩效的讨论，但明确定义业务模式与短期、中期和长期价值创造之间关系的例子，我们一个也没有找到。与内容元素"治理"一样，我们同时注意到公司对业务模式的讨论存在很大差异，而且没有一例使用了《国际〈IR〉框架》推荐的方法来提高有效性和可读性。在业务部门的层面，有些公司给出了详细的说明，包括对公司市场和战略，以及在资源配置过程中如何使用资本的讨论。不过，很少有公司将资本本身与资本的投入、活动、产出和影响过程作明确的联系。

（四）风险和机遇

《国际〈IR〉框架》问道："影响机构短期、中期和长期创造价值能力的具体风险和机遇是什么，机构如何应对这些风险和机遇？"[28]相关风险和机遇会影响公司在短期、中期和长期价值创造所需资本的可获得性、质量和可承受性。[29]在我们分析的报告中，很少有对风险或机遇作全面讨论的公司。总体来说，对这一内容元素（尤其是机遇方面）的讨论，相较对"机构概述和外部环境"的讨论，甚至更加分散。这常常可以归因于公司对机遇和风险的不同表述方式。当公司视风险和机遇为同一硬币的正反面时，就会将之放在一起，并与两者间的相互依赖关系一道讨论。若非如此，则机遇就会分散于报告多处，如位于"前景展望"部分（其本身也是内容元素之一），或位于对六大资本之一的讨论中（如与研发投资一道讨论）。或许由于报告监管要求，风险成为报告独立章节的情况更为常见。不过，对风险的讨论同样散落于"重要性""公司治理"等章节，甚至位于内容更宽泛的"关于报告"或"关于我们"章节。

（五）战略和资源配置

《国际〈IR〉框架》问道："机构的目标是什么，机构如何实现这一目标？"[30]对这一问题的回答应包括关于公司短期、中期和长期战略目标的声明、实现这些目标的做法、实施战略的资源配置计划，以及在不同时间范围内衡量业绩和成果的方法。[31]我们发现，"战略和资源配置"是报告内容元素当中最为含糊的一个，不仅从未作为单独的章节出现，而且也从未成为其他章节的主题。战略和资源配置相关的议题，通常在公司关于业务模式和绩效的讨论中得到处理。公司在讨论资源配置时，关于六大资本的说明清晰程度不一。有些例子提及了一项或多项资本，但公司对资本作为资源如何使用并未作明确说明。

（六）绩效

《国际〈IR〉框架》问道："在报告期间，机构战略目标的实现程度如何，机构在对资本的影响方面取得了哪些成果？"[32]对这一问题的回答，包括定性和定量的信息（如有关目标和机遇的指标）和所附的解释（如用来说明指标的重要意义、影响以及编制时使用的方法和假设）；机构对六大资本的正面和负面影响；机构与关键利益相关者之间关系的性质，以及机构如何回应了利益相关者的正当利益诉求；过往绩效和当前绩效之间的联系，以及当前绩效和前景展望之间的联系。[33]就这一内容元素而言，我们分析的大多数报告更像"合并"报告，而非"价值总览"报告。这些报告包括了对财务和营运绩效的预期信息，且常常在报告较前部分的摘要即作出呈示，并附有更多细节与相关解释。有时，在报告较后部分，还有业务部门甚至产品层面的细节。

所有报告都包含了非财务绩效信息，虽然常见的表述为"可持续发展"或"公司社会责任"绩效，而且对相关资本的讨论多位于不显眼的位置。在不同报告中，非财务绩效信息的详细程度和呈示方式差异很大。仅有少数公司以过往财务和非财务绩效为背景，给出了有限数量的前瞻性信息（目标或预测）。几乎所有报告中都明显缺席的，是对财务与非财务绩效如何相联系的解释。考虑到信息"连通性"之核心地位，这可说是严重的失察。对过往绩效和其他因素如何有助于短期、中期和长期价值创造的解释，同样殆不存在。

（七）前景展望

《国际〈IR〉框架》问道："机构在执行其战略时可能遇到哪些挑战和不确定性，对机构的业务模式和未来绩效有何潜在影响？"[34] 鉴于公司对未来预期的观点会发生改变，前景展望的基础应为对外部环境短期、中期和长期变化合理、透明的分析，上述变化会对公司产生的影响，以及公司当前为应对可能出现的重大挑战和不确定事件作了哪些准备。[35]

基本没有公司提供了《国际〈IR〉框架》建议的全部信息，虽然有几家公司已与此距离不远。仅有 25 家公司这一内容元素的得分为 3，而其他元素得到满分的公司数量均在 40~50 家。这也进一步证明，前景展望是各元素中最薄弱的一环。公司在呈示前景展望时使用了多种格式。有些报告含有特定的前景展望章节，不过章节名称与详细程度参差不齐。一些公司则将前景展望贯穿于报告之中，且有时具体至业务部门层面。部分公司将绩效与展望并入了单一章节。就这一内容元素哪些属于重要信息，不同公司的观点差异很大。趋势和挑战在讨论中较常见到。数家公司对挑战和不确定事件作了识别。或许出于对法律责任和竞争损害的考量，多数公司未给出目标、预计、预测或假设情况。

三、特别要素

七项特别要素的平均得分为 1.68（南非公司 2.09 分，其他公司 1.58 分）。特别要素不仅总体得分明显低于六大资本和内容元素，而且最高分与最低分差值也最大（0.92，见图 7.4），公司中全部要素均得 3 分的只有 11 家。与此同时，各项特别要素得分均为 2 或 3 分的公司比例也较小，分别为：识别了重大风险（62.1%）、说明了如何处理 / 减轻重大风险（54.0%）、使用了重要性矩阵（34.5%）[36]、证明或说明了利益相关者参与（60.5%）、证明或说明了信息连通性（68.6%）、包含了首席执行官（或首席可持续发展官）关于公司可持续发展的致辞（67.7%）。唯一的例外，是"含有支持价值总览报告的网站内容"这一要素（92.9%）。我们视瓦锡兰公司[37]（Wärtsilä）、帝斯曼集团[38]（DSM）、SAP 公司[39]、美国电力公司[40]（American Electric Power）和BS 金融集团[41]（BS Financial Group）为各特别要素方面报告的佳例。

上述数据说明，《国际〈IR〉框架》的"指导原则"部分公司遵循起来难度最大。"证明或说明信息连通性"是编制价值总览报告而非合并报告的关键，但平均得分仅为 1.76。只有 25 家公司得到了 3 分。"证明或说明利益相关者参与"同样仅得到了较低的 1.75 分。[42]虽然"识别重大风险"平均得到了 1.9 分，但"说明如何处理 / 减轻重大风险"均分仅有 1.63，而"使用重要性矩阵"则低至 0.97 分，这是因为大多数公司（将近 60%）的报告中不含矩阵，另一些则只在网站上提供了矩阵。

对南非公司和其他公司的比较，让特别要素得分低的问题更凸显了出来。南非公司平均得分为 2.09，而其他公司为 1.58。两者形成了鲜明对比，而且分差相较六大资本和内容元素要大得多。不仅如此，部分最大的均分差值亦是见于特别要素。这其中最引人注目的是对重要性矩阵的使用（南非公司为 1.71 分，其他公司为 0.79 分）。南非公司在对处理 / 减轻重大风险的说明（2.08 分 /1.52 分）、对信息连通性的证明或说明（2.33 分 /1.62 分）、支持价值总览报告的网站内容（2.33

分 /1.71 分）方面，表现也要好得多。这里的部分原因在于《讨论文件》包含了对重要性的详细讨论。尽管《讨论文件》未明确提及 "连通性" 一词，但南非公司在这一方面的得分也要高得多。"首席执行官 / 首席可持续发展官致辞" 同样未出现在《讨论文件》中，但南非公司依然得分较高（2.21 分 /1.83 分）。有趣的是，尽管《讨论文件》对其作了深入探讨，但南非公司（1.79 分）和其他公司（1.74 分）在 "证明或说明利益相关者参与" 上的得分相差无几。

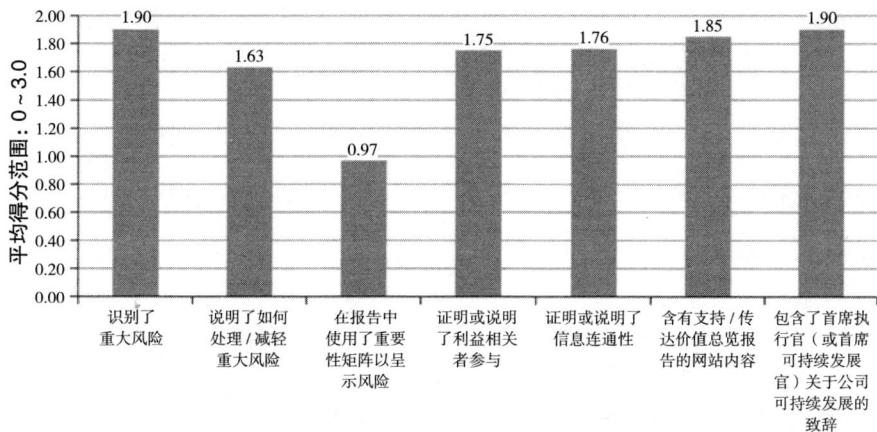

图 7.4　特别要素平均得分

（一）重要性

《国际〈IR〉框架》对重要性的处理在本书第五章已有详细讨论。鉴于大多数公司将重要性作为风险因素加以讨论，我们也重点从这一角度进行分析。虽然 "重要性" 分数的绝对值并不高，但相比之下，公司在对重大风险的识别这块做得比对处理 / 减轻重大风险的说明要好。有些公司在业务部门的层面讨论了重大风险。在"使用重要性矩阵"方面得到的低分，说明公司对于识别重大风险的流程、披露情况仍然普遍不甚理想，尽管部分公司的确讨论了利益相关者参与同识别、管理重大风险之间的关系。在公司对重要性定义的解释，以及公司是否、如何在管理风险上取得进展方面，披露情况甚至更为欠佳。

（二）利益相关者参与

利益相关者关系是《国际〈IR〉框架》的指导原则之一："价值总览报告中应深入说明机构与关键利益相关者之间关系的性质和质量，并说明机构如何及在多大程度上理解、考虑并回应利益相关者的正当需求和利益。"[43]与利益相关者参与的实际质量不同，我们衡量的是利益相关者参与**相关披露**的质量。不过，我们姑且认定这两者间存在紧密联系，因为倘若公司对利益相关者参与的程度夸大其词，便会遭到利益相关者的质疑。

除"使用重要性矩阵"外，"利益相关者参与"同"信息连通性"一道是关键要素中得分最低的。"利益相关者参与"也是南非公司与其他公司得分相差无几的唯一之处。不过，如前一章所述，利益相关者参与和识别重大议题之间存在紧密联系。在"利益相关者参与"获得最高分的公司中，将近90％也获得了"识别重大风险"的最高分。与之相对，在"利益相关者参与"获得最低分的公司中，将近75％在"识别重大风险"方面得到的也是最低分。（见表7.1）

表 7.1 利益相关者参与和识别重大风险

		利益相关者参与得到证明或说明				
重大风险得到识别		3	2	1	0	总计
	3	34（88%）	14（39%）	4（14%）	1（5%）	53
	2	1（3%）	12（32%）	10（34%）	1（5%）	24
	1	3（9%）	9（24%）	13（45%）	3（15%）	28
	0	0（0%）	2（5%）	2（7%）	15（75%）	19
	总计	38（100%）	37（100%）	29（100%）	20（100%）	124

两项均得高分的公司，通常将相关披露置于报告的同一章节。披露利益相关者参与的形式多种多样，包括表格和图形。有些公司明确指出了其所遵从的标准（如 AccountAbility 的《AA1000 原则标准》）或最佳做法框架（如 GRI 的《可持续发展报告指南》）。[44]在部分例子中，公司仅提供了利益相关者参与的正面信息。这些公司是否遵循了《国际〈IR〉框架》的"可靠性和完整性"指导原则（"完整的价值总览报告应包括所有正面和负面的重要信息"[45]），就打上了问号。

我们同时发现，公司是否发布重要性矩阵和利益相关者参与程度之间存在牢固的关系，这也进一步证明了前一章的观点，即构建可持续价值矩阵并从中获得最大效益需要有效的利益相关者参与（见表 7.2）。在重要性矩阵上得到最高分的公司中，将近四分之三同样在利益相关者参与上得到了最高分，而价值总览报告中未包括重要性矩阵的公司中，仅 16% 在利益相关者参与上得到了最高分。这也就是说，构建重要性矩阵能够加强利益相关者参与的相关披露，其缘故，可能是利益相关者参与是构建过程中的重要元素，所以在呈示矩阵时常会得到讨论。

表 7.2 利益相关者参与和重要性矩阵

		公司在报告中使用"重要性矩阵"呈示风险				
		3	2	1	0	总计
利益相关者参与得到了证明或解释	3	19（73%）	4（24%）	3（38%）	12（16%）	38
	2	4（15%）	11（64%）	1（12%）	21（29%）	37
	1	3（12%）	1（6%）	4（50%）	21（29%）	29
	0	0（0%）	1（6%）	0（0%）	19（26%）	20
	总计	26（100%）	17（100%）	8（100%）	73（100%）	124

（三）信息连通性

《国际〈IR〉框架》中的所有指导原则固然都很重要，但于我们来说，"信息连通性"位于价值总览报告的核心位置。只有通过显示连通性，亦即公司绩效不同方面之间的关系，报告才能从合并报告转型成为价值总览报告。《国际〈IR〉框架》表示："价值总览报告应显示对机构持续价值创造能力产生重大影响的各个要素之间，组合、相互关联性和依赖关系的全貌。"[46]这就需要通过价值总览思维，促进相互连通的信息汇入对内的报告、分析和决策，并将成果在对外的价值总览报告中得到体现。[47]

信息连通性在纸质报告中难以实现，而且评估起来也不容易。在这一项，所有公司的得分都相当低。通俗讲，信息连通性指的是"事事均有关联"的道理。这点从图 7.5 可以看出。《国际〈IR〉框架》对信息连通性的解释包括所有六大资本和主要内容元素（"编制和列报基础"和"通用报告指南"除外）。因此，公司必须决定如何进行连通，并排定优先顺序。由于所有内容元素都相互联系，公司在专门讨论其中任何一个元素时，也有讨论其他元素的理由。实际上，如图 7.6 所示，在讨论各个元素时，《国际〈IR〉框架》都对其他元素有明确的提及。如果价值总览报告围绕内容元素来组织，并在各元素章节分别讨论相关元素，那么就会产生大量的重复，也有违"简练性"这一指导原则。[48]然而，即使价值总览报告用其他方式来组织，这个问题依然会存在。由于纸质报告乃是线性展开，而报告中不同信息之间又有阡陌纵横的联系，故而简练性和连通性之间，总会存在此消彼长的关系。解决的办法，如我们在第九章所述，是运用技术手段来化解纸质报告在格式上的局限。

我们发现，为实现连通性所作的努力，最常见于对公司业务模式、风险和机遇，以及战略和资源配置（相对较少）的讨论。最鲜见的，也是我们所谓价值总览报告梦寐以求的"圣杯"，是对一个维度的绩效如何影响另一维度的绩效作出清晰明确的说明。实现这一点的主要障碍包括理解绩效间的因果关系，以及能够检验该等关系是否成立的数据，而后者更受限于数据标准的匮乏。而且，为确认上述关系的稳健性，检验还必须在数家公司进行。

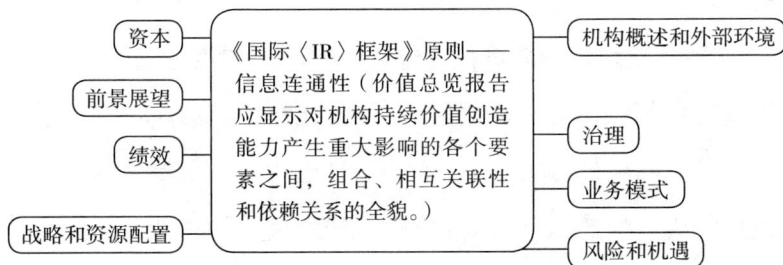

图 7.5 信息连通性、内容元素和各大资本

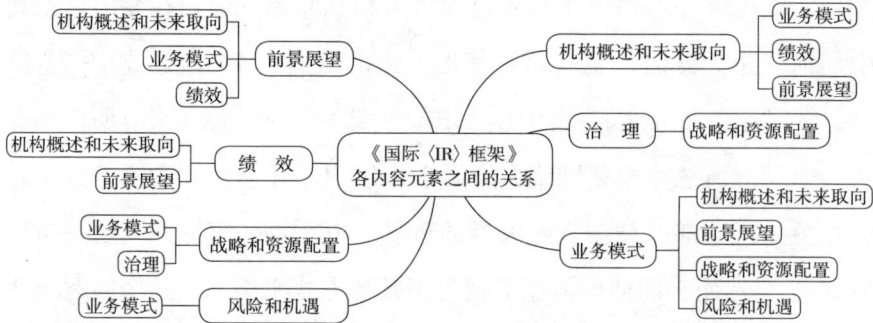

图7.6 《国际〈IR〉框架》各内容元素之间的关系

（四）网站内容

《国际〈IR〉框架》侧重于价值总览报告的内容，以及价值总览报告和价值总览思维的关系，对提供或收集信息及利益相关者参与的不同渠道和形式，则着墨不多。换言之，互联网和技术的作用并未得到详细说明。在对定义价值总览报告含义的讨论中，《框架》仅仅提到价值总览报告可以是更详细信息的"切入点"，能够提供指向在线报告的超链接等。[49]

由于下一章将专述公司报告网站，所以，我们将仅仅在此指出分析样本中公司利用互联网的几种方式。总体来说，如前一章所述，利用情况并无可圈可点之处。PDF版本的报告一般都会包括指向公司网站的链接，但多数未将具体议题同公司网站提供更多细节的对应部分相联。[50]部分在线价值总览报告包含了指向附加信息（如某议题更具体数据或更详细说明等）的链接。这些链接有时能够体现不同信息的连通关系。有几家公司允许使用者通过择选价值总览报告的部分章节，自建定制报告。虽然这一功能并不能在单独数据项的层面实现，但在有些情况下，使用者可以批量下载数据。最后，有些公司将重要性矩阵发布于网站上，有些甚至只将之发布于网站上。少数公司的矩阵具有前一章讨论过的交互功能。这其中最有趣，也是下一章详细讨论的一个例子，是 SAP 的全数字格式价值总览报告。该报告让受众能够更好地了解公司对不同绩效信息之间连通关系的看法。

（五）首席执行官致辞

虽然《国际〈IR〉框架》几乎没有提及首席执行官或任何其他高管的致辞，我们仍然将之视为评估价值总览报告的一个指标。年度报告或价值总览报告惯有的公司高管开场白，在多大程度上体现出了价值总览思维？在我们考察的报告中，每份都有这类致辞，尽管署名者并非总是首席执行官。有些致辞由董事长署名，甚至由首席可持续发展官署名。后者给人的印象是该价值总览报告脱胎于可持续发展报告，而非财务报告。先不说这些致辞很少直陈"价值总览报告"一词，就致辞对价值总览思维的体现来说，总体质量也欠佳。

这其中，质量尚可的致辞意在表明"公司社会责任"或"可持续发展"是公司战略的核心和 / 或信念（也即不是孤立的倡议），但很少有详细信息的支撑。这些致辞有时指出，更可持续发展的公司有助于建设更可持续发展的社会，但同样只是浮于表面，并没有从公司或社会角度用数据给予支撑。另一些致辞甚至连这点也未能做到，只提及了"可持续发展项目"或"公司社会责任倡议"，而丝毫没有将之同公司核心战略或营运相联。鉴于报告的开场致函起到定调作用，故而是报告"价值总览程度"的深刻反映。反过来说，致辞的质量也取决于价值总览报告的质量。不过，无论致辞和价值总览报告的质量如何，纸质文档仍不过是公司与受众沟通的方式之一。我们的考察必须以公司如何利用互联网开展报告作为背景。

四、鉴　证

虽然价值总览报告运动仍然处于初期，不过，是否、如何作"价值总核"审计或提供鉴证意见这一议题已然出现。财务报表的传统审计意见是一种"肯定式"鉴证，即声明报告内容均已合规。非财务信息所获的审计意见几乎总是"否定式"鉴证，其大致含义是"未能找到任何重大错误"。财务审计意见主要是二元的。公司或者获得无保留的审计意见，或者得到"保留意见"。由于后者会向市场传达负面信号，因此很不常见。在一般情况下，公司和审计者都会努力确保审计意见是"无保留意见"。[51]

就非财务信息来说，所获鉴证的程度从自行鉴证（公司表示"请相信我们"）、有限保证的鉴证（由会计师事务所或其他服务提供商作出）到完全保证的鉴证（肯定式）不一。虽然完全保证的鉴证意见的例子很少，但几乎无一例外，均由四大会计师事务所出具，而其局限则包括缺少计量、报告和审计的准则。此外，还有两个突出的挑战。其一是获得或培养为非财务信息提供鉴证所必须的能力，其二是诉讼风险（在美国尤其如此）。[52]若将为整份价值总览报告提供肯定式鉴证意见作为追求目标，则几乎所有公司都还与此相距甚远。不过，飞利浦公司似乎正在朝此目标迈进（见下文"鉴证飞利浦的年度报告"）。

大约半数公司（55%）的非财务信息获得了某种鉴证意见，这其中四分之三（76%）出自四大会计师事务所，其余则通常出自小型专业可持续发展咨询公司。在我们分析的样本中，没有一例为财务和非财务信息出具了价值总核的审计意见。针对这两类信息的审计意见，有时出自同一家审计公司，有时则出自两家不同公司。

鉴证飞利浦的年度报告

自飞利浦在 2008 年发布首份价值总览报告以来，对其非财务信息的鉴证逐步演进。飞利浦及其独立审计公司毕马威会计师事务所面临两大主要障碍，是"公司针对财务和环境、社会和治理数据的内控系统质量，以及制定衡量和报告非财务信息的全球准则"。[53] 表 7.3 详细说明了飞利浦和毕马威在解决内控和准则问题上取得的进展。

表 7.3　飞利浦的非财务信息鉴证

年份	鉴证范围[54]	所用标准[55]	所据准则[56]	鉴证意见[57]
2008	有限保证的鉴证意见	GRI《G3 指南》	《国际鉴证业务准则3000》（ISAE 3000）	未发现不公允的列报
2009	有限保证的鉴证意见	GRI《G3 指南》	《ISAE 3000》	未发现不公允的列报
2010	有限保证的鉴证意见	GRI《G3 指南》	《ISAE 3000》	无引起注意的事项
2011	有限保证的鉴证意见	GRI《G3.1 指南》	《ISAE 3000》	无引起注意的事项
2012	合理保证的鉴证意见	GRI《G3.1 指南》	《ISAE 3000》	公允列报
2013	合理保证的鉴证意见	GRI《G4 指南》	《ISAE 3000》	公允列报

"鉴证范围"和"鉴证意见"是紧密相联的。前者指的是为支持保证水平而执行的程序种类。比如，有限保证的鉴证业务所需的证据，通常主要通过分析和调查程序获取，而合理保证的鉴证业务所需的证

据，一般通过不同程序的组合获取。这些程序包括检查、观察、证实、再核算、再执行[58]、分析、调查等。

从有限保证的鉴证意见（2008—2011年）提升至合理保证的鉴证意见（2012—2013年），说明毕马威的结论是飞利浦通过投资于与对内控、流程和非财务报告系统的改进，加强了对非财务报告系统的控制，从而提供了更高质量的数据。

GRI《指南》被连续六年援引为衡量飞利浦披露信息的"标准"，而毕马威在同时期对《国际鉴证业务准则3000》[59]（简称《ISAE 3000》）的使用，反映出严格且具有制度正当性的非财务信息计量和报告准则确乎存在。当然，毕马威并未对飞利浦的价值总览报告提供整体鉴证。其鉴证意见仅适用于遵循GRI《指南》的披露信息。

如果GRI《指南》在《ISAE 3000》的适用标准测试中达标，那么最终，国际会计师事务所可能也会认为《国际〈IR〉框架》为有限保证和合理保证的鉴证意见提供了适用的标准。但仍有一个诚然重大而棘手的问题，即"公司和会计师事务所是否会接受《国际〈IR〉框架》，认可其制度正当性，并将之采纳为《ISAE 3000》[60]鉴证业务适用的标准？"

注　释

［1］国际价值总览报告委员会:《国际〈IR〉框架征求意见稿》。[International Integrated Reporting Council, "Consultation Draft of the International <IR> Framework", http://www.theiirc.org/consultationdraft2013/, accessed April 2014.] 之所以使用《意见稿》，是

因为我们在开始数据收集时,《国际〈IR〉框架》尚未发布。

［2］第七章的写作,要归功于以下三位的卓著贡献,他们是利瓦·沃森(Liv Watson,Workiva 新兴市场总监)、布拉德·蒙泰里奥(Brad Monterio,Colcomgroup 执行总监)和戴维·科尔格伦(David Colgren,Colcomgroup 总裁兼首席执行官)。我们对他们为这一艰巨任务投入的时间、精力与所作的配合深表感谢。他们完成了所有的数据收集工作,并与我们在分析和写作时开展了紧密的合作。

［3］我们在为报告编码时使用的是《国际〈IR〉框架征求意见稿》,而在分析结果时使用的是《国际〈IR〉框架》。

［4］国际价值总览报告委员会:《国际〈IR〉框架》,第 5 页。[International Integrated Reporting Council, The International <IR> Framework, p.5, http://www.theiirc.org/international-ir-framework/, accessed April 2014.]

［5］同上,第 13 页。

［6］巴西塞米克公司:《2012 年年度和可持续发展报告》。[CEMIG(Brazil), 2012 Annual and Sustainability Report.] 这是报告中关于"金融资本"的一个实例。其对"金融资本"的讨论,类似于美国证券交易委员会 10-K 报告中的披露信息。在主标题"资本资源和流动性"下,通过呈示经营活动产生的现金收入、投资与筹资活动产生的现金净额、题为"筹资与债务管理"的讨论等方式,体现了公司业务的资本密集性质和流动性要求。[http://www.cemig.com.br/en-us/the_cemig/Documents/2012_annual_sustainability_report.pdf, accessed March 2014.]

［7］芬兰 Lassila & Tikanoja 公司:《2012 年年度报告》。[Lassila & Tikanoja(Finland), Annual Report 2012.] 这是报告中关于"制造资本"的一个实例。报告说明了公司如何运用其实物资产,帮助客户减少废料量、延长财产使用寿命、对材料进行回收利用、减少原料和能

源的用量。报告提到的倡议包括减少用电、采暖或用水量，回收并运输废料以再加利用，以及为工业客户提供二次原料等。[http: //www.lassila-tikanoja.fi/annualreport2012/, accessed March 2014.]

[8]新加坡证券交易所:《2013年年度报告》。[Singapore Stock Exchange（Singapore）, Annual Report 2013.] 这是报告中关于"智力资本"的一个实例。报告中的一页通过图像和陈述，说明了新加坡证交所作为一家全业务交易所，所提供的是世界级的证券及衍生产品交易和清算平台。除此之外，报告还特别介绍了一系列证券发行服务、宣传了证交所"全球速度最快"的交易系统，并突出了其提供证券及衍生产品市场实时价格信息的能力。[http: //investorrelations.sgx.com/annuals.cfm, accessed March 2014.]

[9]西班牙Inditex公司:《2012年年度报告》。[Inditex（Spain）, Annual Report 2012.] 这是报告中关于"人力资本"的一个实例。其题为"人力投入"的章节共计23页，就培养自主、负责的员工，并通过广泛的社会投资方案，增强与社区的联系等方面，深入讨论了公司的相关项目和行动。[https: //www.inditex.com/en/investors/investors_relations/annual_report, accessed March 2014.]

[10]斯洛文尼亚电信公司:《2012年度报告》。[Telekom Slovenije（Slovenia）, Annual Report 2012.] 这是报告中关于"社会与关系资本"的一个实例。其中详细说明了公司与员工、股东、供应商、社区、媒体、政府机构及非政府组织等利益相关者群体的沟通。公司表示，其营运的目的不仅在于为股东创造长期价值，还在于让员工、社区和其他利益相关者获益。[http: //porocilo.telekom.si/en/, accessed March 2014.]

[11]南非AngloGold Ashanti公司:《2012年价值总览报告》。[AngloGold Ashanti（South Africa）, Integrated Report 2012.] 这是报告中关于"自然资本"的一个实例。采矿业会影响地球的生态。公司在

报告题为"尽责守护土地和水资源"的章节中，把重点放在了减少原水消耗、改善水资源综合管理和污水排放质量上。该章节还讨论了土地对勘探和采矿的重要性、生物多样性、挖掘矿藏时涉及的选择，以及在经济和地理条件许可的情况下，如何减少尾矿设施、储矿堆和废石堆对环境脆弱地区的影响。[http：//www.aga-reports.com/12/，accessed March 2014.]

[12] 另一潜在原因是很多南非公司使用的是全球报告倡议组织（GRI）的《可持续发展报告指南》（ Sustainability Reporting Guidelines），其中涵盖了人力和自然资本等议题。

[13] 制造资本是可供机构在生产商品或提供服务时使用的、经人加工后的有形物体（不同于自然的有形物体）。（《国际〈IR〉框架》，第 11 页。）[<IR> Framework，p.11.] 南非公司数量可按行业分为：采矿业 7 家（30％），金融服务业 7 家（30％），电信业 2 家（8％），能源、食品、媒体、金属、制药、零售、纺织服装业各 1 家（各占 4％），集团公司 1 家（4％）。

[14] 巴西银行：《2012 年年度报告》。[Banco do Brasil（Brazil），Annual Report 2012.] 这是报告中内容元素"机构概述和外部环境"的一个实例。巴西银行报告中题为"公司概况"的章节包括了公司使命、价值观、前景展望、市场环境、借贷的潜在增长、战略关系、技术平台的概述，以及关于银行营运的内容。[http：//www45.bb.com.br/docs/ri/ra2012/eng/downloads/BB_AR_2012.pdf，accessed March 2014.]

[15] 比利时优美科公司：《2012 年年度报告》。[Umicore（Belgium），Annual Report 2012.] 这是报告中内容元素"治理"的一个实例。优美科的"公司治理回顾"内容详尽，包括了关于治理框架、公司结构、股东、董事会、执行委员会、一项收购要约的相关信息、利益冲突、审计者择选、公司行为规范、市场操纵、内幕交易及对 2009 年

《比利时公司治理法》(Belgian Code on Corporate Governance)遵从情况的章节。[http://www.umicore.com/reporting/statements/governance/corporate-governance-review/, accessed March 2014.]

[16]南非Kumba矿业公司:《2012年价值总览报告》。[Kumba Iron Ore(South Africa), Integrated report 2012.]这是报告中内容元素"风险和机遇"的一个实例。报告中一个长达4页的章节以对公司风险管理做法的简短讨论开头,包括了职务和责任、风险管理流程(风险识别、分析和控制,以及旨在减轻风险的倡议、报告和监督)的相关信息。报告就得到识别的各关键风险,说明了根本原因、潜在影响和减轻风险的行动。[http://www.kumba.co.za/reports/kumba_ar2012/integrated/pdf/integrated_report.pdf, accessed March 2014.]

[17]英杰华集团:《2012年公司责任报告》。[Aviva(United Kingdom), Corporate responsibility report 2012.]这是报告内容元素"战略和资源配置"的一个实例。英杰华使用图形和简短的背景关联陈述,说明了其业务模式、战略目标,以及可持续发展原则如何纳入公司战略和产品及服务的交付。报告还就影响业务的机遇和风险作了前瞻性讨论。[http://www.aviva.com/library/reports/2012cr/docs/full-report.pdf, accessed March 2014.]

[18]BAE系统公司:《2012年年度报告》。[BAE Systems(United Kingdom), Annual Report 2012.]这是报告中内容元素"业务模式"的一个实例。报告中对业务模式的讨论,以题为"战略性回顾"的章节为背景。除业务模式外,该章节还包括了首席执行官评注、关键绩效指标和战略概况。报告包括了具有四个构件的业务模式矩阵。这些构件分别是客户重点、项目执行、财务绩效和尽责行为。每个构件都与报告中更详细的讨论相联,并含有附加的链接,引导读者获取关于市场和机遇、报告环节、关键资源和公司治理的信息。[http://bae-

systems-investor-relations-v2.production.investis.com/~/media/Files/B/
BAE-Systems-Investor-Relations-V2/Annual%20Reports/BAE-annual-
report-final.pdf，accessed March 2014.］

〔19〕瑞士 SGS 集团：《公司可持续发展报告》。〔Société Générale
de Surveillance（SGS）（Switzerland），Corporate Sustainability Report.〕这
是报告中内容元素"绩效"的一个实例。SGS 集团在年度报告中的数个
章节涉及了公司绩效。题为"我们的绩效"的章节使用了表格和其他
图形，呈示评估五大关键要素（卓越表现、人员、诚信、环境和社区）
相关进展情况的各类指标。报告还对上述要素作了单独的深入陈述，
以加深对不同方面绩效的理解。〔http：//www.sgs.com/~/media/Global/
Documents/Technical%20Documents/Reports/Policies/sgs_sustainability_
report_ST_en_12.pdf，accessed March 2014.〕

〔20〕先正达公司：《2012 年年度回顾》。〔Syngenta（Switzerland），
Annual Review 2012.〕这是报告中内容元素"前景展望"的一个实例。
先正达并未在报告单独章节呈示前景展望信息，而是在对绩效的讨论
中，让利益相关者得以一窥公司的新产品、未来创新和增长前景。例
如，在对全球主要植物蛋白来源——大豆的讨论中，包括了预期将
于 2015 年和 2020 年在大豆抗病能力和除草剂耐受性方面取得的成绩。
〔http：//www.syngenta.com/global/corporate/SiteCollectionDocuments/
pdf/publications/investor/2013/annual-report-2012/syngenta-annual-
review-2012-english.pdf，accessed March 2014.〕

〔21〕《国际〈IR〉框架》，第 17 页。〔"The International <IR> Framework"，
p.17.〕

〔22〕同上，第 5 页。

〔23〕应纳入这一回答的包括机构的使命和愿景，文化、道德和价
值观，所有权和经营结构，关键定量信息（如员工数、收益等），以及

与过往期间相比发生的重大变化。除此之外，还应包括机构营运所处的行业和国家，宏观和微观经济条件，客户需求和竞争对手情况，有关法律、商业、社会、环境和政治等方面的显著背景因素。(《国际〈IR〉框架》，第24—25页。)["The International <IR> Framework", pp.24-25.]

[24]治理议题方面的重点，有公司的领导层结构（包括其技能和多样性），用于制定战略决策、监督机构文化的具体流程，治理层为影响和监控机构战略方向及风险管理方法而采取的特别行动，是否实施优于法律要求的治理做法，薪酬和激励如何与机构的价值创造挂钩。(《国际〈IR〉框架》，第5页。)["The International <IR> Framework", p.5.]

[25]《国际〈IR〉框架》，第5页。["The International <IR> Framework", p.5.]

[26]虽然我们找到了一些有效说明业务模式的图表（部分还将之与战略重点相联），但是由于其中信息未结构化，故而无法得到有效使用。除非重新录入或逐一复制，否则无法从图表中提取信息。

[27]《国际〈IR〉框架》，第25—27页。["The International <IR> Framework", pp.25-27.]

[28]同上，第5页。

[29]风险和机遇评估涉及某一事件会发生的特定情况，并且承认其中存在一定程度的不确定性。根据关于"重要性"的指导原则，发生可能性很小但可能导致重大后果的事件应得到讨论。公司同时应当讨论其如何识别和减轻风险，以及如何识别和利用机遇。(《国际〈IR〉框架》，第27页。)["The International <IR> Framework", p.27.]

[30]《国际〈IR〉框架》，第5页。["The International <IR> Framework", p.5.]

[31]除此之外，区分一家公司的因素，也即竞争优势的来源，应当得到讨论，包括创新对公司的作用、发展和利用智力资本的方法，

以及将社会和环境议题嵌入公司战略如何为公司带来竞争优势。最后，公司应当解释对其战略和资源配置计划的形成，利益相关者是否起到了作用，又起到了怎样的作用。(《国际〈IR〉框架》，第27—28页。)［"The International <IR> Framework"，pp.27-28.］

［32］《国际〈IR〉框架》，第5页。［"The International <IR> Framework"，p.5.］

［33］在可能的范围内，应提供显示财务资本和其他资本之间正面和负面联系("连通性")的定量关键绩效指标(或在不可定量时，提供陈述性解释)。最后，公司应当解释监管对绩效已经或可能带来的影响，包括不合规对绩效产生的后果。(《国际〈IR〉框架》，第28页。)［"The International <IR> Framework"，p.28.］

［34］《国际〈IR〉框架》，第5页。［"The International <IR> Framework"，p.5.］

［35］对前景展望的讨论，应当包括财务绩效，战略目标的实现，资本的可获得性、质量和可承受性方面若预期发生变化可能造成的影响。讨论形式可以是预计、预测和敏感性分析。最后，公司应当考虑法律和监管要求，以及在这方面可能发生的变化。(《国际〈IR〉框架》，第28—29页。)［"The International <IR> Framework"，pp.28-29.］

［36］如果重要性矩阵位于公司网站，而非PDF版本的价值总览报告之中，则判定公司该项得0分。若价值总览报告中包括了重要性矩阵，则根据其质量和有效程度给予1分、2分或3分。

［37］瓦锡兰公司：《2012年年度报告》。［Wärtsilä (Finland)，Annual Report 2012.］这是报告中识别重大风险、说明如何处理/减轻重大风险、使用重要性矩阵的一个实例。报告使用"热度图"来呈示重大议题相关信息，表明风险或机遇处于新生、增加、减少或稳定中的哪一个状态。报告还说明了财产和事故的投保范围。内容详细的

矩阵图对风险作了逐一讨论，并与分为五个级别（从低到高）的颜色编码相联。矩阵图还说明了针对各项风险的政策和指南，以及负责管理、减轻上述风险的领导团队。[http://www.wartsilareports.com/en-US/2012/ar/frontpage/，accessed March 2014.]

[38]帝斯曼集团：《2012 年价值总览年度报告》。[DSM（Netherlands），Integrated Annual Report 2012.]这是报告中证明或说明利益相关者参与的一个实例。公司对利益相关者参与的观点以这段话为开场白："帝斯曼认可并投资于同关键利益相关者的积极战略对话。通过对话，不仅能分享观点和想法，还能让公司进一步理解政府、社会和客户的趋势、促因和需求。"报告中包括了重要性矩阵，显示社会和公司如何为各议题排定优先顺序。帝斯曼就公司对自身社会角色的观点，在报告中分别通过一个或两个段落，讨论了水资源管理、食品安全、贯穿价值链的对话等关键议题。附有支持性陈述的图表，说明了公司与七组利益相关者群体如何互动，以及公司对其利益诉求如何作出响应。[http://www.dsm.com/content/dam/dsm/cworld/en_US/documents/integrated-annual-report-2012.pdf？fileaction=saveFile&wcm_dsn=http://www.dsm.com，accessed March 2014.]

[39]SAP 公司：《2012 年年度报告》。[SAP（Germany），Integrated Report 2012.]这是报告中证明或说明信息连通性的一个实例。据我们所知，SAP 是唯一在线完整发布价值总览报告的公司。SAP 使用了互动图表，显示重大议题及环境、社会和治理绩效如何与整体财务绩效相联。此外，图表中的相联陈述还起到了穿针引线的作用，如将 SAP 的战略目标和关键议题同其营运所在的环境和社会背景联系在了一起。[http://www.sapintegratedreport.com/2012/en/key-facts/connecting-financial-and-non-financial-performance.html，accessed March 2014.]

[40]美国电力公司：《2013 年公司责任承担报告》。[American Electric

Power（United States），2013 Corporate Accountability Report.］这是报告中含有支持价值总览报告网站内容的一个实例。我们的评估标准，着眼于以价值总览报告为起点对其他沟通文件、财务信息和公司网站支持页面的访问。美国电力公司的在线价值总览报告包含了清晰的标签，引导利益相关者获得公司的概览、战略、机遇和风险、绩效、参与活动、视频等。网站还包括了指向公司其他报告的链接。这些报告包括向全球报告倡议组织（GRI）、碳信息披露项目（CDP）、煤炭供应商调查、克林顿全球倡议（Clinton Global Initiative）等提交的报告。公司还为报告开发了具有交互功能的 iPad 应用程序。［http：//www.aepsustainability.com，accessed March 2014.］

［41］BS 金融集团：《2012 年可持续发展报告》。［BS Financial Group, Sustainability Report 2012.］这是报告中首席执行官（或首席可持续发展官）关于公司可持续发展致辞的一个实例。该报告是 BS 金融集团首次将财务和可持续发展信息在统一文件中发布。首席执行官致辞较为简短，信息或可更为详实。不过，从其中内容可以看出首席执行官明确的信念，即环境、经济和社会绩效密不可分。［http：//eng.bsfng.com/02/0103.jsp，accessed March 2014.］

［42］有 38 家公司"证明或说明利益相关者参与"得到了 3 分。

［43］《国际〈IR〉框架》，第 17 页。［" The International <IR> Framework"，p.17.］通过利益相关者参与，公司能够了解不同利益相关者各自的价值观和关注要点，识别包括风险和机遇等重大议题，并且认识到可能变为显著、在未来对重要性产生影响的趋势。利益相关者参与是持续的过程，涉及同员工和客户的日常接触，以及对特定议题（如在当地社区扩建厂房的计划）的关注。利益相关者参与有助于价值总览思维（反之亦然），并且形成公司对其用于创造价值之资本的受托经管责任感。

［44］GRI《G4 可持续发展报告指南》的"报告原则""标准披露"

和"实施手册"章节为各种规模、各类行业、各个地点的机构编制可持续发展报告提供了参照。《指南》明确表示，重要性的确定与利益相关者参与密不可分。〔https：//www.globalreporting.org/reporting/g4/Pages/default.aspx, accessed April 2014.〕自 1995 年创建以来，AccountAbility 组织即位于为利益相关者参与和非财务信息重要性提供指引的前沿。讨论这两项议题的 AccountAbility 出版物包括《AA1000 原则标准（2008）》〔AA1000 AccountAbility Principles Standard 2008（http：//www.accountability.org/standards/aa1000aps.html）〕、《AA1000 鉴证标准（2008）》〔AA1000 Assurance Standard 2008（http：//www.accountability.org/standards/aa1000as/index.html）〕、《AA1000 利益相关者参与标准》〔AA1000 Stakeholder Engagement Standard（http：//www.accountability.org/standards/aa1000ses/index.html）〕、《关于报告组织寻求〈AA1000 鉴证标准（2008）〉的指引》〔Guidance for Reporting Organisations Seeking Assurance to AA1000AS 2008（http：//www.accountability.org/about-us/publications/guidance-for-1.html）〕、《重新定义重要性》〔"Redefining Materiality" http：//www.accountability.org/about-us/news/announcements/redefining-materiality-ii.html〕等。上述链接均为 2014 年 4 月信息。

〔45〕《国际〈IR〉框架》，第 22 页。〔"The International <IR> Framework", p.22.〕

〔46〕同上，第 16 页。

〔47〕"连通性"涉及从系统角度显示所有内容元素之间的联系，例如各资本之间的关系、公司战略如何应对新风险和新机遇、组织的战略和业务模式如何应对变化的外部环境等。"连通性"还包括解释过往、现在与预期未来绩效之间的关系；显示不同类型的绩效之间，如客户满意度和收益增长、人力资本投入以及市场份额之间的关系；提供定量和定性的信息，如对关键绩效指标的陈述性说明；保持重要内

部指标和对外列报指标的一致性；保持公司所有对外沟通的一致性；确保价值总览报告结构逻辑性强、列报规范、使用清晰易懂的通俗语言等。(《国际〈IR〉框架》，第16—17页。)["The International <IR> Framework"，pp.16-17.]

[48] "机构应在价值总览报告的简练性和其他指导原则（尤其是完整性与可比性）之间取得平衡。"(《国际〈IR〉框架》，第21页。)["The International <IR> Framework"，p.21.]

[49]《国际〈IR〉框架》，第8页。["The International <IR> Framework"，p.8.]

[50] 报告中链接常常指向的是公司网站，而且在打开之后，使用者仍然需要花费许多精力才能找到特定的价值总览报告相关内容。有时，链接仅起到下载PDF格式报告的作用，而未与公司网站的其他内容联系起来。链接指向的是公司网站的哪一部分，则有"关于我们""投资者关系""可持续发展"等诸多情况。

[51] 保留意见的审计报告有几种类型。独立审计者可出具否定意见（财务报表在整体上不符合国际或美国会计准则）、拒绝表示意见、审计范围受限的意见（审计者无法完成所有必要的程序或检验）、含有"除……之外"的意见（特定事项不符合国际或美国会计准则），以及其他更改意见（包括持续经营假设变动或会计准则变动的情况）。美国证券交易委员会不接受获得"拒绝表示意见"或"否定意见"(包括由于不符合公认会计准则而出具的、含有"除……之外"的意见，或因审计范围受限而出具的保留意见）的财务报表。(美国证券交易委员会公司财务部：《财务报告手册》，第4200部分"会计师的报告"。)[U.S. Securities and Exchange Commission, Division of Corporation Finance, Staff Reporting Manual, Section 4200, Accountants' Reports, http: // www.sec.gov/divisions/corpfin/cffinancialreportingmanual.shtml, accessed

April 2014.］

［52］为价值总览报告中的非财务信息提供鉴证存在几大挑战。第一，是要制定全球公认的、衡量和报告非财务信息的准则，且应与"国际财务报告准则"（IFRS）或美国"公认会计准则"（GAAP）对等。第二，是要为非财务绩效提供肯定式鉴证，制定与审计财务报表相仿的严格方法。第三，是要制定针对财务和非财务信息的价值总核准则和鉴证方法，以提供"关于组织可持续发展真实且公允的观点"。就鉴证价值总览报告来说，这意味着要考虑到公司在多大程度上满足了其他利益相关者的需求，以持续为股东创造价值。此外，一旦鉴证范围拓展至财务报表以外，而将《国际〈IR〉框架》的指导原则和内容要素也纳入其中，则其所必需的专业技能也要大为扩展。主要会计事务所距离具备该等专业技能都还相去甚远。不过，有些事务所已经开始着手解决这一问题。最后，诉讼风险是审计界的热门话题，在诉讼成风的美国尤其如此。现在，相关讨论的焦点是对财务报表的审计，尤其是被视为审计失败的情况，与公司破产倒闭或与重大欺诈（特别是管理高层的欺诈）之败露相掺杂时的问题。这一全球性讨论必须扩展，以涵盖给予非财务信息与财务信息同等突出地位时所产生的应负责任。立法者和监管者必须以合理、尽责的办法解决问题。讲到底，法律和监管需要企及平衡，既要惩戒失职和渎职的情况，又要创造环境，鼓励会计师事务所作出必要投资，以提供高质量的非财务信息鉴证。（艾博思、迈克尔·P. 克鲁斯、利瓦·A. 沃森：《价值总览报告需要价值总核鉴证》。）［Eccles, Robert G., Michael P. Krzus and Liv A. Watson. "Integrated Reporting Requires Integrated Assurance", *Effective Auditing for Corporates: Key Developments in Practice and Procedures*, edited by Joe Oringel, 161–177. London: QFINANCE Key Concepts, Bloomsbury Information Limited, 2012.］

［53］艾博思、丹妮拉·萨尔茨曼：《飞利浦公司的价值总核鉴证》。〔Eccles，Robert G. and Daniela Saltzman，"Integrated Assurance at Philips Electronics N.V." Harvard Business School Case 412-054，Revised May 6，2013.〕

［54］合理保证的鉴证业务，是指"执业人员将鉴证业务风险降至该业务环境下可接受的低水平，以此作为鉴证结论的基础。鉴证结论所传达的，是将对象内容与标准比对后，执业人员对衡量或评估结果的观点"。有限保证的鉴证业务，是指"执业人员将鉴证业务风险降至该业务环境下可接受的水平（但高于'合理保证的鉴证业务'的风险水平），以此作为鉴证结论的基础。鉴证结论应当传达，根据已执行的程序和已获取的证据，是否有某一（或某些）事项引起了执业人员的注意并使之认为该等事项的信息存在重大错报。有限保证的鉴证业务所执行的程序相较合理保证的鉴证业务所需的程序，在性质、时间和范围上受到限制，但其目的是为了达到根据执业人员的职业判断具有意义的保证水平。有意义的保证水平，是指执业人员获取的保证水平至少能够在一定程度上增强预期使用者对鉴证对象信息的信任"。（国际会计师联合会：《国际鉴证业务准则（ISAE）3000（修订版）》，"非历史财务信息审计或审阅类鉴证业务"。〔International Federation of Accountants，International Standard on Assurance Engagements（ISAE）3000 Revised，Assurance Engagements Other than Audits or Reviews of Historical Financial Information，https：//www.ifac.org/publications-resources/international-standard-assurance-engagements-isae-3000-revised-assurance-enga，accessed March 2014.〕

［55］"适用的标准具有如下特征：（1）相关性：相关的标准有助于得出便于预期使用者作出决策的结论；（2）完整性：根据完整的标准所得出的结论，作为预期使用者决策的基础，不应忽略可能合理影

响决策的相关因素。当涉及列报和披露时，还应包括列报和披露的基准；（3）可靠性：可靠的标准能够使不同执业人员在相似的业务环境中，对鉴证对象（当涉及时，还包括列报和披露）作出合理一致的计量或评价；（4）中立性：中立的标准有助于根据业务环境得出无偏见的结论；（5）可理解性：可理解的标准有助于得出预期使用者能够理解的结论。特定业务标准的适用性取决于其是否符合上述特征。各项特征对特定业务的相对重要程度取决于执业人员的职业判断。而且，适用于某一特定业务环境的标准未必适用于另一特定业务环境。例如，向政府或监管者报告可能要求使用某一标准，但该标准未必适用于更广泛的使用者群体。标准的选择或制定有许多方式。可能的例子包括：由法律或监管规定收录、由权威或公认的专家组在履行透明应循程序后发布、不履行透明程序而由某一群体共同制定、通过学术期刊或书籍发布、在专有基础上制定并发售、专门为特定业务环境下出具鉴证结论而制定等。"（同上。）

［56］同上。

［57］"在合理保证的鉴证业务中，执业人员应当以积极方式提出结论。在有限保证的鉴证业务中，执业人员的结论应当传达根据所执行的程序和所获取的证据，是否有某一事项得到了执业人员的注意并使之认为该等事项的信息存在重大错报。"（同上。）

［58］再执行是指审计者再次执行之前已被公司执行过的程序或控制流程。

［59］美国上市公司会计监督委员会（Public Company Accounting Oversight Board）颁布了与《ISAE 3000》大体相同的《认证准则》第101章"认证业务"（AT Section 101, Attest Engagements）。［http://pcaobus.org/Standards/Attestation/Pages/AT101.aspx, accessed March 2014.］

　　[60]《国际鉴证业务准则 3000》(《*ISAE 3000*》) 是为各类非财务信息提供鉴证的国际准则。比如,《*ISAE 3000*》可被用于指导对一份遵从 GRI《指南》的报告开展鉴证业务 (见表 7.3 "飞利浦的非财务信息鉴证")。我们的疑问是国际会计师事务所是否会接受《国际〈IR〉框架》为 "适用的标准" (见本章注释 [55]), 以据此评估价值总览报告是否遵从国际价值总览报告委员会提供的指引。(国际会计师联合会:《国际鉴证业务准则 (ISAE) 3000 (修订版)》, "非历史财务信息审计或审阅类鉴证业务"。[International Federation of Accountants, International Standard on Assurance Engagements (ISAE) 3000 Revised, Assurance Engagements Other than Audits or Reviews of Historical Financial Information, https: //www.ifac.org/publications-resources/international-standard-assurance-engagements-isae-3000-revised-assurance-enga, accessed May 2014.] 更多信息请见本章注释 [54]—[57]。)

附录　分析 124 家公司价值总览报告的方法

　　我们分析了 124 份报告，其中 24 份来自南非的公司，另 100 份来自其他国家的公司。获选的报告满足以下条件：

　　（1）报告由公司自行声明为价值总览报告；

　　（2）报告由任何规模的上市公司发布；

　　（3）报告于 2013 年发布（针对 2012 财年）；

　　（4）报告语言为英文；

　　（5）报告向公众提供；

　　（6）报告可以通过下载 PDF 文件获得。

　　编制报告的公司可来自任何地理区域和行业部门，并且可使用任何报告框架。满足条件的报告均于 2013 年 10 月 17 日取自全球报告倡议组织（GRI）"可持续发展披露数据库"[1]。

　　鉴于所有获选报告均发布于 2013 年 12 月《国际〈IR〉框架》（简称《框架》）[2]问世之前，分析团队使用了 2013 年 7 月发布的《国际〈IR〉框架征求意见稿》（简称《意见稿》）[3]作为评估方法的制定基础。报告评分考虑了 20 项因素，其中 7 项来自《意见稿》中的"内容元素"。虽然评估使用的是《意见稿》，但《意见稿》中的"内容元素"名称与之后《框架》中的相同。

　　（1）机构概述和外部环境；

　　（2）治理；

　　（3）商业模式；

　　（4）风险和机遇；

（5）战略和资源配置；

（6）绩效；

（7）前景展望。

在分析中，我们还使用了《意见稿》的"六大资本"（金融资本、制造资本、自然资本、智力资本、人力资本，以及社会与关系资本），作为评分的因素。

除《意见稿》中的这13项因素外，我们还增加了自创的7项"特别要素"：

（1）识别了重大风险；

（2）说明了如何处理／减轻重大风险；

（3）报告中使用了"重要性矩阵"来呈示风险；

（4）证明或说明了利益相关者参与；

（5）证明或说明了信息连通性；

（6）含有支持／传达价值总览报告内容的网站内容；

（7）包含了首席执行官（或首席可持续发展官）关于公司可持续发展的致辞。

我们的"特别要素"与《意见稿》的"指导原则"类似，但也有一些不同。我们认为对于有些指导原则（简练性、可靠性和完整性、一致性和可比性），难以作合理客观的评估。我们同时认为，"战略重点和面向未来"这一指导原则，基本上与"风险和机遇""战略和资源配置"和"前景展望"这几个内容元素重复。我们严格采用了《意见稿》的六大资本和所有内容元素，但有两处例外。"编制和列报基础"和"通用报告指南"都是宽泛的类别，对之难以作出评估——尤其考虑到其构件与部分"指导原则"，如"重要性"等，有重叠之处。

鉴于重要性事关重大，我们将之分为三项"特别要素"：（1）报告中是否识别了重大风险；（2）报告中是否说明了减轻风险的办法；（3）报告中是否包括了重要性矩阵。另外两个得到考虑的"特别要素"分别是"利益相关者参与"和"信息连通性"（与《意见稿》一致）。由于互联网对公司报告日趋重要的作用，我们还评估了公司的网站，考察其是否对价值总览报告提供了支持。最后，我们考察了董事长、首席执行官或其他高层管理人员是否在致辞中，将公司的目标置于其面临的可持续发展议题大背景之下。公司是将可持续发展视为战略核心，还是仅仅视之为一项方案，可以从中得到体现。我们认为致辞反映了"公司顶层的基调"，也可反映出可持续发展是融入了公司的业务战略，还是仅仅被视作附着于战略的一项倡议。

评分区间为 0～3，对各项因素，最低可给予 0 分，最高可给予 3 分。每份报告的最高总分为 60 分（20 项因素，每项 3 分）。我们已勉力而为，确保评分尽可能客观，但一定程度的主观性在所难免。评分者间信度基准设定为 80%，以最大化不同评分者分数的一致性。为此目的，各评分者先为相同的 5 份报告评分，之后对各项因素得到的分数进行比较，从而对评分者间信度作出评估。在至少 80% 的情况下，分数都较为一致。报告在全团队内分配，以平衡评分者的工作负荷。各评分者先针对 20 项因素为每份报告评分。在所有报告的评分结束后，评分者再次复查分数，并在部分情况下酌情就个别因素对分数作出调整。所有平均数、总数、相关系数、图表都由此数据生成。

注　释

［1］全球报告倡议组织："可持续发展披露数据库电子表格"。〔Global Reporting Initiative，Excel Spreadsheet of Sustainability Disclosure Database，Discover the Database，What's Included，http：//database.globalreporting.org/search，accessed October 2013.〕

［2］国际价值总览报告委员会：《国际〈IR〉框架》，第5页。〔International Integrated Reporting Council，The International <IR> Framework，p.5，http：//www.theiirc.org/international-ir-framework/，accessed April 2014.〕

［3］国际价值总览报告委员会：《国际〈IR〉框架征求意见稿》。〔International Integrated Reporting Council，"Consultation Draft of the International <IR> Framework"，http：//www.theiirc.org/consultationdraft2013/，accessed April 2014.〕

第八章

报告网站

如今，公司使用网站的目的多种多样：推销产品、刊登广告、与客户和员工互动、实时发布重要信息、提升形象、推广品牌。更不用说，网站还可用来出售产品。与此相较，公司为报告目的使用网站的方式是很有限的。不过，作为公司与股东和其他利益相关者沟通日益特出的渠道，网站具有重要的地位。公司通过利用报告网站，可以突破**一份纸面价值总览报告**的局限，为公司**开展价值总览报告**打造平台，构建更为多维、互动、丰富的沟通形式。在前一章中，我们注意到大多编制价值总览报告的公司为报告提供的在线支持很少，未能使报告所载的信息更为有用、可用。互联网不仅具有显著增强价值总览报告和价值总览思维的潜力，对更传统的公司报告也同样有此效果。就这一点来说，我们可以合理地假设，大型公司拥有使之成为现实所需的资源。

为评估世界上最先进的公司如何为报告目的利用互联网，我们研究了"世界 500 强"公司的网站，名单来源则是《财富》（*Fortune*）杂志为 2013 年 3 月 31 日截止的财年所发布的排行榜。[1]虽然规模大小并不等同于先进程度，不过我们认为，前者可作为后者的合理替代指标。而且有数据显示，这些公司在经济上的体量也赋予其责任，需要透过报告和网站，向股东和其他利益相关者就绩效作有效的沟通。这也是我们的看法。世界 500 强公司中，年收入最高的是排名第 1 位的荷兰皇家壳牌石油公司（Royal Dutch Shell，4672 亿美元），最低的是排名垫底的理光集团（Ricoh，241 亿美元）；市值最高的是收入排名第 11 位的雪佛龙（Chevron，5048 亿美元），最低的是排名第 309 位的联合博姿（Alliance Boots，1700 万美元）。[2]在 2012 年，这些公司的收入共计 24.3 万亿美元，利润 1.9 万亿美元；其总市值（21.9 万亿美元）在全球大约 46000 家上市公司中占 42％。如此强大的经济实力，同时也集中于这些为数不多的公司手中，而且即便在这一顶尖群体中也呈现高度集中的态势。排名前 100 的公司，分别占 500 强公司收入的 48%、利润的 43%、市值的 32%。[3]

根据对超过 100 家公司（包括编制最佳价值总览报告的部分公司）网站的深入研究[4]，我们开列了一份细目清单，涵盖了一般的网站特征（例如，公司是否专为说明自身情况建立了单独站点，还是将自身情况列为总体网站的一部分，置于"关于我们"或类似标签下）、为财务报告目的对网站的使用（例如，在线历史年报可回溯几年、是否有其他语言版本的报告），以及为可持续发展报告目的对网站的使用（例如，公司是否在网站上提供可持续发展报告等可持续发展相关信息、找寻的难度有多大）。在这 100 多家公司中，开展价值总览报告的只有 24 家。

一、方　法

由于网站的结构、功能和样式差异很大，因此数据收集困难重重。[5]我们名单上的公司，大约有 75% 总部位于美国之外。故而，我们的工作面临语言上的障碍和文化上的差异。比方说，中国公司的社交媒体利用率低于美国和欧洲公司，可能的原因是中国互联网用户比例相对较小，而且英文版本的公司站点未收录在中国本土使用日增的社交媒体服务。[6]由于部分公司使用的语言众多，确认网站的语言版本数量也较为困难。而有时，网站未提供英文版本，我们只能依靠谷歌翻译（Google Translate）呈现的结果[7]。在数据收集的开始阶段，我们尝试使用了自动化的方法，但最终发现必须手动收集，并作细致的检查。[8]我们创建了为各网站功能编码的模板，之后将数据导入电子表格。

数据收集和准备的最后一步，是创建逻辑合理的类目，将第八章附录中列出的各项功能分组。[9]我们创建的类目有"财务透明度"（财务信息的数量和质量）、"可持续发展透明度"（可持续发展相关信息的数量和质量）、"连通程度"（网站相关部分之间是否有显而易见的链接）[10]、交互程度（与使用者互动的功能）和"效用程度"（让网站尽可能友好易用的功能）。[11]我们将各个公司的原始得分数据根据类目汇总，之后转换为Z分数，并将之标准化至1～100分的区间。[12]

二、网站类目分析

表8.1显示了各行业部门网站的类目均分。技术通信部门得分最高，为61分（医疗保健部门59分，资源转化部门58分），基础设施部门得分最低，为40分。得分较高部门的公司可能一般来说具有运营高质量网站的需求。技术通信公司意在通过品牌推广使其产品脱颖而出，医疗保健公司则需要开展消费者教育、建立信任。作用不可或缺但常处于争议风口浪尖的资源转化公司则必须保有其经营许可。

各类目中，"连通程度"的部门间分差最小，得分最高的是消费品部门（51分），最低的是服务部门（42分）。"效用程度"是部门间分差最大的，得分最高的是医疗保健部门（64分），最低的是基础设施部门（32分）。原因可能是消费品部门的公司相较基础设施部门的公司，需要运营更为易用的网站来销售产品。"财务透明度""可持续发展透明度""交互程度"在各部门的分值范围基本相同。

表 8.1 根据可持续会计准则委员会（SASB）行业部门
对世界 500 强公司网站所作的类目分析

SASB 行业部门	公司数量	财务透明度	可持续发展透明度	连通程度	交互程度	效用程度	总计
消费品	64	54.51	51.01	51.13	55.66	60.75	57.28
金融	108	54.10	51.58	47.68	45.71	50.79	52.36
医疗保健	28	63.36	43.65	50.89	60.42	64.00	59.45
基础设施	43	41.57	42.96	43.14	40.04	31.93	39.98
非可再生资源	100	43.20	49.54	46.66	41.95	45.30	46.28
资源转化	41	54.53	52.08	48.19	55.35	59.42	58.02
服务	14	50.25	44.04	41.65	47.88	55.08	48.45
技术通信	51	58.90	62.97	47.48	55.36	58.66	60.57
交通运输	51	49.10	52.30	44.15	50.95	42.98	49.76
平均分		52.17	50.01	46.77	50.37	52.10	52.46

"主要的行业分类体系大多使用收益作为将公司归入特定部门及行业的基础。不过，公司的市场价值不止由财务绩效决定；在许多行业，高达 80% 的市值是由无形资产构成的。为解决这一问题，SASB 开发了可持续发展行业分类体系（Sustainable Industry Classification System，简称'SICS'），根据资源密集度和可持续发展创新潜力将行业分类。这一体系与全球行业分类标准（GICS）和彭博行业分类体系（BICS）等传统的分类体系相扣。SICS 分成三个层级。行业是最低一层。SASB 正为构成这一层级的 80 多个行业制定准则。行业群体是中间一层，根据各行业对可持续发展影响的相似度归类。行业部门是最高一层，共计 10 个，反映的是资源利用的最终目的。"（可持续会计准则委员会："行业分类"。）[Sustainability Accounting Standards Board, Industry Classification, http://www.sasb.org/industryclassification/, accessed April 2014.]

在根据地区所作的分析中，总体平均分的差异更大。欧洲公司得到了最高的 67 分，而亚洲公司得到了最低的 35 分（见表 8.2）。不过，由于亚洲公司使用本族语的网站或许会得分更高，故而上述对比可能存在一定的人为因素。虽然对非英语国家的公司来说，将一份价值总览报告译为英文不是难事，但开发全功能的英文报告网站就不那么容易了。一家公司应该为此作多大投资，主要取决于外国投资者及其他利益相关者对公司的重要程度。

表 8.2 根据地区对世界 500 强公司网站所作的类目分析

地　区	公司数量	财务透明度	可持续发展透明度	连通程度	交互程度	效用程度	总计
亚洲	187	34.08	44.06	41.81	30.58	31.33	35.25
欧洲	150	68.68	64.09	56.21	62.89	55.51	66.78
拉丁美洲和加勒比海地区	13	41.77	54.30	48.08	42.43	46.03	51.09
北美地区	141	56.58	45.04	44.11	59.39	72.30	58.23
大洋洲	9	51.60	64.52	56.19	43.61	53.43	59.27
平均分		50.54	54.40	49.28	47.78	51.72	54.12

注：对地区的定义引自全球报告倡议组织（GRI）的"可持续发展披露数据库"。[https://www.globalreporting.org/reporting/report-services/sustainability-disclosure-database/Pages/default.aspx.]

表 8.3 列出了拥有世界 500 强公司数量最多的 6 个国家。在根据地区所作的类目分析中，由于中国公司极低的得分（所有类目均在 18～25 分之间），故而均分差异更大。总体来说，德国、法国、英国等欧洲公司得分比美国或日本公司更高。美国公司在"可持续发展透明

度"和"连通程度"上,是除中国公司外得分最低的。不过,在"交互程度"这一类目上,美国公司的分数与欧洲公司处于同一区间,"效用程度"的得分更是遥遥领先。

表 8.3　根据国家对世界 500 强公司网站所作的类目分析

国家	公司数量	财务透明度	可持续发展透明度	连通程度	交互程度	效用程度	总计
美国	131	55.83	44.92	44.06	60.00	73.83	58.53
中国	84	18.71	24.22	25.45	20.42	13.34	15.03
日本	61	50.84	66.26	60.92	38.30	50.00	57.83
法国	31	67.46	58.87	52.50	67.57	43.60	62.36
英国	30	63.84	62.27	58.92	63.41	64.15	66.49
德国	29	76.78	66.24	54.99	63.22	54.90	70.17
平均分		55.58	53.80	49.47	52.15	49.97	55.07

注:公司所处地理信息来自《财富》杂志"世界 500 强"排行榜。

根据公司规模与根据行业部门得出的总体平均分差异,基本落在同一区间(见表 8.4)。总的来说,这些数据证明,我们以规模大小作为先进程度的替代指标是合理的选择。总体平均分与公司规模之间,存在明显的对应关系。除 301～400、401～500 位这两档的分数以外,其他均与排行同步提升。然而,全球最大的 100 家公司,总体平均分也只有 61。"连通程度"的均分差异最小:1～100 位的公司与 201～300 位的公司分数竟相差无几。均分差异最大(虽然绝对差值并不大)的类目是"连通程度"和"效用程度"。这反映出,只有规模非常大的公司认识到了提供相关重要网站功能所能带来的效益。而均分差异最小的类目是"财务透明度"和"可持续发展透明度"。

表 8.4　根据公司收入规模对世界 500 强公司网站所作的类目分析

排名	公司数量	财务透明度	可持续发展透明度	连通程度	交互程度	效用程度	总计
1～100	100	60.52	57.46	49.99	57.67	62.58	61.46
101～200	100	54.00	56.10	47.25	58.13	55.00	56.45
201～300	100	53.13	51.30	51.09	48.72	51.02	53.43
301～400	100	43.21	42.27	41.27	38.25	40.28	41.34
401～500	100	45.74	47.77	46.40	41.93	45.71	47.48

注：公司收入信息来自《财富》杂志"世界 500 强"排行榜。

鉴于上市公司的报告要求多于国营企业或私营公司，我们预计上市公司的报告网站得分会更高。我们将 415 家上市公司和其余 85 家非上市公司作了比较（见表 8.5）。这 85 家公司中，大多数是国营企业，少数是私营的家族企业。分析结果证实了我们的预计。非上市公司对外部股东不承担义务，其分数也反映出了这一点。这些公司的平均得分为上市公司得分的四分之一到一半，而且在"财务透明度"和"效用程度"上得分尤其低。不过，非上市公司仍然处于民间社会的监督和压力之下。这可能解释了这些公司在"可持续发展透明度"上为何得分相对较高（虽然绝对值只能说尚可），以及与此情况类似的"连通程度"和"交互程度"得分情况。

表 8.5　根据公司类型对世界 500 强公司网站所作的类目分析

	公司数量	财务透明度	可持续发展透明度	连通程度	交互程度	效用程度	总计
上市公司	415	58.11	55.55	50.97	53.53	58.17	58.84
非上市公司	85	18.16	28.64	28.81	26.52	15.52	18.82

注：我们使用了彭博社关于上市状态的信息，将公司分类为上市公司、私营企业和非上市公司。

最后，我们在前一章讨论过的价值总览报告公司中选取了一部分（见表 8.6），与世界 500 强公司作了比较。根据这些公司价值总览报告的总体得分，我们列出了前 40 家非南非公司和前 10 家南非公司，并使用与上文同样的方法作了分析。[13]除"连通程度"外，南非公司网站各类目的得分都明显较低。"连通程度"的高分显然是编制价值总览报告带来的产物。这些分析结果说明，高质量的价值总览报告和高质量的公司报告网站相互之间并无关系。

表 8.6　对价值总览报告公司网站所作的类目分析

地区	公司数量	财务透明度	可持续发展透明度	连通程度	交互程度	效用程度	总计
非南非	42	55.71	54.20	49.56	53.49	54.31	53.17
南非	10	32.29	43.40	73.93	31.19	32.45	40.92

三、网站功能分析

上文对网站类目得分的分析，并未揭示一些构成类目的个体功能之间所存在的重要差异。由于公司开发有效的报告网站，正是通过这些功能来加以实现，因此我们对此进行考察，以深入理解公司究竟应当如何改进报告网站。考察结果列于表 8.7（根据 SASB 行业部门）、表 8.8（根据所处地区）、表 8.9（根据所处国家）、表 8.10（根据公司规模）、表 8.11（根据公司类型）、表 8.12（针对开展价值总览报告的公司）。由于类目由上述表格中所示的功能构成，故而这些网站功能之间的差异，许多与上一节讨论过的情况吻合。这点也符合预期。有些功能，如社交媒体等，得到了大多数世界 500 强公司的采用；而另一些，如以可扩展商业报告语言（XBRL）格式提供数据等，则很少被采用。多数公司只需稍作努力，便可大幅改善公司报告网站的质量。

使用社交媒体的公司占三分之二；提供网络广播和数据分析工具的公司占到一半；展示视频、列出公司具体联系人（而非一般的"投资者关系"事务电邮地址）的公司占三分之一；以 XBRL 格式提供数据的公司占四分之一。很少有公司在网站上征求反馈（29 家）；要求使用者创建账户，以根据访客类型分析网站使用情况（12 家）；允许使用者自建"定制报告"；以互动游戏的方式，帮助受众理解公司面临的权衡取舍难题（2 家）。规模较大的公司，特别是前 100 强公司，已开始利用上述大多数功能的比例更大。要求使用者注册账户、参与教益类游戏、自建定制报告属于例外情况：即使在规模最大的公司中，也只有极少数在网站上提供了这几项功能。这其中产生的问题，就其原因来说，究竟是这些功能无关紧要，还是即使规模最大的公司也仅仅处在挖掘互联网潜力的起步阶段？此外，不出我们所料，非上市公司的得分极低：11 项功能中，没有得到任何非上市公司采用的有 4 项，采用率低于 5% 的共计 8 项。使用社交媒体的非上市公司仅有四分之一，10 家里平均仅 1 家在网站上展示了视频。

表 8.7　根据行业部门对世界 500 强公司网站所作的功能分析

SASB 行业部门	公司数量	社交媒体(%)	视频(%)	反馈(%)	账户(%)	游戏(%)	网络广播(%)	联系人(%)	分析工具(%)	电子表格(%)	定制报告(%)	XBRL(%)
消费品	64	78	36	3	3	0	70	36	61	48	0	41
金融	108	62	26	5	1	1	54	33	52	31	6	19
医疗保健	28	86	46	7	0	0	79	61	71	54	4	50
基础设施	43	53	21	0	5	0	40	23	30	14	0	5
非可再生资源	100	53	26	4	0	0	42	29	48	32	3	15
资源转化	41	71	34	12	5	2	66	34	56	49	2	41
服务	14	71	29	0	0	0	57	36	71	43	14	21
技术通信	51	78	33	14	0	0	63	35	63	43	2	24
交通运输	51	63	37	8	10	0	41	25	41	24	0	18
平均分		66	31	6	2	0	54	33	52	36	3	24

表 8.8　根据地区对世界 500 强公司网站所作的功能分析

地　区	公司数量	社交媒体(%)	视频(%)	反馈(%)	账户(%)	游戏(%)	网络广播(%)	联系人(%)	分析工具(%)	电子表格(%)	定制报告(%)	XBRL(%)
亚洲	187	34	14	3	0	0	19	9	25	13	2	4
欧洲	150	83	47	10	6	0	71	63	67	31	4	5
拉丁美洲和加勒比海地区	13	62	15	0	0	8	38	8	54	38	0	0
北美地区	141	88	38	6	2	1	84	35	72	72	4	73
大洋洲	9	78	11	0	0	0	89	44	78	11	0	0
平均分		66	31	6	2	0	54	33	52	36	3	24

表 8.9　根据国家对世界 500 强公司网站所作的功能分析

国　家	公司数量	社交媒体(%)	视频(%)	反馈(%)	账户(%)	游戏(%)	网络广播(%)	联系人(%)	分析工具(%)	电子表格(%)	定制报告(%)	XBRL(%)
美国	131	89	38	7	2	1	83	36	71	76	3	78
中国	84	12	10	0	0	0	5	6	5	0	0	0
日本	61	48	21	5	0	0	34	0	41	26	5	10
法国	31	87	48	19	6	0	61	45	45	13	3	0
英国	30	80	60	7	0	0	80	60	90	43	0	10
德国	29	76	52	10	21	0	66	76	62	38	7	0
平均分		62	33	6	3	0	54	29	49	39	3	30

表 8.10　根据公司规模对世界 500 强公司网站所作的功能分析

排　名	公司数量	社交媒体(%)	视频(%)	反馈(%)	账户(%)	游戏(%)	网络广播(%)	联系人(%)	分析工具(%)	电子表格(%)	定制报告(%)	XBRL(%)
1～100	100	76	41	10	5	0	74	41	62	50	4	39
101～200	100	72	49	7	5	1	52	29	57	41	4	21
201～300	100	74	23	5	1	0	59	30	53	31	4	19
301～400	100	53	16	3	0	1	39	30	41	25	1	18
401～500	100	53	24	4	1	0	48	35	49	31	1	22
平均分		66	31	6	2	0	54	33	52	36	3	24

表 8.11　根据公司类型对世界 500 强公司网站所作的功能分析

排　名	公司数量	社交媒体(%)	视频(%)	反馈(%)	账户(%)	游戏(%)	网络广播(%)	联系人(%)	分析工具(%)	电子表格(%)	定制报告(%)	XBRL(%)
上市公司	415	74	34	7	3	0	65	38	63	42	3	29
非上市公司	85	26	13	0	0	0	4	11	2	2	1	0
平均分		66	31	6	2	0	54	33	52	36	3	24

与财务报告不同，价值总览报告具有转型功能。以此为出发点，我们将开展价值总览报告的公司同世界 500 强公司作了比较，以找寻公司通过价值总览报告进行转型的实证。价值总览报告公司总体在列明具体联系人员（67％对33％）和提供分析工具（77％对52％）两项，得分明显较高。这两项功能都有助于公司的转型。前者为使用者提供了向公司提问的便利渠道，表明了价值总览报告带来的、公司邀请受众进一步参与的愿望。后者则能够让使用者更深入理解公司报告

内容的含义，表明了公司培养报告受众价值总览思维的愿望。在其他网站功能方面，开展价值总览报告的公司与全球 500 强的表现基本相同。不过，我们发现南非公司在两个方面的表现明显较为逊色：展示视频（0％对 38％）和使用电子表格提供数据（20％对 60％）。

表 8.12　对价值总览报告公司网站所作的功能分析

地　区	公司数量	社交媒体(%)	视频(%)	反馈(%)	账户(%)	游戏(%)	网络广播(%)	联系人(%)	分析工具(%)	电子表格(%)	定制报告(%)	XBRL(%)
非南非	42	83	38	5	0	5	60	67	76	60	21	5
南非	10	70	0	0	0	0	70	70	80	20	0	0
平均分		81	31	4	0	4	62	67	77	52	17	4

四、三个实例

在本章的最后部分，我们将考察书中之前讨论过的三家价值总览报告领头公司：诺和诺德、飞利浦和 SAP。[14]通过对其网站的重点分析，我们希望指出当前已有的一些实际做法。任何较大规模的公司，只需略作投入就可以同样效仿，在网站上提供有益、实用的功能。这三家公司在对价值总览报告和公司报告网站的分析中都获得了高分。[15]诺和诺德利用网站提供丰富的细节内容和互动式游戏，作为对 PDF 版本价值总览报告的补充。飞利浦利用网站的方法与诺和诺德相似；不过，飞利浦还通过视频演示同网站访问者进行互动。SAP 的与众不同之处，是更着眼于将网站本身，而非单一文档，作为开展价值总览报告的基础。

（一）诺和诺德

诺和诺德公司关于财务、社会和环境绩效的价值总览报告，以可供在线查看或下载的 PDF 文档为主要沟通渠道。不过，有关重要性和利益相关者参与的补充信息，通过访问公司主页单击"可持续发展"标签，即可轻松获得。[16]在公司的价值总览报告中，重要性是位序很高的议题之一。经由"主页—可持续发展—我们的优先事项"这一路径，使用者可以看到六个议题：获得医疗保健服务、尽责业务做法、公司员工、环境和气候变化、社区、生物伦理。每个议题下都包含了指向至多六个子议题的链接，可以通过点击来进一步了解。"可持续发展"的下属部分"我们的立场"，也提供了公司相关议题的文档，并深入解释了诺和诺德作为全球企业公民应起的作用。此外，网站还提供了互动游戏，模拟了在商业道德、气候变化、财务业绩、医疗保健服务方面公司面临的难题，从而阐释了公司对各利益相关者需要作出的权衡取舍。[17]最后，公司最近还发布了一份题为《三重底线季报》（TBL Quarterly）的出版物，旨在"说明公司可持续发展营运的行动、挑战和机遇。每份季报都包括文章、照片、视频和图表，解释公司如何通过责任承担，支持长期价值创造"。[18]

利益相关者参与和重要性一样，在 PDF 版本的报告中未得到深入讨论。不过，在"可持续发展"页面上，公司提供了指向利益相关者参与讨论页面的链接。讨论中识别了数个关键利益相关者，并且明确将患者列为公司必须尽职尽责的最终利益相关者。[19]在咨询员工、投资者、供应商、其他业务伙伴和社区成员之余，公司同时认为参与行业/公司协会、倡议机构、智库的活动，也是利益相关者参与的基本一环。

在网站后台的使用者追踪功能方面，诺和诺德通过记录下载数追踪利益相关者对内容领域的兴趣（见表8.13）。下载2011年和2012年季度财报的用户极少，原因很可能是其中的信息在别处也很容易便能获取。但用户对管理层持股比例、管理层对2012年业绩的分析、各类绩效的合并报表[20]、报告获得的鉴证怀有浓厚的兴趣。[21]

表 8.13　诺和诺德2012年年度报告访问量最大的章节

章　节	访问量
管理层持股	1086
2012 年业绩	402
合并财务、社会和环境报表	286
鉴证	246
我们的业务	149
2011 年和 2012 年财务季报	79
附加信息	36
2013 年展望	24
公司治理层及股权	23

注：特别感谢诺和诺德公司可持续发展部副总裁苏珊·斯托默（Susanne Stormer）、项目经理克里斯蒂娜·萨洛莫内（Christina Salomone）以及研究与外联部小组带头人斯科特·迪尔（Scott Dill）为我们提供数据。诺和诺德2011年和2012年年度报告的具体章节可在公司报告网站下载并查看。虽然数据仅包含了下载总量，但我们推测这些信息是对公司利益相关者兴趣的精确反映。

（二）飞利浦

飞利浦使用网站对价值总览报告进行补充[22]，而且远不止提供额外信息这么简单。在网站设计中互动元素贯穿始终，从而与访问者建立单靠陈述和数字难以实现的直观联系，同时也能够收集访问者类型等相关信息。网站在欢迎访问者来到飞利浦年度报告网站时，也请求访问者确认所属群体。可选项包括客户、股东、财务分析师、可持续发展分析师、员工、供应商、非政府组织、投资组合经理、记者、求职者或学生。访问者也可以选择"其他"项，并填写简短的说明。

自 2008 年发布首份价值总览报告起，飞利浦网站便利用视频与访问者开展更人性化的互动。公司 2012 年的报告网站包括了首席执行官、首席财务官、首席人力资源官的视频致辞。首席执行官的致辞为传统的致函注入了活力，访问者能够直观感受到首席执行官的激情与投入。首席财务官对财务绩效的回顾，也提供了资产负债表和损益表所没有的纹理和脉络。而首席人力资源官则介绍了飞利浦推动结构和文化转变的做法。

"互动图表"是创意利用动画的一个实例。访问者可以借此自行设计飞利浦的绩效演示。可用的图表共有七张，主题分别是资产与负债、损益情况、获利能力、现金流量、每股关键绩效、员工和可持续发展。每张表均可根据数个不同属性加以修改。比如说，损益情况图表提供了公司总体或各业务分部五年的销售额和收益额。

报告下载中心[23]允许访问者通过数种不同方式获取报告信息。访问者既可以下载完整的年度报告，也可以选择具体章节编制自定义报告。飞利浦同时还提供了三份预设报告（分析师选报、可持续发展选报和员工重点报告）。

（三）SAP[24]

SAP 的网站包括了仅在线提供的价值总览报告，并且对报告的内容作了出色的编排和组织（见表 8.14）。由于其结构逻辑性强，举例说，要找到与《国际〈IR〉框架》指导原则"战略重点和面向未来"相关的内容元素，就相对容易。

表 8.14 《国际〈IR〉框架》和 SAP 公司报告网站

《国际〈IR〉框架》内容元素	SAP 网站上的路径
业务模式	绩效—业务活动
战略和资源配置	绩效—愿景、使命和战略
风险和机遇	绩效—风险报告
前景展望	绩效—前景展望

对重要性的讨论，则位于"关于报告"标签下的一个单独部分，并提供了指向"利益相关者参与"的链接。利益相关者参与也是确定重要性不可或缺的一环。

SAP 在 2012 年价值总览报告中最显著的一个特点，是将财务和非财务绩效联系在一起的互动图表。[25] 图表列出了 3 项经济指标、4 项环境指标和 7 项社会指标（见表 8.15），并且显示了彼此间的关系。

表 8.15 联系财务和非财务绩效

经济指标	环境指标	社会指标
收益	温室气体足迹	员工参与
营运利润率	能源消耗总量	促进健康的企业文化指数
客户成功度	数据中心耗能	员工续聘
	可再生能源	女性管理人员
		社会投资
		能力建设
		最佳雇主排行

来源：SAP 公司：《2012 年价值总览报告》，"关键信息"，"联系财务和非财务绩效"。[SAP Integrated Report 2012. Key Facts, Connecting financial and non-financial performance, http://www.sapintegratedreport.com/2012/en/key-facts/connecting-financial-and-non-financial-performance.html, accessed April 2014 (site discontinued).]

SAP 允许使用者通过点击一项指标，了解与其他指标的关系。比如，点击环境指标"能源消耗总量"，就会出现指向经济指标"营运利润率"和环境指标"温室气体足迹"的链接。环境指标"数据中心耗能"则被识别为"能源消耗总量"的直接促因。与此类似，图 8.1 显示了"员工参与"与其他指标的联系。在我们研究的公司网站中，将财务和非财务因素的相互依赖关系作如此清晰阐释的，SAP 是唯一一个。[26]

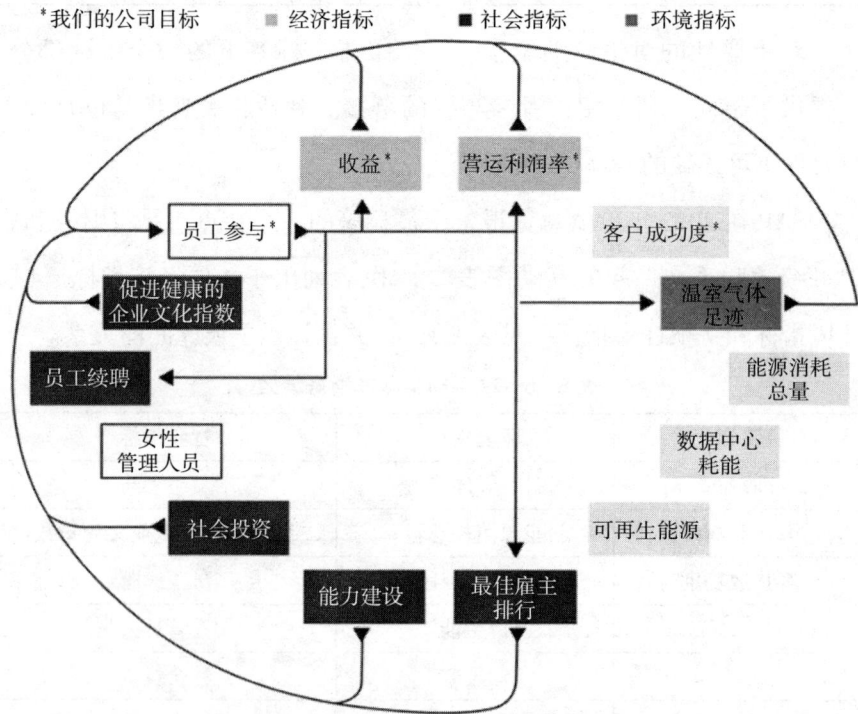

图 8.1 员工参与对绩效的影响

来源：SAP 公司：《2012 年价值总览报告》，"联系财务和非财务绩效"。[SAP Integrated Report 2012, "Connecting Financial and Non-Financial Performance"（site discontinued）.]

图形化陈述是《国际〈IR〉框架》设想的、定量评估财务和非财务绩效的第一步[27]，也体现出 SAP 对财务和非财务信息不同维度间关系的理解。[28]

不仅如此，SAP 的《2012 年价值总览报告》还包括了"独立审计报告"[29]和"独立鉴证报告"。[30]前者提供了对公司合并财务报表的传统审计意见。后者为选定的可持续发展信息同时提供了有限保证和合理保证的鉴证意见。[31]有限保证的鉴证意见针对的是 SAP 对《AA1000 原则标准（2008）》(AA1000 Principle Standard)的采用，以及选定的定性声明和可持续发展绩效定量指标。合理保证的鉴证意见针对的，是"促进健康的企业文化指数""员工参与""员工续聘""女性管理人员""温室气体足迹"(范围 1 和范围 2 排放，以及包括差旅乘机和员工通勤在内的范围 3 排放)"可再生能源""能源消耗总量"和"客户成功度"这些指标。

SAP 的报告网站是我们研究对象中最为先进的。鉴于 SAP 是一家技术公司，这点并不出人意料。不过，SAP 的网站不仅以先进技术为基础，更扎根于对价值总览思维的运用。而且，SAP 网站上几乎所有的功能，任何较大规模的公司都可以轻易效仿实现。不过，报告网站尽管非常重要，但也仅是利用信息科技，改善价值总览报告，进而促进价值总览思维的众多途径之一。

注　释

[1]《财富》杂志使用的方法如下：本排行榜按照截止日不晚于 2013 年 3 月 31 日的财务年度的收入对公司进行排名。所有上榜公司必

须公布其财务数据并将部分或全部数字提交政府机构。数字以各公司报告为准，比较对象为之前报告的上一年数字。《财富》不为会计做法变动而重新编制上一年数字。（来源：《财富》杂志，2013年7月8日）流程：以世界500强排行榜为数据集，我们制定了一份清单，以寻找并记录相关细目。网站访问时间为2013年10月到2014年2月，数据先记录在纸上，之后录入Excel电子表格进行分析。

［2］公司收入与市值来源为彭博社（Bloomberg），并以2012年12月31日的汇率转换为美元。

［3］总收入来自我们对各公司收入的加总，全球市场市值来源为彭博社，并以2012年12月31日的汇率转换为美元。市值以万亿美元计。

［4］我们针对100多个站点收集了初始数据，其中包括知名的价值总览报告公司、大型制药公司和部分世界500强公司，之后才决定将世界500强公司作为我们的研究目标总体。

［5］本章的写作要特别感谢哈佛商学院信息与图书服务部资深研究员芭芭拉·埃斯蒂（Barbara Esty）女士的不倦努力。她从2013年10月到2014年2月历时五个月，投入了数百个小时的时间，凭一己之力完成了为世界500强公司网站编码的艰巨任务。芭芭拉同时也深入参与了数据的分析和诠释。在我们看来，她至今仍是公司报告网站领域首屈一指的专家。在完成确认网站功能的初期数据收集，并选取世界500强公司为目标总体之后，我们编制了用于记录分析结果的评分表。其目的是为了保证考察站点时的一致性。评分表为各项功能设定了确认、评分和附注栏。在明知要录入电子表格的情况下，依然先将数据记录在纸面上，似乎有些重复劳动，但这样做为不慎遗漏的细目或由于网站复杂而需要再次查看的细目提供了复核的机会。再则，纸面记录较为灵活机动，可以写下我们在数据收集开始时还不确定如何给分的背景关联数据。我们对每个网站的考察都采用了同样的步骤。首先打开

主页，查看站点的一般属性，如多语言版本、社交媒体和视频的使用等。然后，我们点击进入"投资者关系"部分和"可持续发展"相关页面。如果一项功能得到明确显示，或可以通过简单的站点搜索获得，则加以记录。功能必须是网页上文字的一部分，而非位于站点附件内的文档。

［6］eMarketer 公司：《移动社交平台在中国：营销挑战与机遇》。［eMarketer. "MOBILE SOCIAL PLATFORMS IN CHINA：Marketing Challenges and Opportunities", December 2013，http：//d1vumxoj4hmk29. cloudfront.net/system/attachables/main/MuLOylpwdFtw6WpVw4U/original/ Mobile_Social_Plateforms_in_China.pdf？ 1389666464，accessed May 2014.］

［7］没有英文版本站点的世界 500 强公司数量很少。在不存在英文站点的情况下，谷歌的 Chrome 浏览器提供了翻译功能，让我们能够进行基本的浏览，理解网站的内容。

［8］在理想情况下，考虑到数据集的体积，自动化流程既能够省时，又能够保障一致性。不过，在收集过程开始时，我们并不清楚需要查找的细目，而这是成功自动化抓取网页内容的必需。由于网站页面繁多，文件结构复杂，将网站内容完整转换为副本也难以实现。最后，我们希望遵从公司网站的使用条款。在大多数情况下，网站对保存副本供未来使用都设定了限制。由于我们考察的网站众多，零星的编码错误在所难免（纵然再小心谨慎，也会存在百密一疏的情况）。不过，考虑到我们对数据的总体分析方式，少数几处错误不应对结果构成实质影响。将数据从纸面转移到电子表格也是复核的过程。在出现遗漏或反常情况时，我们都会再次校对。

［9］在理想情况下，如何分类在数据收集开始前即应确定，但实际上，在我们手动收集数据的过程中，分类方法才逐渐明朗。由于网站功能、分类标记、数据元素多种多样，最终确定的类目是根据考察结

果自然形成的。倘若仅以少量样本作为依据，则会对数据集构成偏差。为确定最终的分类目录，我们考察了数家价值总览报告公司、大型制药公司和部分世界500强公司的网站，创建了初始分类数据点列表。数据点（如历史年度报告存档的数量、互动式游戏等）录入以其出现频率或独特性为依据。

［10］此处"连通程度"是网站的一个属性，并非《国际〈IR〉框架》中定义的"信息连通性"。

［11］各类目的详细含义见第八章附录。

［12］我们基本遵循了汤森路透（Thomson Reuter）Asset 4 ESG数据库的评分框架。［http：//extranet.datastream.com/data/ASSET4%20ESG/documents/ASSET4_ESG_Methdology_FAQ_0612.pdf］单个细目的评分取决于我们是否在公司网站发现了该细目，如果是则给1分，不是则给0分。之后，我们将细目分数汇总，计算出各家公司7个类目的原始分数，再将原始分数转换为Z分数，以衡量与同一类目所有公司平均分之间的标准差。使用Z分数，能够在公司之间分差范围不大时，更容易对差异作出识别，同时也会给予异常分值更多权重。举例说，如果公司网站上某一细目较不常见，则通常会得分较高。最后，我们将Z分数标准化至1~100分的区间。

［13］我们分析的对象是前一章价值总览报告得分排名前40位的非南非公司，再加上诺和诺德、SAP两家公司。在世界500强公司中，有13家公司发布了自行声明的价值总览报告，分别是荷兰全球保险集团（AEGON）、巴西银行（Banco do Brasil）、巴斯夫公司（BASF）、宿务控股公司（CEBU Holdings）、日本中部电力（Chubu Electric Power）、意大利埃尼集团（Eni S.P.A.）、马士基集团（Maersk）、诺基亚公司（Nokia Corporation）、飞利浦公司（Philips）、瑞士SGS集团（Société Générale de Surveillance Switzerland）、挪威国家石油公司（Statoil

ASA）、瑞银集团（UBS）和芬兰 YIT 公司（YIT OYJ）。自行声明的价值总览报告来自 GRI"可持续发展披露数据库"。［Global Reporting Initiative，Sustainability Disclosure Database，GRI（Excel）Reports List，http：//database.globalreporting.org/pages/about，accessed April 2014.］网站编码和评分标准的细节请见第八章附录。

［14］关于诺和诺德和飞利浦价值总览报告的更多背景信息请见：艾博思、迈克尔·P. 克鲁斯：《诺和诺德：对可持续发展的承诺》。［Eccles，Robert G. and Michael P. Krzus，"Novo Nordisk：A Commitment to Sustainability"，Harvard Business School Case 412−053.（Revised January 2012）.］艾博思、丹妮拉·萨尔茨曼：《飞利浦公司的价值总核鉴证》。［Eccles，Robert G. and Daniela Saltzman，"Integrated Assurance at Philips Electronics N.V." Harvard Business School Case 412−054，January 2012.（Revised May 2013.）］

［15］对诺和诺德、飞利浦和 SAP 网站特征的分析，使用了与上文世界 500 强公司同样的评分方法。

	财务透明度	可持续发展透明度	连通程度	交互程度	效用程度	总计
诺和诺德	95.2	94.6	73.9	99.3	68.9	98.1
飞利浦	68.2	35.3	73.9	87.0	33.6	69.3
SAP	89.1	46.4	73.9	99.3	99.0	97.4

［16］诺和诺德公司：《2012 年年度报告》。［Novo Nordisk，Sustainability，Annual Report 2012，http：//www.novonordisk.com/sustainability/online−reports/online−reports.asp，accessed March 2014.］

［17］诺和诺德公司："可持续发展"，"互动挑战"。［Novo Nordisk，Sustainability/Interactive Challenges，http：//www.novonordisk.com/

sustainability/games/interactive-challenges.asp，accessed April 2014.］

［18］诺和诺德公司。［http：//www.novonordisk.com/sustainability/how-we-manage/tbl-quarterly.asp，accessed April 2014.］

［19］在诺和诺德的企业文化中，患者的重要地位以公司 1923 年创建伊始设下的原则"诺和诺德之道"为根基。原则中的两条分别是："公司的关键贡献，是发现并开发创新生物医药，并使之能为全球的患者所用""业务的增长和出色的财务绩效，让我们能够帮助患者改善生活、为股东提供丰厚回报、为社区作出贡献"。诺和诺德营销与医学事务部执行副总裁雅各布·里斯（Jakob Riis）在《2013 年年度报告》中再次回顾道："我们的目标是为患者的生活带去改善……"（诺和诺德公司：《2013 年年度报告》，第 4、25 页。）［Novo Nordisk, Novo Nordisk Annual Report 2013, http：//www.novonordisk.com/investors/annual-report-2013/default.asp，accessed May 2014，pp.4，25，respectively.］

［20］合并财务报表是指合并资产负债表、损益表、现金流量表和财务报表附注。

［21］管理层持股相关信息位于报告从第 44 页开始的"股权和资本结构"。管理层对 2012 年业绩的分析位于报告第 6 页的"2012 年业绩和2013 年展望"。各类绩效的合并报表位于从第 55 页开始的"合并财务、社会和环境报表"。报告鉴证相关信息位于第 109 页开始的"鉴证"。（诺和诺德公司：《2012 年年度报告》。）［Novo Nordisk, annual report 2012，http：//www.novonordisk.com/investors/annual-report-2012/ar2012.asp，accessed April 2014.］

［22］飞利浦公司：《2012 年年度报告》。［Philips, Annual Report 2012，http：//www.annualreport2012.philips.com/index.aspx，accessed March 2014.］

［23］飞利浦公司：《2012 年年度报告》。［Philips, Annual Report

2012. Downloads，http：//www.annualreport2012.philips.com/downloads/index.aspx，accessed April 2014.］

［24］我们对 SAP 价值总览报告内容的分析和讨论基于公司的《2012 年价值总览报告》。该报告目前已不再提供。《2013 年价值总览报告》可从以下地址获得。［http：//www.sapintegratedreport.com/2013/en/，accessed May 2013.］

［25］SAP 公司：《2012 年价值总览报告》。［SAP，Integrated Report 2012. http：//www.sapintegratedreport.com/2012/en/home.html，accessed March 2014（site discontinued）.］

［26］SAP 公司：《2012 年价值总览报告》，"关键信息"，"联系财务和非财务绩效"。［SAP，Integrated Report 2012，"Connecting Financial and Non-Financial Performance"（site discontinued）.］

［27］关于联系财务和非财务绩效的进一步讨论，见《国际〈IR〉框架》第 3B 部分"信息连通性"第 3.8 段"财务信息和其他信息"。例子包括：研发政策、技术/专业知识或人力资源投资对预期收益增长或目标市场份额的意义；环境政策、能源效率、与当地社区的合作以及用以解决社会问题的技术对成本削减和新商业机遇的意义；长期客户关系、客户满意度或声誉对收益和利润增长的意义。（国际价值总览报告委员会：《国际〈IR〉框架》。）［International Integrated Reporting Council，<IR> Framework，http：//www.theiirc.org/international-ir-framework/，accessed April 2014.］

［28］对 SAP 价值总览报告的更多讨论请见：艾博思、乔治·赛拉菲姆：《两事一述：可持续发展和季度报告电话会议》。［Eccles，Robert G.and George Serafeim，"A Tale of Two Stories：Sustainability and the Quarterly Earnings Call"，Journal of Applied Corporate Finance 25，No.3（Summer 2013）：66 - 77.］

［29］SAP 公司：《2012 年价值总览报告》，"独立审计报告"。［SAP，Integrated Report 2012，Independent Auditor's Report，http：//www. sapintegratedreport.com/2012/en/to-our-stakeholders/independent-auditors-report.html，accessed April 2014（site discontinued）.］

［30］同上。

［31］"合理保证的鉴证业务"和"有限保证的鉴证业务"区分了执业人员受准许执行的两种鉴证业务。前者的目的是将鉴证业务风险降至该业务环境下可接受的低水平，以此作为执业人员肯定式鉴证结论的基础。后者的目的是将鉴证业务风险降至该业务环境下可接受的水平（但高于"合理保证的鉴证业务"的风险水平），以此作为执业人员否定式鉴证结论的基础。（国际会计师联合会：《国际鉴证业务准则（ISAE）3000（修订版）》，"非历史财务信息审计或审阅类鉴证业务"。）［International Auditing and Assurance Standards Board，International Standard on Assurance Engagements（ISAE）3000，"Assurance Engagements Other Than Audits or Reviews of Historical Financial Information"，http：//www. ifac.org/sites/default/files/publications/files/B005%202013%20IAASB%20 Handbook%20ISAE%203000_0.pdf，accessed April 2014. ］

附录　将网站编码的方法

本附录说明了用来评估"世界 500 强"公司网站的评分方法。我们开发了一套独特的评分框架，表 8 附录 .1 呈示了选定的功能、功能被选的原因，以及数据收集的方法。我们将网站功能分为不同类目加以评分。类目名称和定义如下：

● 财务透明度：本类目下的细目评估所提供财务信息的数量，以及使用者找寻信息的难易程度。

● 可持续发展透明度：本类目下的细目衡量可持续发展信息的数量，以及使用者找寻信息的难易程度。

● 交互程度：本类目下的细目评估使用者能够与网站互动的程度。

● 连通程度：本类目下的细目评估公司财务和非财务绩效报告的整合程度。

● 效用程度：本类目下的细目评估辅助理解和分析公司数据的工具和格式的可用程度。

表 8 附录 .1　将网站编码的类目和功能

类目	功　能	功能被选的原因	数据收集的方法
财务透明度	单独的消费者站点和公司站点	许多公司，尤其是零售业的公司，将公司信息置于网站中内容丰富的"关于我们"部分，或置于单独的站点	通过不同网址的使用（如 www.thewaltdisneycompany.com 和 www.disney.com）识别独立站点

类目	功　能	功能被选的原因	数据收集的方法
财务透明度	多种语言或全球/地区站点	全球/地区站点的建立，体现出公司与世界各地客户或股东沟通的愿望或需要。局限：在美国访问网站会定向至"英文"站点。我们已尽可能找寻可用的语言。在站点语言不可选为英文时，使用谷歌（Google）进行翻译	站点是否提供"改变语言"选项，或特定地区/国家选项？大多数地区站点语言为英文，大多数投资者站点语言为英文
财务透明度	其他格式	使用者可用多种设备访问网站	网站是否识别并提供适用于其他移动设备（如iPad、iPhone、Android、移动端程序等）的站点格式？评分基于这些站点格式是否存在
财务透明度	网络广播	网络广播是公司在开展财报会议、分析汇报和其他活动时，邀请股东和利益相关者参与的常用方法	若公司提供分析汇报、财务会议等活动的网络广播、音频广播或录音文件链接，则记录为"是"
财务透明度	投资者关系—取得联系	与公司投资者关系部门取得联系的难易程度不一。有些公司透明度较高	若公司提供投资者关系团队成员的名字、照片、电邮地址或电话号码，则记录为"是"
财务透明度	投资者关系—对公邮箱	与公司投资者关系部门取得联系的难易程度不一。有些公司透明度较高	若公司提供电话号码、电邮表单或对公电邮地址，则记录为"是"
财务透明度	投资者关系常见问题说明	公司向股东提供的自助服务信息不一	若公司网站上"股东资讯"页、"投资者"部分等附有常见问题说明，或在网站他处附有与投资者相关的常见问题说明，则记录为"是"

续　表

类目	功　能	功能被选的原因	数据收集的方法
财务透明度	年度报告存档	网络让公司能够以经济实惠的方式，发布多年的历史信息	找寻可获得的历史年度报告，以 2012 年为基准计算年数
财务透明度	访问"投资者关系"部分的路径	设计网站时，需要对所有内容的存放位置作战略布局。所以网站内容的存放位置是经过考虑的。我们比较了投资者关系相关信息与可持续发展相关信息在网站上的存放位置	评分的方式是取从访问网站主页到访问投资者关系相关信息页所需步骤数的倒数。例如，"主页—投资者页"这一路径需要两个步骤，故评分为 0.5。所需步骤数较少的公司评分较高
财务透明度	其他语言版本的年度报告	公司可提供多种语言的网站内容，同样也可以提供多种语言版本的文档	若可在站点获取非英语版本的年度报告，则记录为"是"
可持续发展透明度	访问可持续发展相关信息的路径	网站内容的存放位置是经过考虑的。我们比较了可持续发展相关信息与投资者关系相关信息在网站上的存放位置	评分的方式是取从访问网站主页到访问可持续发展相关信息页所需步骤数的倒数。例如，"主页—可持续发展页"这一路径需要两个步骤，故评分为 0.5。所需步骤数较少的公司评分较高
可持续发展透明度	在可持续发展相关信息页提供实质信息	公司提供的可持续发展相关信息实质程度和数量不一	若网站提供关键绩效指标、倡议相关信息、报告等资料，则记录为"是"。网站若仅提供公司社会责任报告，或仅提供关于慈善、营销的公共关系资讯，则不算在内

续　表

类目	功　能	功能被选的原因	数据收集的方法
可持续发展透明度	访问可持续发展报告的路径	公司可持续发展报告的存放位置不一，且并非总在"可持续发展"或"投资者关系"部分清晰可见。年度报告的存放位置通常在投资者关系页面的顶部。可持续发展报告存放位置的差异应得到计量	评分的方式是取从访问网站主页到访问可持续发展报告所需步骤数的倒数。例如，"主页—公司社会责任页—公司社会责任报告"这一路径需要三个步骤，故评分为0.33。所需步骤数较少的公司评分较高
可持续发展透明度	其他语言版本的可持续发展报告	同年度报告类似，考察是否存在其他语言版本的可持续发展报告	若可在站点获取非英语版本的可持续发展报告，则记录为"是"
可持续发展透明度	可持续发展报告存档	网络让公司能够以经济实惠的方式提供多年的历史信息	找寻可获得的历史可持续发展报告，以2012年为基准计算年数
可持续发展透明度	可持续发展标准/指南	公司可通过网页将所遵循的标准或指南告知使用者。如全球报告倡议组织制定的指南、"联合国全球契约"、碳信息披露项目等	若标准或指南在"可持续发展部分"得到提及，或可通过站点搜索找到相关信息，则记录为"是"
交互程度	社交媒体	社交媒体已成为公司与客户和股东沟通的重要途径。局限：部分国家限制对社交媒体的使用，或公司决定不使用社交媒体	所有指向各类社交媒体平台的链接，凡置于网页显著位置的，均加以记录。指向社交媒体平台的链接数量和种类差异很大。得到记录的链接大多位于首页、投资者关系页，或位于站点显著位置。对主要的社交媒体平台作了单独记录，但平台数量不计入评分

续　表

类目	功　能	功能被选的原因	数据收集的方法
交互程度	视频	视频可让公司以更"平易近人"的方式与使用者沟通	若一个或多个视频位于站点首页、多媒体页显著位置，或可通过站点搜索快速找到视频，则记录为"是"
交互程度	访问者类型（对使用者身份的调查）	站点可根据使用者身份提供定制内容	若站点具有识别使用者身份的设计，则记录为"是"。例如，询问访问者"是股东、学生、记者……吗?"
交互程度	反馈	站点可就其内容和体验质量收集使用者信息，以资改进	若站点设共有弹窗问卷，或在显著位置设有反馈链接，则记录为"是"。一般性的"联系我们"链接不作为反馈机制加以记录
交互程度	注册/账号	站点要求使用者注册账号，以获取定制内容或访问网站的特定部分	若站点要求使用者注册账号获取内容（如业务通讯电邮、定制文章链接等），则记录为"是"。RSS 源不计入此列
连通程度	从可持续发展页指向投资者关系页的链接	意在理解网站如何将两者相联	若在可持续发展页有指向投资者关系页的明显链接，则记录为"是"
连通程度	从投资者关系页指向可持续发展页的链接	意在理解网站如何将两者相联	若在投资者关系页有指向可持续发展页的明显链接，则记录为"是"
连通程度	价值总览报告	公司是否编制价值总览报告	若公司将报告名为价值总览报告，或在一份文档中呈示"年度和可持续发展报告"，或在站点声明开展价值总览报告，则记录为"是"

续　表

类目	功　能	功能被选的原因	数据收集的方法
效用程度	投资者工具	公司可提供多种易用的图表，帮助使用者对数据进行分析	若站点提供工具，让使用者能够通过修改输入值和数据生成表格或图表，则记录为"是"
效用程度	PDF 文件格式的年度报告	公司可用多种格式提供年度报告信息，但 PDF 文件格式的便携性，让使用者能够方便地跨平台阅读和使用年度报告	若年度报告可通过下载 PDF 文件获得，则记录为"是"。鉴于 PDF 文件格式的 10-K 报告不提升其效用，故不算作 PDF 文件格式的年度报告
效用程度	PDF 文件格式的可持续发展报告	公司可用多种格式提供可持续发展报告信息，但 PDF 文件格式的便携性，让使用者能够方便地跨平台阅读和使用年度报告	若可持续发展报告可通过下载 PDF 文件获得，则记录为"是"。许多呈示可持续发展报告的站点是微型子站，但提供报告的下载
效用程度	财务信息电子表格	公司可提供多种方式，便利使用者对财务信息的下载和分析修改	若站点提供"输出为电子表格"功能，则记录为"是"
效用程度	游戏	站点可通过互动式游戏提供信息、开展宣传教育	若站点中有要求使用者响应，并根据响应提供相应信息的游戏，则记录为"是"
效用程度	定制视图	站点允许以定制方式分析信息。意在考察公司如何使用这类功能	若使用者可对信息加以选择，并生成新的单独文档，则记录为"是"
效用程度	可扩展商业报告语言（XBRL）	意在考察公司是否运用这项技术提高数据的可用性	若使用者可下载 XBRL 原始数据，则记录为"是"

第九章

信息技术

对信息技术的使用并非当今价值总览报告运动讨论的重点，但理应成为重点。信息技术涉及"用于处理和分发数据的电脑系统、软件和网络的开发、维护和使用"[1]，是开展价值总览报告的一大难题。然而，这也是机遇所在。信息技术不仅能大幅改善价值总览报告的流程和质量，让公司和受众获益，还能促进两者的价值总览思维。

要理解这两点如何实现，对公司报告，尤其是价值总览报告的思考，必须以当今席卷商界的四大技术趋势（大数据、数据分析、云计算、社交媒体）为背景。公司关注的重点，自然是如何利用这些技术来支持和转变业务模式。如何在价值总览报告上应用这些技术，却还几乎无人关注。我们认为，这一情况应当改变，也将会改变。高层管理人员必须认真思考在公司披露中如何利用信息技术。否则的话，价值总览报告和价值总览思维的目标就无法得到充分实现。之前两章的分析也支持了这一论点。如第七章所述，纸质报告囿于其固有的诸多局限；又如第八章所述，世界 500 强公司当今的报告网站，对目前可用的信息技术尚处在浅尝辄止阶段。因此，为推动信息技术成为价值总览报告运动的抓手，我们特在本章作专题讨论。[2]

我们将首先说明如何利用现有的信息技术，助力开展价值总览报告的流程。智能、机器可读的数据将在不久的将来发挥重要作用。以此为侧重点，我们将回顾四大信息技术趋势，讨论价值总览报告和价值总览思维如何能从中获益，并继而引介"背景关联报告"这一概念，亦即可以从"全局"视角，查阅任何一条信息的报告形式。在本章的结尾，我们以一家虚构的公司"华篮国际"为例，让读者得以一窥价值总览报告的未来。

一、价值总览报告流程

若使用得当，信息技术辅以内部控制系统，可大力支持价值总览思维和价值总览报告的发展。不过，公司必须要对利用信息技术支持其核心业务流程有清晰的战略规划，才能对此加以实现。就价值总览报告来说，这些流程分别是识别、验证、分析、受众筛选、向内部受众发布，以及向外部受众发布（见图9.1）。[3]

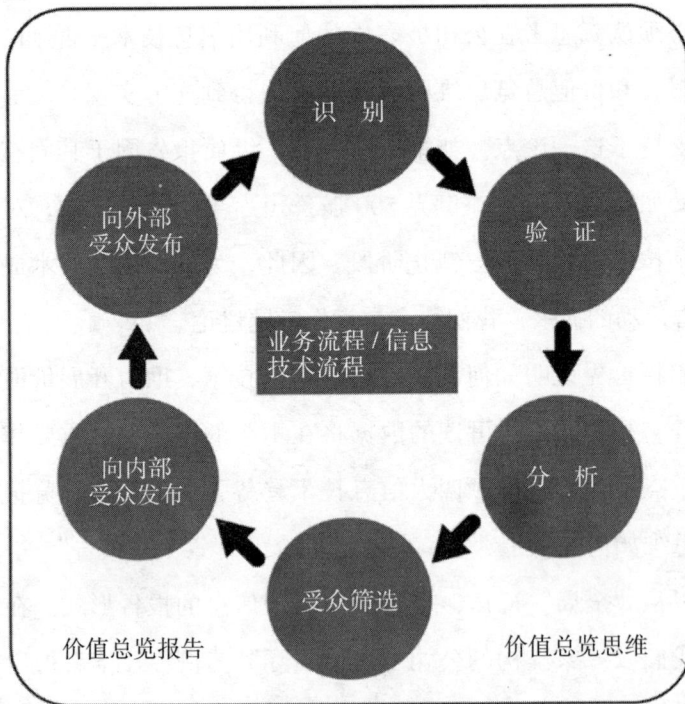

图 9.1 利用信息技术支持价值总览报告流程

（一）识别

公司开展价值总览思维的条件之一，是管理层能够获知业务流程、业务成果的相关信息，以及在公司运用国际价值总览报告委员会（IIRC）的六大资本为股东创造价值的过程中，所产生的正面和负面外部效应。该等信息至少以三种形式存在：陈述信息、结构化信息和未结构化信息。考虑到价值总览报告范围广泛，事涉全局，推动价值总览思维和价值总览报告的信息，既应来自公司之内的各业务部门，也应来自公司以外的供应商、客户、业务伙伴、非政府组织和民间社会成员。故而，必须识别相关信息的来源，并且在无法获取信息时，利用替代来源或开发新来源。

公司的企业资源规划（ERP）系统[4]是信息的一大来源。其他来源还包括员工表单、在线数据库、Twitter等社交媒体平台。ERP系统的细致结构化信息，常常与追踪交易数据相关。就ERP系统的现状而言，在追踪价值总览报告所需的非财务信息方面，能力还较为有限。许多非财务信息未被结构化，也无法在ERP系统或具有数据格式惯例的任何其他信息系统中，进行方便的整理。需要信息技术克服的难关是将构成《国际〈IR〉框架》内容元素的结构化和非结构化信息整合，以便遵从《框架》的指导原则，为价值总览报告的陈述提供支柱。

（二）验证

对财务报告的审计和验证流程已行之有年，但在非财务信息方面，相关流程尚不够成熟。因而，报告编制者和使用者都对报告收录的非财务信息心存疑虑。这也无可厚非。而信息技术，则能通过保障单一可信来源改善价值总览报告中的信息质量。单一可信来源指的是公司内部使用的信息，均来自同一个系统性的出处，如关系数据库、数据仓库或虚拟云端解决方案等。如此，便能减少数字错位、报告陈述与底层数据失联等问题。如今，已有提供单一可信来源的信息技术解决方案，但其部署的要求是公司内部将业务流程与信息技术流程对接。

（三）分析

分析的关键是使用内部和外部来源提供的信息，将内容元素（如战略和资源配置、治理、绩效、前景展望等）以有意义的方式联系起来。信息技术分析工具正日益增多，而且许多可以低价甚至免费获得。早先的分析系统注重交易数据，之后的分析系统则纳入了储存于关系数据库中的信息。[5]大数据技术的到来，使得可针对结构化和非结构化数据的、更复杂的分析工具得到加速发展。如下文所述，这些工具可以带来新的洞见，加深对不同信息及其相互关系的理解。

（四）受众筛选

虽然价值总览报告本质上说具有全局性，但并非每个人在所有时刻都需要所有信息。如第五章所述，不同受众眼中具有重要性的事项差异很大。信息的编制者和使用者都可以筛选信息，而且在此过程中，都可以使用为数众多的信息技术工具。不过，鉴于大多数采用价值总览报告的公司尚未实现这一水平的价值总览思维，因而总体来说，筛选流程仍有待发展。在筛选信息时，受众成员也应意识到，剔除的信息可能与其眼中具有重要性的信息相联，故而应当慎重酌情执行。

（五）向内部受众发布

一旦信息通过了"重要性筛选流程"，就需要向相关受众发布。目前，已在公司内部识别的潜在价值总览报告受众包括直线管理人员和战略规划、绩效监督、风险控制、可持续发展、公司报告及投资者关系等部门。如果各受众所需的信息都可在系统中获得，或以便携格式储存，那么受众就可以使用与其任务相应的工具，查看并使用信息。对负责提供信息技术的人员来说的难题之一，就是要确保在任何时候，使用者对信息的改动都不致使之脱离背景含义。信息技术系统同时需要保留审计线索、做好版本控制，并维护指向底层数据来源的链接。

（六）向外部受众发布

开展价值总览报告的挑战之一，是要确保在向外部受众提供公司报告之前，以价值总览思维流程为基础制定和改进重要内容元素。传统的报告以纸质格式（或与纸质格式对应的 PDF 电子格式）交付，而信息技术则使报告能以效能更大的方式得到交付和使用。公司已开始使用网站提供电子报告，这也使基于受众角色或基于受众兴趣的报告使用成为可能。简练性是价值总览报告的重要指导原则之一。而使用信息技术，能够通过向对更多细节感兴趣的受众提供元数据（如借助 XBRL）[6]、背景资料、对底层数据集的访问等，补充价值总览报告的内容。

二、四大信息技术趋势

大数据、数据分析、云计算和社交媒体的使用，在信息技术界已是常态，而且如今正席卷范围更广的全球商界。"大数据"和"数据分析"这两个术语休戚相关，故而有时也互换使用。数据分析，即以大数据集为执行对象，对规律、趋势、洞见和结果的寻找。不过，似乎由于"大数据"一词更富感召力，故而较为时兴，使用也最为普遍。对四大趋势同价值总览报告关系的考察目前还很少，但我们认为，这些趋势都有其一席之地。[7]

（一）大数据

大数据是指组织内部和外部、传统和电子来源的大量结构化和非结构化数据。这些数据构成了持续发现和分析过程的出处。[8]从价值总览报告的角度出发，大数据的力量在于获取被传统信息技术系统忽视的信息来源；为难以衡量（如知识产权、员工参与的效益等）或难以追踪（如客户满意度、社会影响等）的绩效提供替代指标。公司对大数据绝非只谈不做，而是积极斥资。根据咨询公司高德纳（Gartner）的研究，大数据投资在 2013 年继续保持增长态势。同 2012 年的 58% 相比，2013 年有 64% 的受调组织已投资或计划投资于大数据技术。[9]迄今为止，公司利用大数据处理的主要领域关乎客户（加强客户体验、新产品/业务模式、更为定向的营销）和内部营运（流程效率、成本削减、改善风控）。[10]

大数据可以是结构化数据[11]（根据明确界定的惯例编制）或非结构化数据[12]（不根据明确界定的惯例编制）。对价值总览报告来说，财务和非财务信息都十分重要。这两类信息结构化或非结构化皆可，不过非财务信息更可能是非结构化数据。两类信息都可以通过三种不同格式传递，按实用程度从低到高分别是：（1）人工可读数据[13]；（2）半自动化数据[14]；（3）智能、机器可读数据。公司价值总览报告所用的数据格式，在很大程度上决定了公司及其受众利用信息作出决策的速度、精确度和成本效益。

最为实用、准确、高效、合算的数据格式，是智能、机器可读数据。智能数据具有内置的验证规则、计算和公式，能够核实数据的准确性。智能数据也可以同其他数据或陈述信息关联，揭示彼此之间的相互依赖关系。据此，使用者可以了解各条信息之间的关系，促进价值总览思维。最后，智能数据包含了指向其他有用信息的"元数据"[15]（描述数据的数据）标签，例如财务信息所据的会计准则，或非财务信息所用的标准或计算方法。智能、机器可读的数据几乎无需人工介入，而是从输出端的机器直接传至使用端的机器。

为增加效用和价值，减少后期的改动和出错风险，数据应在一开始即以智能、机器可读的格式创建。XBRL 作为已得到全球实证的商业信息机读化技术是可行的途径之一。目前，只有一些世界上规模最大的公司，在网站上以 XBRL 格式提供年度报告。有鉴于此，这一领域蕴藏着改善公司报告和价值总览报告的重大机遇。

（二）数据分析

数据分析能够帮助公司识别贯穿不同功能、营运部门和供应链的财务绩效与非财务绩效之间的关系，加深对"信息连通性"的理解，从而支持价值总览思维。广义来说，大数据分析有四种基本的应用：（1）描述性分析[16]，以回顾或理解发生了什么事件；（2）诊断性分析[17]，以深入了解事件为什么发生、是如何发生的；（3）预测性分析[18]，以预测或理解什么事件可能发生；（4）指示性分析，以理解什么事件应当发生。[19]这四种分析为公司创造价值、培养价值总览思维的程度各不相同（见图9.2）。不过，无论是何种分析，输入数据越智能越容易为机器读取，数据分析就越能够有力、灵活地协助公司和受众开展价值总览思维。公司通常从描述性分析开始，然后加以诊断性分析，最终开展预测性和指示性分析，随着对相关信息技术使用经验的积累逐级递进。预测性和指示性分析是今天大数据的"前沿"领域。

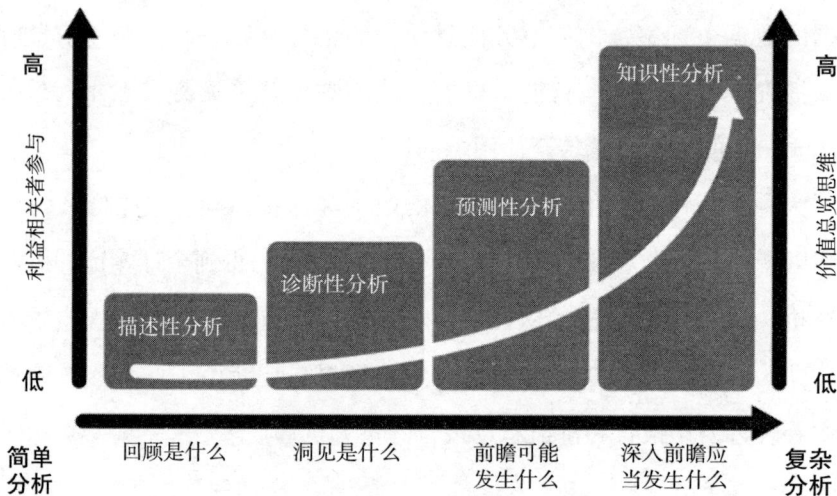

图 9.2 四种大数据分析

（三）云计算

云计算是指在任意联网地点，通过分散部署的服务器，以安全、按需提供、处理能力共享、可扩缩的方式执行多种多样的业务职能。云计算作为大数据的分析手段，正变得日益重要。在高德纳的调查中，有41％的受调公司认为，在从大数据中提取价值的信息技术里，云计算是最为时兴的。[20]云计算被视为鼓励跨部门、跨地区、跨时区、跨组织协作的最有效途径，而协作本身即有助于价值总览思维。[21]

（四）社交媒体

社交媒体让用户能够在任何地点，通过领英、Facebook、Twitter、Google+ 等平台，与公司及彼此之间实时分享信息、相互沟通，同时也是日益重要的大数据来源。透过社交媒体，公司可以了解员工和客户的观点，以备价值总览报告使用。社交媒体还能够促进更具活力的价值总览思维。从自身知识和经验出发，而非统筹全局地看待议题，常是人性使然。当各方观点被分享时，就会形成更完整的因果关系脉络，有助于了解如何就关切事项作出改进。

（五）利用上述趋势

公司及其受众没有理由不去利用大数据、数据分析、云计算和社交媒体来改善价值总览报告的编制、分发和使用。大多数情况只是尚未开始利用而已。在我们看来，这是因为在主要由监管驱动的公司报告环境下，合规和报告递交的要求在过去几十年来固化了基于纸张的报告惯例。一旦云计算的力量与协作效益能够作用于大数据分析程序，对众多不同来源的信息加以利用，公司便能显著改善其价值总览报告与价值总览思维。

上文援引的高德纳报告识别了已得到分析的数据。受调者提及最多的是交易数据（70%），其次分别是日志数据[22]（55%）、机器或传感器数据（42%）、电子邮件/文档（36%）、社交媒体数据（32%）、自由格式文本（26%）、地理空间数据（23%）、图像（16%）、视频（9%）、音频（6%）和其他数据（12%）。[23]这些数据几乎都可用于价值总览报告。特别要指出的是为公司提供双向沟通渠道的社交媒体。公司可以追踪员工、客户和非政府组织在社交媒体上的评论，生成和人力资本、社会与关系资本相关的数据，也可以借助社交媒体就价值总览报告与受众沟通。

三、背景关联报告

信息连通性是价值总览报告关键的指导原则之一，源于价值总览思维与价值总览报告之间相互促进的关系。信息技术同时有助于这两者的实现，也能够帮助公司理解、列报公司价值创造之内容元素间的相互联系。信息技术对价值总览报告的受众也可以起到类似作用。价值总览报告一旦发布，就成为使用者的**信息背景**。价值总览报告不仅仅是一份报告，还是对底层数据集的访问途径。以此，使用者可以获得比报告中更为详细的信息。反过来说，公司发布价值总览报告后，从报告以外出处获得信息的使用者，也可以顺藤摸瓜，找到提供信息背景的价值总览报告。我们将这一依靠技术实现的、价值总览报告与特定信息之间的"双向通道"称为"背景关联报告"（contextual reporting，见图9.3）。若不善加利用信息技术，价值总览报告就只是一份实用的报告而已。若能善加利用信息技术，价值总览报告就成为载体，使用者可借此加深对所关切议题之间连通性的理解。

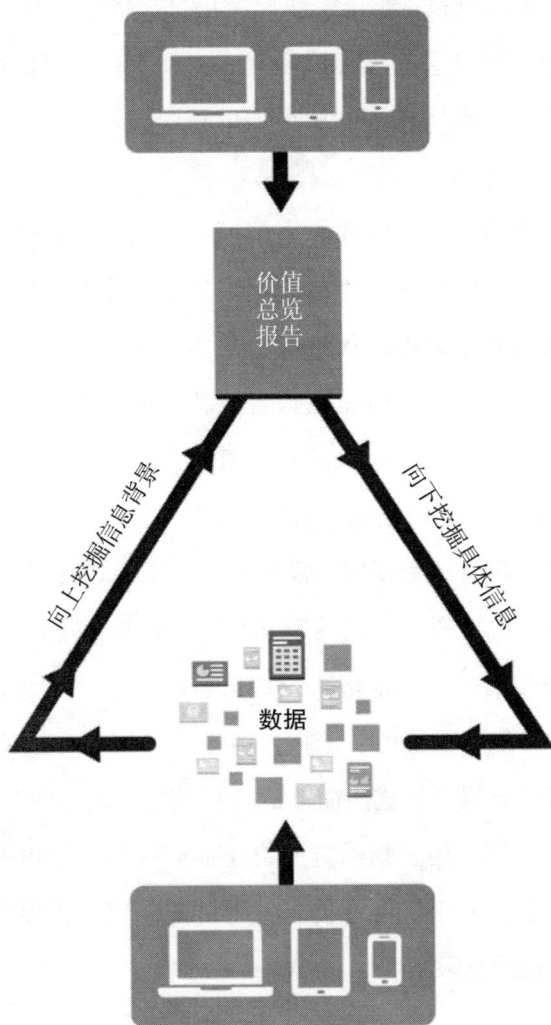

图 9.3　背景关联报告

如今的公司报告，常常通过在线方式（如数据终端等）向使用者提供海量数据，但一般缺乏背景信息。这些终端除公司数据外，还向使用者传送新闻、市价和讯息。虽然上述信息令人目不暇接，但通常都缺乏关于公司战略、业务模式，以及公司对其风险和机遇看法的背景信息。而价值总览报告恰能提供此类信息。将信息技术应用于报告，能让使用者将不同种类的信息联系起来。反之，仅仅依赖价值总览报告，而不对底层数据所揭示的洞见加以利用，则也可能会导致错误或狭隘的理解。

我们应当两者并求：既要有大规模、不同类的结构化和非结构化数据集，又要有将之相联的价值总览报告作为参考。如此，使用者若从价值总览报告入手，可以找到与所关切内容元素相关的数据；若从数据入手，也可以通过价值总览报告找到数据所处的背景。如此，数据终端的普通使用者可以获取具有价值的背景信息，陈述性报告的普通使用者也可以获得多股精确的数据流。

将背景关联报告化为现实，需要相关标准（如欧盟《透明度指令》中讨论的、对于电子报告格式的定义）[24]、对大数据分析方法的应用，以及对数字报告信息与其他格式公司信息的整合。背景关联报告也具有潜力，能够打破认为价值总览报告由于注重简练而缺乏细节的成见。实际上，价值总览报告将成为简洁的背景信息"勘探图"，为价值总览报告的内部和外部使用者指明方向，让他们能够挖掘出蕴藏量丰富的信息。反之，若不利用好信息技术，则价值总览报告提供信息背景和连通性的能力将受到限制。

四、华篮国际

在本章最后，我们将以简短的篇幅，设想一家虚构的中国公司在2022年开展价值总览报告的情景。这家总部位于上海的公司名为"华篮国际"，该年收入为2250亿美元。华篮国际是一家全球食品制造商和分销商。分销渠道既有位于亚洲、欧洲、美洲的8000家零售店，又有面向全球市场的在线商铺。华篮国际同时在上海和纽约证券交易所上市，由于高利润率和增长率，市值达1650亿美元，位于世界公司前50强之列。在公司2022年的《显著受众与重要性声明》（载于公司20-F报告"业务描述"章节）中，董事会指出，公司的财务目标和管理层薪酬以五年指标为基础。董事会还指出，公司的最显著受众是长期投资者（公司股票三年或以上的持股者）、为公司提供产品的超过十万名农务人员（既有公司员工，也有私营业主）以及"金篮"客户（在《声明》中首次提及）。在2021年的《声明》中，董事会仅提及了"客户"，但在当年，"金篮"客户超过了公司年度销售额的80%，故而2022年的《声明》改变了措辞。"金篮"客户占到公司1.75万客户（以过去一年至少购买过一次公司产品界定）的5%。

"金篮"客户资格以反映一段时间内购买总量和范围的算法为基础，并根据当地购买习惯（中国和欧洲客户较北美和南美客户购物频率更高）和客户自行申报的收入水平（申报收入水平是取得"金篮"资格的要求之一）进行调整。客户取得"金篮"资格后，即可享受所有商品零售价七五折优惠，并且定期获得专享五折优惠，因此参与的积极性很高。鼓励客户申报真实收入水平的措施同样存在：五折优惠的商品中，许多与特定收入水平挂钩。"金篮"客户的购买量是公司价值总览报告网站上列出的一项关键指标。公司的价值总览报告同样与背景信息关联。使用者可以向深层挖掘，获得更多具体的智能、机器可读信息。反过来，从其他来源获取的公司信息也可通过链接，回溯到价值总览报告。同时，公司还向不同内部使用者提供了细致的分析工具。

华篮国际的"可持续价值矩阵"（SVM）指出了对于公司受众特别重大的议题。比如说，SVM显示，公司视转基因食品为具有显著社会影响的议题，但不是对公司来说具有重要性的议题，亦即不是公司长期投资者、农务人员和"金篮"客户的重大议题。作为结果之一，反对转基因食品的非政府组织正积极开展运动，要求公司改变其立场。作为回应，公司也及时追踪社交媒体动向，并在中英双语的价值总览报告网站上包括了多个关于非政府组织观点的指标，以每周一次的频率更新。在公布指标的网页上，还列出了相关文章的链接。该网页同时也是开放的论坛。所有人，包括公司员工在内，都可以在此发表观点，就议题展开辩论。

绩效指标的更新频率由管理层认为与绩效相关的周期而定。比如说，总销售额每日更新，向"金篮"客户的销售额、农务人员工伤情况每月更新，利润额则每个季度更新一次。大多数有关重要自然资本、人力资本、社会与关系资本议题的指标更新频率为一年一次。在2022年，全球五大会计师事务所中，唯一一家总部位于中国的是"至信"会计师事务所。该事务所为华篮国际提供单独数据项（用户访问也可在这一层面进行）的实时价值总核鉴证意见，其中指明了意见出具的时间，以及在五级保证水平中所属的级别。至信会计师事务所同时为公司全网站作及格／不及格制的月度鉴证。所有鉴证意见主要以迅速、低成本的技术手段发布，并且发布过程几乎不需要人工介入。

华篮国际将价值总览报告网站的开发工作外包，由位于伦敦的IRS[①]公司负责。IRS是一家小型专业信息技术服务和咨询公司，在开展价值总览报告及帮助公司将价值总览思维融入战略规划流程方面具有专长。IRS已与云计算设备提供商签署协议，并对在华篮国际指导下用于描述性、诊断性、预测性和指示性分析的大数据和数据分析应用程序作了授权。社交媒体数据则可以免费获得，并通过IRS专有的搜索引擎收集。财务、采购、供应链、商铺管理、营销等部门的管理人员能够使用这些应用程序，根据所需进行分析。至信会计师事务所同时也对IRS服务客户的能力出具鉴证意见。人工所涉的报告鉴证则主要针对审计范围以及同IRS的合同条款。

这些分析工具的简化版本可在华篮国际的价值总览报告网站上免费获得。功能更多的第三方工具也可付费获得。使用者可以将公司报告的任何数据下载后导入上述工具，并将之与自选的分析模型整合。公司还为每个指标提供了公式和支持数据，以具体说明该指标与其他指标的关系。同时，公司还开发了工具，方便使用者自行创建公式，测试有关指标连通性的假设。在竞争对手也提供同类信息的情况下，华篮国际则在网站上列出链接，供使用者访问下载，以便进行对标比较。

SVM也是利益相关者参与的主要平台之一。当使用者访问价值总

[①] "Integrated Reporting Solutions" 的简称，意为"价值总览报告解决方案"。

览报告网站时，会被要求确认受众成员类型（长期投资者、农务人员和"金篮"客户会得到网站的自动追踪）。IRS 追踪网站访问者的使用规律，从而为每年一度的 SVM 更新提供数据。所有超过"社会议题显著程度边界"的议题，都与上述转基因食品议题一样，附有利益相关者参与页面的链接。这些页面是公司下一年制定 SVM 的重要基础。对 SVM 构建方法的详细讨论，也可以在 SVM 相关页面上找到。每个议题页面都含有相关报告和研究，由华篮国际和包括学术界、咨询公司在内的第三方完成。第三方在获得华篮国际许可后，可以将研究成果与公司和利益相关者摄制的相关视频一道发布在页面上。

虽然华篮国际是一个虚构的例子，但上述种种在今日均可实现。

除将信息技术更好地融入价值总览报告运动以外，还有另外四个亟需处理的议题。我们将在本书最后一章讨论这些议题。

注　释

［1］韦氏在线词典："信息技术"条目。［Merriam-Webster Online, s.vv, "information technology", http：//www.merriam-webster.com/dictionary/information%20technology, accessed May 2014.］

［2］我们不是信息技术领域的专家，因而本章的成稿要特别感谢国际价值总览报告委员会（IIRC）的乔蒂·班纳吉（Jyoti Banerjee），以及布拉德·蒙泰里奥（Brad Monterio）和利瓦·沃森（Liv Watson）的建设性批评和支持。在写作过程中，我们向他们学习了很多。不过，本章若有错误和疏漏之处，我们当文责自负。我们的希望是以本章为契机，开启关于信息技术如何支持价值总览报告和价值总览思维的持续讨论。

［3］乔蒂·班纳吉正开展一系列研讨班，与领先的价值总览报告公司一起，研究报告流程与信息技术的关系。研究结果计划于2015年上半年发布。

［4］企业资源规划（ERP）系统为组织内所有部门提供服务，包括制造生产、订单录入、应收应付账款、总分类账、采购、存库、运输和人力资源等相关软件。（更多信息请见：E.M.谢哈布、M.W.夏普、L.苏布拉马尼亚姆、T.A.斯佩丁：《企业资源规划综述》。）［Shehab, E.M., M.W. Sharp, L. Supramaniam and T.A. Spedding, "Enterprise resource planning: An integrative review", *Business Process Management Journal*, Vol.10, No.4, 2004, pp.359-386, http://miha.ef.uni-lj.si/_dokumenti3plus2/192008/vseoERP-BPMJ-2004-1570100401_nov.pdf, accessed May 2014.］

［5］"数据库是可检索的存储信息方式。用最简单的话说，关系数据库是以行和列在表格中展示信息的数据库。表格是同类（或同一栏中）对象的集合。在此意义上说，表格是关系的展示。表格中的数据可以根据共同关键字或概念相联，而检索关联信息的能力是关系数据库的基础。数据管理系统（DBMS）处理数据存储、维护和检索的方式。关系数据库管理系统（RDBMS）是为关系数据库执行上述功能的系统。在本书中，DBMS作为泛称，包括了RDBMS。"（甲骨文公司：《Java参考资料》，"关系数据库概览"。）［Oracle, The Java Tutorials, A Relational Database Overview, http://docs.oracle.com/javase/tutorial/jdbc/overview/database.html, accessed June 2014.］

［6］可扩展商业报告语言（XBRL）成形于1996年左右，是得到全球采用的、免费许可的开放标准，其目的是提供信息结构与背景，以利财务和非财务信息的数字交换。"XBRL是基于可扩展标记语言（XML）的语言之一。XML也是组织间在线数字交换信息的标准。"根

据 XML，信息被附上一组标准化的独特"标签"，以供计算机软件高效、自动的处理。"XBRL 是 XML 的一个强大而灵活的版本，特为满足商业信息报告的要求而设计。XBRL 允许每条信息（如'净利润''碳排放吨数'等）被附上独特的识别标签，从而为信息提供背景和结构，并识别信息是属于金额、比例、分数还是其他计量形式。XBRL 的识别标签可以是任意语言。同时，XBRL 还将每条信息与其有关背景信息（如会计或报告框架等）相联。XBRL 能够显示出信息之间的关系，也能够反映信息的计算方法，并验证计算是否准确。更重要的是，扩展 XBRL 非常简便，采用该标准的组织因此能够满足自身独有的一系列特定报告要求。XBRL 内容丰富、功能强大的结构使计算机软件能够高效处理商业数据。XBRL 支持汇编、储存、使用商业信息的所有标准任务。通过适当的映射流程，即可将信息转换为 XBRL，也可以使用应用软件自动生成 XBRL。之后，XBRL 即可由计算机搜索、选择、交换和分析，或向用户发布以供查看。更多信息，请访问 XBRL 网站（www.xbrl.org）。"（上述信息摘自："XBRL 基础知识"，"XBRL 的运作方法"。）［"XBRL Basics, How XBRL Works" at http：//www.xbrl.org/how-xbrl-works-1, accessed June 2014.］有关 XML 的更多信息，请访问 www.w3.org/XML/。

［7］利瓦·沃森、布拉德·蒙泰里奥：《在"实时"经济背景下的价值总览报告技术》。［Wdesk, Integrated Reporting, "Integrated Reporting Technologies in the NOW Economy", by Liv Watson and Brad Monterio, September 2014, https：//www.workiva.com/resources.］

［8］SAS 公司："什么是大数据"；［SAS, Insights, Big Data, What is Big Data, http：//www.sas.com/en_us/insights/big-data/what-is-big-data.html, accessed May 2014］奥美互动："大数据的一天"；［OgilvyOne worldwide, A Day in Big Data, http：//adayinbigdata.

com，accessed May 2014］莉萨·阿瑟：《什么是大数据》。［Lisa Arthur，"What is Big Data"，*Forbes*，August 15，2013，http：//www.forbes.com/sites/lisaarthur/2013/08/15/what-is-big-data/，accessed June 2014.］

［9］高德纳公司：《高德纳调查显示64％的组织已经或计划在2013年投资大数据》。［Gartner，"Gartner Survey Reveals That 64 Percent of Organizations Have Invested or Plan to Invest in Big Data in 2013"，press release，September 23，2013，http：//www.gartner.com/newsroom/id/2593815，accessed June 2014.］

［10］同上。

［11］"在记录或文件中位于固定字段的数据。结构化数据的例子包括关系数据库和电子表格。虽然 XML 文件中的数据不像传统数据库中那样位于固定位置，但因为附有标签并可得到准确识别，所以仍然属于结构化数据。"（《PCMag》杂志百科："结构化数据"。)［*PC Magazine Encyclopedia*，s.vv："Structured Data"，http：//www.pcmag.com/encyclopedia/term/52162/structured-data，accessed June 2014.］

［12］"不位于固定位置的数据。本术语一般指随处可见的自由格式文本。例子包括字处理文档、PDF 格式文件、电子邮件、博客、网页和社交站点。"（《PCMag》杂志百科："非结构化数据"。)［*PC Magazine Encyclopedia*，s.vv："Unstructured Data"，http：//www.pcmag.com/encyclopedia/term/53486/unstructured-data，accessed June 2014.］

［13］人工可读数据是用户可在计算机屏幕上查看的数字或电子格式信息。例子有 PDF 格式文档或网站中的信息（HTML 或其他类似格式）。这也是公司如今提供财务报告、可持续发展报告和价值总览报告最常用的方式。公司以此可以有效、低成本地让受众获得报告。人工可读数据也存在局限，且在可搜索性方面尤其突出。如第七章所述，信息通常散落于价值总览报告各处而难以定位。虽然用户可以轻易查

阅这类数据，但对计算机软件自动处理来说，这并非理想的格式。处理过程通常还需要手动修改、复制、粘贴至其他软件或电子表格中，而且可能因此引入数据错误。这类数据一般也极少或没有关联结构或背景。为数据添加结构，使之更具有实用价值和意义，则不仅耗时，而且费用高昂。

[14]更为实用的是半自动化数据。这类数据可由具有自动化能力（如光学字符识别，即 OCR）的软件工具执行自动处理和转换（如 OCR 利用规律辨识和人工智能将文本转换为可用的数据），但由于机器转换的信息常被视为置信度较低，因此仍然需要一定程度的人工介入。尽管如此，半自动数据相比人工可读数据较为省时省力，也更具成本效益，故而总体来说更加实用。

[15]"描述其他数据的数据。例子包括提供数据库中数据项信息的数据词典和存储库。数字相机在图像文件中存储包括拍摄日期和相机设置等元数据。数字音乐文件包括歌曲名、艺术家等元数据。存储在 HTML 页面（网页）中的元数据，能够帮助搜索引擎对页面作正确定义，更能够让页面在搜索结果中更为靠前。元数据已有几个世纪的历史。卡片目录和手抄索引都是元数据远在电子时代之前的例子。"（《PCMag》杂志百科："元数据"。）[*PC Magazine Encyclopedia*, s.v: "Metadata", http: //www.pcmag.com/encyclopedia/term/46848/metadata, accessed June 2014.]

[16]探索数据分析的公司通常从较不复杂的描述性分析着手，总结并呈示业务营运的业绩。描述性分析也可以用来压缩可能散落于不同物理或虚拟位置的大量数据，从中发现规律，并在事后作出内部和外部报告。由于描述性分析呈示数据的方式减少了编排数据以供考察所需的时间，从而让使用者有更多时间思考数据的含义，因此为中等程度的价值总览思维打下了基础。描述性分析涉及的内部协作或外部

利益相关者参与极少，因为该等分析的最终目的是"报告"，而非开启公司内部和外部的对话。（对描述性分析的解释见：ASA 公司：《描述性和预测性分析简介》。）[Advanced Software Applications Corp, "An Introduction to Descriptive and Predictive Analytics", https：//faculty. washington.edu/socha/css572winter2012/ASA_Introduction_to_Analytics. pdf, accessed May 2014.]

[17]思考描述性分析所识别的规律，能够形成关于规律为何产生、如何产生、有何成因以及成因与规律之间关系的假设。诊断性分析则说明了验证假设的方法，让公司能够进一步了解事件为何发生，以及事件发生的方式。使用者也可同样作此分析。由此获得的、关于因果关系和相互依赖关系的洞见，有助于价值总览思维的发展。上述假设的数量和质量，以及从中产生的洞见，取决于内部协作和利益相关者参与的深入程度。在本书中，我们自始至终都强调不同信息之间的联系，即"信息连通性"，是公司从合并报告走向真正价值总览报告的基本一环。尽管不通过诊断性分析，也可以获得一定的信息连通性，但难度更大，也存在局限。（关于诊断性分析的更多信息请见：IBM 公司：《IBM 沃森超级计算机与病历文本分析》。）[IBM, "IBM Watson and Medical Records Text Analytics", http：//www-01.ibm.com/ software/ebusiness/jstart/downloads/MRTAWatsonHIMSS.pdf, accessed May 2014.]

[18]诊断性分析获得的洞见，为更复杂的预测性分析打下了基础。预测性分析让公司能够对未来有先见之明。前瞻性、预测性的分析利用种种数据统计、建立模型、数据挖掘和机器学习的技术，研究近期和历史数据，帮助公司对未来作出判断。预测性分析考察可能发生的事件，以此预估未来，且未必是一种未来情况，而是根据决策者的选择，提出多个未来情况。因为对利益相关者关切事项的更深入了

解，能为建模提供更多背景信息和数据点，所以预测性分析依赖于通过更高程度的内部协作和外部利益相关者参与，以从中获得更多的建模数据。（更多信息请见：M.A. 沃勒、S.E. 福西特：《数据科学、预测性分析和大数据：将转变供应链设计和管理的一场革命》。）［Waller, M.A. and Fawcett, S.E.（2013）"Data Science, Predictive Analytics and Big Data: A Revolution that Will Transform Supply Chain Design and Management", *Journal of Business Logistics*, Vol. 34（2）, Forthcoming, http://papers.ssrn.com/sol3/papers.cfm？abstract_id=2279482, accessed May 2014.］

[19] 预测性分析的未来导向，构成了最先进的分析形式——指示性分析的基础。指示性分析借助预测性分析得出的可能结果，确定应如何行事以实现预期目标。指示性分析要求最高程度的内部协作和利益相关者参与，从而为确定最佳预期目标的优化建模提供输入数据。这种分析能够指示实现预期目标所需的明智举措，因而对公司和受众最具价值。从《国际〈IR〉框架》的角度来说，指示性分析能以公司的前景展望、风险和机遇为前提，评估公司用于实现预期绩效的不同战略和资源配置决策。公司也可借此酌情调整业务模式。指示性分析能够通过促进内部协作，确定最优结果，并推动创造短期、中期和长期价值，从而助力公司实现最高程度的价值总览思维。（更多信息请见：IBM 公司：《描述性、预测性、指示性分析：用分析转变资产和设备管理》。）［IBM Software, "Descriptive, predictive, prescriptive: Transforming asset and facilities management with analytics", http://www-01.ibm.com/common/ssi/cgi-bin/ssialias？infotype=SA&subtype=WH&htmlfid=TIW14162USEN, accessed June 2014.］"预测性分析是数据提炼的进展步骤，利用种种数据统计、建立模型、数据挖掘和机器学习的技术，研究近期和历史数据，从而帮

助分析师对未来作出判断。"（杰夫·贝尔托卢奇：《大数据分析：描述性、预测性、指示性分析之比较》；[Jeff Bertolucci, "Big Data Analytics: Descriptive Vs. Predictive Vs. Prescriptive", *Information Week*, December 31, 2013, http://www.informationweek.com/big-data/big-data-analytics/big-data-analytics-descriptive-vs-predictive-vs-prescriptive/d/d-id/1113279, accessed June 2014.] 迈克尔·吴：《大数据提炼之三：从描述性分析到指示性分析》。）[Mike Wu, "Big Data Reduction 3: From Descriptive to Prescriptive", Lithium Technologies（Science of Social blog）http://community.lithium.com/t5/Science-of-Social-blog/Big-Data-Reduction-3-From-Descriptive-to-Prescriptive/ba-p/81556, accessed June 2014.]

[20]高德纳公司：《调查分析：大数据技术的采用》，第14页，图10。[Gartner, "Survey Analysis: Big Data Adoption", September 12, 2013, Figure 10, p.14, https://www.gartner.com/doc/2589121/survey-analysis-big-data-adoption, accessed June 2014.]

[21]"就协作的战略和实务而言，下一代云端工具和流程将是无可比拟的。"（《福布斯观察·在云端合作》，第2页。）["Collaborating in the Cloud", Forbes Insights, p.2.]

[22]日志数据是指任何活动生成的数据，包括网站链接点击的时间戳或其他相关数据，如链接点击者的类型或所处地点（即元数据）等。

[23]高德纳公司：《调查分析：大数据技术的采用》，第11页，图8。[Gartner, "Survey Analysis: Big Data Adoption", Figure 8, p.11.]

[24]从2020年1月开始，欧洲上市公司将被要求以单一电子报告格式编制年度财务报告。欧洲证券与市场管理局（ESMA）已得到指派，负责制定将由欧洲委员会推行的监管标准草案。指令文本如下："从2020年1月1日开始，所有年度财务报告必须以单一电子报告格

式编制，且在此之前，由欧洲议会和欧盟理事会2010年第1095号条例指定的欧洲监管当局（欧洲证券与市场管理局，简称ESMA）将进行成本效益分析。ESMA将制定监管技术标准草案，在充分参考当前及未来的技术方案后，明确电子报告的格式。在推行监管技术标准草案之前，ESMA应对可能的电子报告格式作出适当评估，并开展适当的应用测试。ESMA应不迟于2016年12月31日将监管技术标准草案递交欧洲委员会。"（《欧洲议会和欧盟理事会2013年10月22日第2013/50/EU号指令：修订欧洲议会和欧盟理事会关于协调化受监管市场中获准交易的证券发行者所涉信息透明度要求的第2004/109/EC号指令、欧洲议会和欧盟理事会关于公司上市或获准公开交易证券时发布的招股说明书的第2003/71/EC号指令、欧盟理事会关于实施第2004/109/EC/号指令特定条款时具体细则的第2007/14/EC号指令》）

［DIRECTIVE 2013/50/EU OF THE EUROPEAN PARLIAMENT AND OF THE COUNCIL of 22 October 2013 amending Directive 2004/109/ EC of the European Parliament and of the Council on the harmonisation of transparency requirements in relation to information about issuers whose securities are admitted to trading on a regulated market，Directive 2003/71/ EC of the European Parliament and of the Council on the prospectus to be published when securities are offered to the public or admitted to trading and Commission Directive 2007/14/EC laying down detailed rules for the implementation of certain provisions of Directive 2004/109/EC. http：// ec.europa.eu/internal_market/accounting/legal_framework/transparency_ directive/index_en.ht，accessed June 2014.］

第十章

四点建议

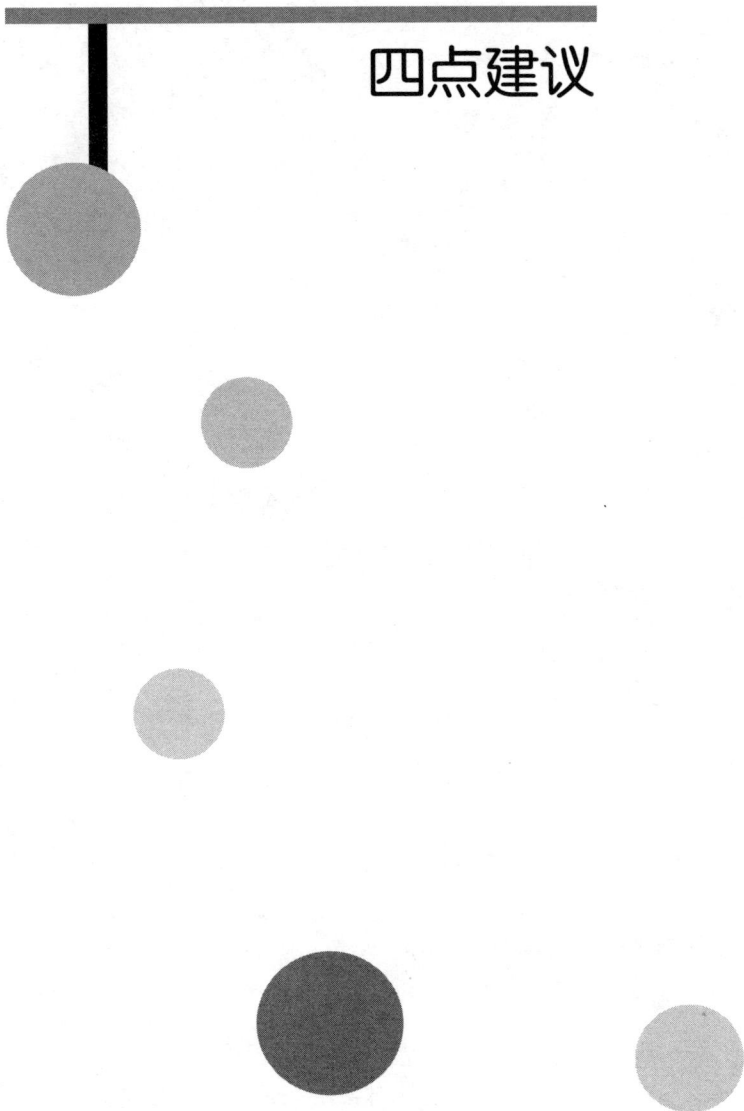

在本书中，我们考察了价值总览报告运动的现状。根据现有的采用水平、促成因素和关注程度，价值总览报告运动在短期内没有什么衰颓的危险。不过，持之以恒是取得进展的必要但不充分条件。价值总览报告运动的成员，希望看到公司报告做法发生有形、实质的变化，以影响公司和市场的资源配置决策；希望通过促进决策中更具广度、更为长远的视角，建设更可持续发展的社会。

如第四章所述，运动应如何制定战略和重点才能企及这些目标，仍是运动参与者之间争论的话题。出于必然，许多参与者追求的目标并非国际价值总览报告委员会（IIRC）目标的直接映射。参与者必须相互合作，特别是在资源支出上，要协调行动。[1]观察者亦会对参与者应当如何行事发表意见，丰富社会运动时而相互抵牾的共同对话。作为运动的行动者和观察者，我们对什么应被视为如今价值总览报告的关键议题，以及如何解决这些议题，自然有自己的观点。需要澄清的是，这些只是个人观点；与我们比肩工作的人士和组织自可酌情同意或反对。

在本章中，我们识别了必须得到处理的四大战略性议题，并分别给出了具体建议。这四大议题是：（1）在公司试验和编集成典之间取得适当平衡；（2）在加速报告采用的市场和监管力量之间取得适当平衡；（3）获得会计界对价值总览报告的更多支持；（4）进一步明确运动中关键框架和标准制定组织的角色。最后，我们设想了可能的事态发展，作为本书的结语。我们的目的并非预测未来，而是意在指出这样的设想对解决上述战略性议题会是有益的演练。

一、财务报告历史简介

若以史为镜，价值总览报告的支持者应作好长征的准备。当前支撑财务报告和审计的制度架构是数十载建设工作的成果。以美国为例，关于财务报告和审计的监管在过去 125 年里持续演进，以美国公共会计师联合会（American Association of Public Accountants）于 1887 年的成立为历史起点。[2] 到 1926 年，尽管并无法律规定，但超过 90% 的纽约证券交易所上市公司发布了经审计的财务报表。这显示出了市场力量的强大影响，对价值总览报告运动也是潜在的利好。由于当时盛行的观念认为，某些信息会给竞争对手渔利的机会，所以仅有 62% 的公司披露了销售额，54% 披露了销货成本。[3]

在 1929 年股灾及随后的大萧条发生后，自愿披露被强制披露替代。《1933 年证券法》[4] 和《1934 年证券交易法》[5] 为公司信息披露打下了直至今日仍清晰可见的监管烙印。《2002 年萨班斯—奥克斯利法案》则是最新近的重大监管干预。[6]《1934 年证券交易法》规定，所有上市公司必须递交经由独立公共会计师认证的年度报告，并授权美国证券交易委员会（SEC）规定应得到披露信息的格式、资产负债表和损益表上应包括的项目，以及报告编制应遵循的方法。[7] 这一规定对确保全面、一致的财务信息报告之必要性，让人怀疑价值总览报告若要具有格式和内容的保障，是否最终也必须获得政府的"盖章批核"。

可持续发展报告和价值总览报告目前获得的支持，都与针对美国财务报告的公认准则、框架和报告要求相去甚远。迄今为止，这一领域的进展几乎都由小型非政府组织主导（其中部分成立不过几年）。除南非外，政府对这些组织的支持都较为有限，在主要资本市场尤其如此。对基本尚未得到市场验证的新想法，监管者在披露要求上谨慎行事，也是明智之举。因此，价值总览报告在可预见的未来仍将会是一场社会运动。

二、平衡公司试验与编集成典

由于必须要掌握好公司试验与编集成典之间的平衡，才能处理好市场和监管力量之间的关系。因此，这一议题攸关战略，至关重要。在第二章中，我们说明了价值总览报告通过公司实践兴起的过程。在此之后，这一过程得到了研究，并被编集成典，最新的成果即是《国际〈IR〉框架》。我们还指出，对价值总览报告编集成典的努力持续受益于实践中获得的认知。这些实践包括 IIRC 至 2014 年 5 月已扩至超过 100 家公司的"试点项目企业网络"等。[8] 编集成典的每次尝试都应在实践中得到检验，以改善相关的框架。但最终，倘若要从编集成典转向"含义形成"的第四阶段，亦即最后阶段建章立制，则标准的确定必不可少。

编集成典和建章立制间合乎情理的共生关系，掩盖了在其之下，标准化和定制化之间的矛盾。对公司报告的受众，亦即"标准之受惠方"来说，框架（如《国际〈IR〉框架》或 SEC 对 10-K 报告结构的指引）和（针对会计和可持续发展信息的）标准能带来显而易见的效益。标准化使公司间绩效的比较成为可能。这既是股东和利益相关者的兴趣所在，也能让公司以竞争对手为基准对标自评。对监管者来说，标准化有助于确认监管对象的合规情况，从而作出知情决策。社会学家劳伦斯·布施（Lawrence Busch）在著作《标准：现实之方案》（*Standards: Recipes for Reality*）中表示，"遵从标准和作出选择涉及不同形式的行动。前者几乎无意识而自动进行，后者则有意识且以目标为导向。在所有情境下，两者都同时作用。"[9]

虽然标准必然会招致反对，且最常见的是来自"标准之适用方"的异议，但标准制定的过程归根结底是政治博弈的过程。这在公司报告的历史上也屡见不鲜，其滥觞即是美国首次针对所有公司与审计者制定会计准则的尝试。[10]一方面来说，就追求可比性的标准与更精准、取决于报告主体的做法，公司往往会提出，制定一套标准即是"一刀切"，照顾不到各家公司的独特情况。然而从另一方面来说，当计量无法跨公司比照时，也很难核定取决于报告主体的做法精确度究竟如何。若无标准，公司就更易于选择尽可能美化其绩效的方法列报。这个问题的本质，在于如何平衡标准之适用方与标准之受惠方各自的利益诉求。标准之适用方将会尝试影响标准的制定，提出自利的诉求，如减少透明度、增加定制化的自由度等。而标准之受惠方则倾向于支持增加透明度和可比性。不过，标准的指示性程度不一。公司报告领域的观察者常常区分"基于规则"（如美国公认会计准则（GAAP）即常被视为一例）与"基于原则"（如国际财务报告准则（IFRS）常被视为一例）的标准。标准越基于规则，公司（及其审计者）决定某项议题如何列报的自由度就越小。

就非政府主导的标准制定来说，如本书对非政府组织的讨论中所述，标准的效力和效用将取决于制定者是否能够对制定过程中的政治博弈善加处理。由于公司对标准的采用出于自愿，非政府组织自然会将已采用其所制定标准或框架的公司之数量，作为该标准或框架有效性的指标。这点虽然合情合理，但非政府组织也因此面临风险，即其标准或框架可能成为目的本身，而非实现目的之手段。这也是其所处困境的症结。

在时机尚不成熟之时过于教条，如坚持要求公司仅将以《国际〈IR〉框架》为基础的报告称为价值总览报告，则可能是过于严格，有碍对价值总览报告的采用。那么，允许公司将合并报告称为价值总览报告，作为征程的开始，从而得到公司在思想和感情上对价值总览报告运动的认同和承诺，是不是就更好呢？从一方面看，这样做有混淆"价值总览报告"含义之虞，而对该词含义的编集成典和建章立制，又攸关运动的成败。从另一方面看，若要作硬性规定，非政府组织也未必有所需的资源，来监督公司的所作所为，更不要说建立确保公司合规的执行机制了。就前者来说，非政府组织没有政府的资源；就后者来说，非政府组织也没有政府的权力。不过，这也并不意味着非政府组织便无能为力。手段之一，是建立公司递交报告以供审核的机制，并将审核通过的公司列入采用价值总览报告的正式认可名单。商标保护同样可以得到使用，以限制对报告采用的恣意声称。

建议一：国际价值总览报告委员会应建立流程，让公司能够自愿申请，就其报告和网站是否能够具备国际价值总览报告委员会名下"价值总览报告"之资格获得认证。

三、平衡市场与监管力量

对报告监管规定的添补和改变，是公司与索求信息方之间持续存在的矛盾之源。双方都根据己方关切事项向政府施压。虽然上市公司认可作为进入资本市场门槛的报告要求，但对额外的报告负担是公开持反对态度的。一国立法机构或监管部门[11]几乎所有的额外报告要求方案，都会成为激烈辩论的话题。公司或者辩称这些（或许不具相关性的）额外要求落实起来代价不菲，会置之于竞争中的不利之地，或者辩称该等要求会增加诉讼风险。这也产生了风险和相关性两头之间，"最佳点"究竟在哪里的问题。公司坚决主张在报告要求实施之前，进行适当的成本 / 效益分析，并且还指出确有几分道理的一点，即报告要求从来一旦增加，便不会减少，即便是针对不再要紧的议题也是如此。而赞成新报告要求的一方，亦有同样坚决的立场，深信有关信息的披露会为特定受众群体带来效益。由于双方力量的博弈，代表的是公司和政府之间，就公司应为政府给予的经营许可承担何等责任而开展的持续谈判，因此是无可避免的。

任何使命直接涉及报告事务的组织，都必须决定如何以现有强制性报告要求为背景，对其工作加以定义。从两个极端的一头来说，组织可以采用纯粹**基于监管**的战略。也就是说，组织通过向相关政府机构游说，使其报告框架或标准作为额外报告要求得到采纳，或者使之得以纳入现有报告要求（后者更为可能）。如果这一战略取得成功，政府将使用同财务报告一样的做法，实施规定公司遵从价值总览报告的要求。如果相关监管规定得到周密制定和有效落实，则会增强价值总览报告中信息的可靠性和可比性。

然而，该等战略的成功，需要克服诸多障碍。因为很可能会存在企业界的抵制，政府一般会缓步慢行，监管规定的改动因此成为长期目标。如此，这一战略便需要极少有非政府组织具备的大量资源。最后，虽然监管要求能够带来普遍合规的局面，但也可能仅限于此，亦即公司可能仅仅采用"签到"式的做法，对相关规定的遵从浮于字面，而非落到实处。

从另一头来说，组织可以采用纯粹**基于市场的战略**，诉诸公司的自身利益，通过以"把握商机"为主旨的宣讲，使之自愿采用组织的框架或标准。常见的宣讲论据包括帮助投资者进一步理解公司的价值定位（或可提高股价）、提升公司在利益相关者眼中的声誉和可信度（或可减少公司成为某些非政府组织运动之对象的风险）、为外部与内部报告目的收集数据时遵守的纪律能让公司得到更好的管理（价值总览思维），以及在报告相关信息的过程中，与股东和其他利益相关者的对话与互动能够改善公司的营运（公司报告的转型作用）等。同基于监管的战略相较，基于市场的战略不那么咄咄逼人，因此也不大可能遭致企业界意在放缓或阻止相关倡议的行动。

若公司出于自愿决定实施某一做法，那么也会努力遵从其精神实质，而非仅仅以合规为目的。故而，大多数推动公司报告发展的非政府组织特别强调自愿采用带来的效益，并同时指出不加采用、落后于业已采用的可比公司，则会产生风险。这一战略的缺点，在于如若完全依靠公司自愿行动，则普及的速度可能颇为缓慢。不仅如此，横向比较任意一组公司绩效的能力、从社会全局角度影响自愿配置决策等系统层面的效益，也会因此丧失。尽管如此，全球报告倡议组织（GRI）在可持续发展报告方面的成功，说明基于市场的战略是可以奏效的。

事实上，应组合使用上述两种战略，且其平衡点应随时间的推移而变化。主要基于市场的战略在价值总览报告运动的初期最为有效。在这一时期，运动的侧重点在于对价值总览报告的含义编集成典。同时，运动也在营造对价值总览报告的意识、建立一定程度的制度正当地位、寻找早期的采用公司和关注公司报告内容的受众，并通过这些公司及其利益相关者获得采用效益的依据。此时，运动可以与监管者互动，向其宣传价值总览报告，确认其提供一定程度支持的意愿，从而为建章立制阶段的工作打下基础。市场对价值总览报告的接受程度越高，监管者也就越可能给予支持。如此，监管者即是因势利导，而非逆势而为。价值总览报告运动也可不失时机，促使其工作成果列入拟议待决的立法或监管草案。运动向基于监管之战略倾斜的速度，必须契合从公司试验向编集成典阶段转型的速度。就算价值总览报告很早即获得法定授权（可能性很低），如果监管不符合理想情况，甚至与运动的主旨南辕北辙，那么尚处活跃阶段的公司试验与强大监管势力并存，也可能会导致适得其反的结果。

如何把握好糅合两种战略的分寸和时机，要根据各国国情而定。例如，更侧重监管的战略在欧盟国家或中国可能更易取得成功，而在美国，至少短期来说，更侧重市场的战略可能更为有效。在大国和全球层面，行业部门特定或行业特定的战略或许也可适用。不过，这种战略将更贴近市场力量，而非监管力量。

建议二：价值总览报告运动的成员应该共同对话，为能在基于市

场的战略和基于监管的战略之间把握好平衡和时机而确立全球战略，从而加速对价值总览报告的采用；同时，也可酌情考虑各国及各行业情况，对战略加以调整。

四、会计界的进一步支持

会计师事务所在财务会计和报告方面具有专业知识，对可持续发展报告也日益精通。会计师事务所在价值总览报告运动中将发挥关键作用。德勤、安永、毕马威、普华永道这四大会计师事务所，具备为全世界大型公司（其市值接近投资者所持股本的100%）提供审计服务的能力与规模，因而尤为重要。全球资本市场的诚信运转，仰赖于确保投资者决策所用信息质量的审计工作。以投资者乃至监管者眼中，上述信息通过价值总览报告来传达，比单独财务报告和可持续发展报告更为有效的范围为限，公司也会仰赖审计者的帮助，以发布得到适当鉴证的价值总览报告。不过，会计师事务所的步子必须迈得更大些，必须成为价值总览报告各方面，包括价值总核鉴证在内的积极倡导者。

虽然四大会计师事务所是运动的参与者，但对价值总览报告的倡导力度尚不充分。四大的顾虑在于，客户可能视之为不加掩饰谋取私利的行为。刻薄的评者可能会说，会计师事务所之所以支持价值总览报告，是因为或可通过审计和咨询服务大幅创收。然而具有讽刺意味的是，公司自身对经济私利的谋求显然也是不加掩饰的。不过，抛开这点不谈，我们也承认，会计执业者必须受到更高标准的约束，以客户利益为先，自身利益为后。但是，在对执业者的预期中，向客户提供最优建议也是其一。执业者就客户理应知情的议题给出自己的看法，就属于这类建议——哪怕客户对建议不感兴趣，甚至对建议丝毫不抱好感。

就审计工作而言，客户的情况比较复杂。审计的"真正"客户其实是投资者，然而实际上，择聘审计者并支付费用的是受到审计的公司，因此公司同样也是客户。作为结果，如果会计师事务所根据职业判断，坚信价值总览报告同时有利于投资者和资本市场的诚信运转，而且事务所的所作所为也可证明其表里如一，那么就应当将其看法直截了当、积极主动地向公司和投资者提出。由于采用价值总览报告仍然是公司的自愿选择，落实的深度也各有千秋，所以公司可以决定是否择聘提出建议的会计师事务所（或其他咨询公司），在踏上价值总览报告征程时得到协助，因而并不存在公司被迫为无意购买的服务支付费用的情况。审计者有责任确保其客户对价值总览报告（包括从中产生的、尚不明确的成本和效益）有充分的了解，以便公司对这一管理上的新做法作出知情决定。

建议三：四大会计师事务所应与其他会计师事务所和专业会计师协会合作，开展积极活动，增强客户对价值总览报告的意识和理解，并参与制定价值总览报告的鉴证标准。

五、厘清主要组织的角色

在本书中，我们贯穿了对国际价值总览报告委员会（IIRC）、全球报告倡议组织（GRI）、可持续会计准则委员会（SASB）和碳信息披露项目（CDP）之核心作用的讨论。这四家组织一道，正为价值总览报告建立必需的制度架构。然而，这些组织同样也引起了市场的困惑。理解其各自使命和相互关系，对公司、投资者和利益相关者而言，都不是一件易事。这些组织是互为补充的，还是彼此竞争的实体？公司、投资者和利益相关者常常弄不明白，究竟应该如何行事，才能有效响应各家组织对之提出的请求。这也情有可原。

我们的看法很简单。IIRC 已为价值总览报告建立了基于原则的高层框架。自建立伊始，IIRC 就明确表示无意为具体信息应当如何得到衡量和列报设定准则。既然具体信息的准则设定是其他三家组织的工作，那么它们的使命显然就与 IIRC 互为补充。每家组织都可以就公司应纳入价值总览报告的非财务信息给出建言。

与 IIRC 一样，SASB 以投资者为关注重点。由于 SASB 作为基线的准则目前仅以美国为背景制定，所以在他国应用时可能需要作出调整。我们认为，CDP 是温室气体排放方面的"专题权威"，并且在水资源和森林领域也愈发如此，因此其设立的指标可以作为相应参考。SASB 已与 CDP 签署了备忘录，将以"开源"方式利用 CDP 的工作成果。在具有重要性的气候变化议题上，得到 SASB 推荐的关键绩效指标将很可能源于 CDP。与此类似，GRI 在气候变化议题方面的指南也可以借助 CDP 的工作。

最后，GRI 与 SASB 之间具有相互补充的关系。前者的《G4 可持续发展报告指南》从全球视角对可持续发展报告加以处理，包括了对许多利益相关者具有重要性的信息。虽然目前对投资者尚不尽然如此，但在未来，随着社会和环境议题对公司的长期价值创造变得日益关键，上述信息可能会从风险和机遇角度出发，都变得对投资者具有重要性。我们不认为可持续发展报告将会或应该会因为价值总览报告而消失。反而，可持续发展报告只会与公司经营许可的维系愈发紧密相联。SASB 基于行业部门的、针对投资者重大议题的准则，可以同纳入 CDP 的指标一样，包含 GRI 的指标，并以可持续发展报告作为补充，满足利益相关者的需求。

建议四：CDP、GRI、IIRC、SASB 应共同努力，向公司、投资者和其他利益相关者阐明各自使命的关系；这四家组织还应当以互利互惠的方式开展协作，为价值总览报告运动提供支持。

六、可能的发展轨迹

我们将描述在未来数年价值总览报告发展的可能轨迹，以此作为本书的尾声。我们绝不意在将之作为预测，而是意在将之作为思维实验，设想不同国家采用价值总览报告的促因。在 2020 年之际，我们看到：

联合国在于 2014 年商议并于 2015 年正式通过的"可持续发展目标"（SDGs）[12] 中，对价值总览报告作出了明确呼吁。价值总览报告运动因此列入了所有签署同意"可持续发展目标"国家的议程。"可持续发展目标"于是成为价值总览报告在全球范围的重要推动因素。价值总览报告运动不再孤立存在，而是被纳入了英杰华（Aviva）关于"一体化资本市场"的更广泛提议，成为了其中的一环。对"一体化资本市场"的定义，是"为实现'在不损害后代满足其需要之能力的前提下，满足当代需要的发展'而筹措资金的资本市场"。[13]"一体化资本市场"中其他需要与可持续发展一体化的环节包括：激励措施、金融监管、证券交易所、金融知识、资产持有、投资咨询、资产管理、公司经纪、公司治理、代表投票和投资法定义务等。

随着明确呼吁采用价值总览报告的欧盟新指令于2019年发布，欧洲继续在运动中起到带头作用。尽管指令并未具体指定任何框架或报告标准，但是欧盟公司使用《国际〈IR〉框架》作为年度报告指引的数量仍然持续增加，不过使用程度和方式在各国存在差异。公司同时开始使用根据各国国情调整的SASB准则作为价值总览报告的基础。作为可持续发展报告的基点，《G4可持续发展报告指南》已更新为《G5可持续发展报告指南》（简称《G5指南》）。关于何处与价值总览报告相关或不相关的说明，在《G5指南》中也更加清晰。各方都积极努力，协调《G5指南》、SASB准则和2018年发布的《国际〈IR〉框架（第2版）》。随着公司、投资者和利益相关者对于价值总览报告和可持续发展报告之间关系的理解更为透彻，两者的发展也呈相辅相成的态势。

巴西仍然是价值总览报告的领军国家之一，日本也加入到了队伍中来。巴西证券期货交易所从"要么作可持续发展报告，要么解释原因"的倡议周期更进一步，将之更名为"要么作价值总览报告并提供补充性可持续发展信息，要么解释原因"。[14]到2020年，巴西大约80％的上市公司已开展价值总览报告。日本东京证券交易所则将价值总览报告列为上市要求。这一进展的种子早在 2014 年即已播下。当时，日本金融厅发布了"尽责管理守则"（Stewardship Code），目的是以"要么遵循守则，要么解释原因"为基础，根据指引投资者尽责管理的七项原则，提升公司在中长期的可持续回报。[15]

2018 年，在《国际〈IR〉框架（第 2 版）》发布后，中国证券监督管理委员会（简称"证监会"）规定所有上市公司必须开展价值总览报告。这一决定令世界惊讶而瞩目。不过，由于深圳证券交易所和上海证券交易所已分别于 2006 年和 2008 年对可持续发展报告作出要求，证监会的新规定对中国公司来说是始料所及的。[16]而且，随着中国公司进入海外资本市场、寻求商业伙伴的努力，从 2016 年开始，对价值总览报告的自愿采用增长迅猛，故而证监会的规定只是对强劲的市场势头作进一步推动而已。

在编制自行声明的价值总览报告方面，美国公司的数量仍然明显落后。美国的报告要求仍然不鼓励公司对《国际〈IR〉框架》多加关注，不过基于《G4 指南》和《G5 指南》的可持续发展报告持续加速增长。在美国的最大进展，是 10-K 报告中对 SASB 准则采用数量的上升。然而，全球范围内对这一进展的褒贬不一。从正面说，部分价值总览报告运动的支持者认为，公司将非财务信息纳入合规要求严苛、经过律师再三审核的 10-K 报告，可以说是重要的一步。从反面说，另一些运动的支持者指出，这是"美国例外论"的又一案例，好比是美国在"国际财务报告准则"（IFRS）之外另搞一套"公认会计准则"（GAAP）的剧情重演。对此的争论在短期内尚没有定音的迹象。有些人赞成这一美国版的"价值总览报告",其他人则嗤之为"基于规则"的做法,未能落实《国际〈IR〉框架》中真正的原则。而《国际〈IR〉框架》本身,则根据 IIRC 对公司、投资者和其他利益相关者经历的进一步了解而继续演进。

七、最后的话

如果价值总览报告运动的成功以接近全体上市公司对价值总览报告的采用作为界定,运动的成功是否能够得到实现?我们对此持谨慎乐观的态度。诚然,运动中还存在很多难题,但价值总览报告的必要性更胜于其挑战性。价值总览报告虽不是建设可持续发展社会的万应灵丹,但确是能够促进实现这一目标的重要管理做法。我们作为本书的作者,矢志投身于这一事业,也希望本书能为价值总览报告运动略尽绵薄之力。

注 释

[1]社会运动既是广泛行动者各具目标的汇集,便一定会有权衡取舍,在资源的配置和调动方面更是如此。换言之,一定程度的分歧是不可避免的。(约翰·D. 麦卡锡、马耶尔·萨尔德:《资源动员和社会运动的专门理论》)。)[McCarthy, John D. and Mayer N. Zald, "Resource mobilization and social movements: A partial theory", *American Journal of Sociology* (1977): 1212–1241.]

［2］约翰·L.卡里：《会计行业的兴起·第一卷：从技术人员到执业人员，1896—1936》，第 6 页。［Cary, John L., *The Rise Of The Accounting Profession*，Vol.1: From technician to professional, 1896-1936. New York American Institute of Certified Public Accountants, 1970. p.6.］美国公共会计师联合会于"1916 年更名为公共会计师协会（Institute of Public Accountants），1917 年再次更名为美国会计师协会（American Institute of Accountants，简称 AIA），并于 1957 年改为现名：美国注册会计师协会（American Institute of Certified Public Accountants，简称 AICPA）。作为各州会计师公会的联合会，美国注册会计师公会（American Society of Certified Public Accountants）于 1921 年成立。如何准确界定会计师，在当时仍不甚清晰。从 1916 年到 1936 年，会计界群策群力，实现了注册公共会计师（CPA）认证的统一标准，也驳斥了认为会计'更像艺术而非科学'的反对声音。"（引自同书第 272 页）

［3］到 1934 年，自愿披露的增长已趋于平缓：100％的公司都发布了资产负债表信息，包括流动资产和负债信息；93％披露了折旧信息；99.6％披露了净收益信息。（乔治·J.本特森：《美国证券交易委员会会计披露要求的价值》。）［Bentson, George J., "The Value of the SEC's Accounting Disclosure Requirements", *The Accounting Review*，Vol.44, No.3（Jul., 1969），pp.515-532.］

［4］《1933 年证券法》"规定投资者能够就公开发售的证券获取相关财务信息和其他重要信息；禁止发售证券时的谎报、误报或其他欺诈行为"。（美国证券交易委员会：《1933 年证券法》。）［*Securities and Exchange Commission*，Securities Act of 1933, http://www.sec.gov/about/laws.shtml#secact1933, accessed February 2014.］

［5］美国证券交易委员会：《1934 年证券交易法》。［*Securities and Exchange Commission*，Securities Exchange Act of 1934, http://www.sec.

gov/about/laws.shtml#secexact1934，accessed February 2014.］

［6］《2002 年萨班斯—奥克斯利法案》包括了广为人知的第 404 节，其中要求首席财务官和首席执行官亲自签字，为公司财务报告的内部控制系统背书。法案还创立了美国上市公司会计监督委员会（PCAOB），负责制定和执行审计标准。在此之前，审计标准由美国注册会计师协会（AICPA）所代表的业界制定，而会计师事务所（尤其是"四大"）则相互审核，自行监管。法案同时要求美国证券交易委员会（SEC）大幅增加向美国财务会计准则委员会（FASB）提供的资金，并更严格限制了公司审计方允许提供的咨询和税务服务。公司还必须每十年一次，调换主要审计伙伴。

［7］SEC 将设定标准的首要责任（但非权力）下放给了私营部门。目前，SEC 的首席会计师办公室（Office of the Chief Accountant）［https：//www.sec.gov/about/offices/oca.htm，accessed February 2014］制定并执行会计和审计政策，公司财务部（Division of Corporation Finance）［https：//www.sec.gov/divisions/corpfin/cfabout.shtml，accessed February 2014］监督财务报告政策和做法。

［8］到 2014 年 4 月 29 日为止，IIRC "试点项目企业网络"中共有 107 家公司。（国际价值总览报告委员会："试点项目企业网络"。）［International Integrated Reporting Council，IIRC Pilot Programme，IIRC Pilot Programme Business Network，http：//www.theiirc.org/companies-and-investors/pilot-programme-business-network/，accessed April 2014.］

［9］劳伦斯·布施：《标准：现实之方案》，第 6 页。［Busch, Lawrence, *Standards*：*Recipes for Reality*. Cambridge，MA：The MIT Press，c. 2011，p.6.］

［10］拉梅什·拉马纳坦（Ramesh Ramanathan）是推动参与民主制的班加罗尔公民运动协调人。就私营部门的知情权议题同公营部

门对该议题讨论的相似之处，他认为，理解公司披露的演进是关键所在。India Together.（《是知情权还是信息披露？》）[India Together,"Right-to-information or disclosure ?" http：//indiatogether.org/disclose-government, accessed May 2014.] 拉马纳坦于2009年就公司信息披露的历史发表了一篇文章。摘录如下："直到20世纪初，美国公司信息披露的发展都追随英国所设的标准。到20世纪20年代，很多美国公司依然对销售数据保密，有些不对资产折旧，有些对非营运收入的处理前后不一致，有些未将留存收益与实收资本分开，有些提高资产的账面价值而不作披露。直至1929年大萧条之后，才真正有了实质变化。英国颁布的《1929年公司法》（The Companies Act 1929）成为了费利克斯·弗兰克福特（Felix Frankfurter）及其团队起草《1933年证券法》（Securities Act of 1933）的基础。很重要的一点，是美国现行证券监管制度两大主要构件的源头即来自《1929年公司法》。这两大构件分别是充分披露的概念，和公司注册者、负责人、董事和专业人士承担民事责任的可能。《1929年公司法》在实用价值之外，也体现了当时英国领导人的远见。对罗斯福总统的政策（认为要重振美国当时萎靡的金融市场，充分披露是可取的措施），路易斯·布兰代斯（Louis Brandeis）的著名格言是最好的诠释：'将公开化誉为医治社会和产业痼疾的良方，是合情合理的。常言道，阳光是最好的消毒剂。'到1932年，就连纽约证券交易所也对其上市公司名目繁多的会计和报告方法表达了顾虑。在乔治·梅（George May）的主持下，美国会计师协会（American Institute of Accountants）的一个委员会获得指派，负责改进会计准则，且准则之后可通过列入上市要求得到执行。委员会的报告终稿包括了五点建议：（1）为提升一致性，要求上市公司遵守某些普遍的会计原则。在此框架内，各公司可采用偏好的会计方法；（2）各上市公司应为财务报表撰写会计方法概要。概要应由公司董事会正式批准，在证券交易所备案，且向所有股票持有者公开备索；（3）概要中列出的程序应得到始终遵循，若未事先通知证券交易所和公司投资人，不得擅自更改；（4）财务报表应为管理层的陈述。审计者的任务，是向股票持有者通报各公司选定的会计方法是否得到实际使用、是否符合'公认'的会计准则、是否得到了一贯的落实；（5）委员会建议由胜任的会计师、律师和公司高管一道，起草一系列权威的会计原则，帮助公司制定其报告程序。该委员会有两项明确的任务：让公众理解多种会计方法的必要；提出减少会计方法的建议，并逐步普及较优的方法。在 1938 年，哈斯金斯和塞尔斯基金会（Haskins and Sells Foundation）委任三位教育家：托马斯·H.桑德斯（Thomas H. Sanders，哈佛大学）、亨利·R·哈特菲尔德（Henry R. Hatfield，加州大学伯克利分校）和安德希尔·摩尔（Underhill Moore，耶鲁法学院），共同制定会计原则规范，以助澄清和改善公司会计及公开财务报告。在《论会计原则》（A Statement of Accounting Principles）的写作过程中，他们采访了会计数据的编制者和使用者，回顾了期刊文献，研究了相关法律和判例，还考察了当时的公司报告。会计原则普遍化的演进中一份影响深远的文件，是佩顿（Paton）和利特尔顿（Littleton）于 1940 年发表《公司会计准则绪论》（An Introduction to Corporate Accounting Standards）。这是当时对会计准则最为条分缕析的说明。该绪论为之后数十年公司财务披露做法的演进定下了基调。在过去的 50 年里，这一演进在美国和英国几乎同时并进，逐渐充实了 20 世纪 30 年代中期至 40 年代形成的财务报告构架。对披露标准的不断提升是永无止境的。一个明证，即是安然公司（Enron）破产之后出台的《萨班斯—奥克斯利法案》（Sarbanes-Oxley Act）。标准化财务报表制度的建立，不是规范机构行为的保证书，而是一个起点。利益相关者由此出发，便有望就公司的真实状况获得充分的预警信号。这些标准背后的基本原则，则成为了所有相关文献和立法的指路明灯：通过就公司状况提供定期、详细、标准化的信息，为所有利益相关者创造公平的竞争环境。"（拉梅什·拉马纳坦：《公司披露和财务报表简史》。）["Corporate disclosure and financial statements: a brief history", livemint and The Wall Street Journal, http: //www.livemint.com/Politics/L8c4xGGYD7GkpaLjEpidHM/Corporate−disclosure−and−financial−statements−a−brief−histo.html, accessed April 2014.]

[11]比如说，在中国，额外报告要求由财政部颁布；在美国则由美国证券交易委员会颁布。（汇丰商系环球："国家指南"。）[HSBC Global Connections, Home, Tools & data, Country Guides, https: //globalconnections.hsbc.com/united−kingdom/en/tools−data/country−guides, accessed April 2014.]

[12]"里约+20大会的一项关键成果是成员国同意开启进程，以千年发展目标为基础，与2015年后发展议程相衔接，制订一套可持续发展目标（SDGs）。大会决定建立一个'**包容、透明的政府间进程；该进程对所有利益攸关方开放，旨在制定有待大会商定的全球可持续发展目标**'。"（联合国："可持续发展目标"。）[United Nations, Sustainable Development Knowledge Platform, Topics, Sustainable Development Goals, http: //sustainabledevelopment.un.org/ ? menu=1300, accessed April 2014.]联合国在2014年5月开放工作组会议的工作文件中，提及了对价值总览报告的采用："到2030年，将作企业社会和环境责任报告，包括价值总览报告的公司比例增加X%。"（联合国："促进可持续消费和生产模式"。）[United Nations, Sustainable Development Knowledge Platform, Topics, Sustainable Development Goals, Working Document, Focus area 11, Sustainable Consumption and Production, Promote sustainable consumption and production patterns, (f), http: //sustainabledevelopment.

un.org/focussdgs.html，accessed April 2014.]"根据里约+20成果文件，由30名成员组成的联合国大会开放工作组将拟定关于'可持续发展目标'的提案，供联合国大会第68届会议（2013年9月—2014年9月）审议。"（联合国："2015年后进程"。)[Sustainable Development Knowledge Platform，Sustainable Development Goals，Topics，Open Working Group，Post-2015 process，http：//sustainabledevelopment.un.org/index.php？menu=1561，accessed May 2014.]

［13］英杰华：《一体化资本市场路线图：英杰华关于联合国"可持续发展目标"和〈联合国气候变化框架公约〉如何利用好资本市场的提议》，第5页。[Aviva，"A Roadmap for Integrated Capital Markets：Aviva's proposals for how the UN Sustainable Development Goals and the UN Framework Convention on Climate Change can harness the capital markets"，Unpublished paper，April 2014，p.5.]

［14］2014年4月11日，巴西证券期货交易所宣布"2014年'要么报告，要么解释'型倡议周期发生新变化：为与国际上将财务和非财务信息整合纳入年度公司报告的演进进程接轨，倡议现更名为'要么作可持续发展报告或价值总览报告，要么解释原因'。如此，巴西证券期货交易所就明确了对IIRC的支持。IIRC的使命，即是为价值总览报告构建全球公认的模式。而支持IIRC的历史可以追溯至2011年11月。当时，巴西证券期货交易所牵头主持了IIRC对巴西的访问。"关于倡议周期的相关信息请见巴西证券期货交易所网站。[http：//www.bmfbovespa.com.br/en-us/markets/equities/companies/sustainability-report.aspx？Idioma=en-us]（与巴西证券期货交易所可持续发展事务总监索尼娅·A. C. 法瓦雷托的电子邮件通信。)[Sonia Aparecida Consiglio Favaretto，Sustainability Director，BM&FBOVESPA，e-mail on April 16，2014.]

［15］日本"尽责管理守则"是以"遵守或解释"为基础向投资者

适用的规定。"守则"的七项原则是：（1）机构投资者应针对如何履行尽责管理有公开披露的明确政策；（2）机构投资者应针对履行尽责管理时的利益冲突有公开披露的明确政策；（3）机构投资者应监督被投资公司，以适当方式履行尽责管理，支持公司的可持续发展；（4）机构投资者应通过建设性互动，寻求与被投资公司达成共识、解决问题；（5）机构投资者应针对投票表决及其披露有明确的政策；该政策不应仅由程序性清单构成，其制定应有助于被投资公司的可持续发展；（6）机构投资者原则上应向客户和受益方定期报告履行尽责管理的情况，包括投票表决的情况；（7）为积极帮助被投资公司的可持续发展，机构投资者应对被投资公司及其业务环境有深入了解，应具备与被投资公司互动、作出合适判断以履行尽职管理的能力。（日本金融厅："发布《尽责机构投资者原则》草案"。）[Financial Services Agency, News, Publication of the draft of the "Principles for Responsible Institutional Investors", http: //www.fsa.go.jp/en/news/pub.html, accessed April 2014.]

[16] 深圳证券交易所于 2006 年 9 月发布了《上市公司社会责任指引》。深交所关于"持续盈利能力"的要求摘录如下："持续盈利能力的要求——即不得存在下列可能对持续盈利能力产生重大不利影响的情形：（1）发行人的经营模式、产品或服务的品种结构已经或者将发生重大变化，并对发行人的持续盈利能力构成重大不利影响；（2）发行人的行业地位或发行人所处行业的经营环境已经或者将发生重大变化，并对发行人的持续盈利能力构成重大不利影响；（3）发行人最近 1 个会计年度的营业收入或净利润对关联方或者存在重大不确定性的客户存在重大依赖；（4）发行人最近 1 个会计年度的净利润主要来自合并财务报表范围以外的投资收益；（5）发行人在用的商标、专利、专有技术以及特许经营权等重要资产或技术的取得或者使用存在重大不利变化的风险；（6）其他可能对发行人持续盈利能力构成重大不利影响

的情形。"（深圳证券交易所："上市要求"。)〔Shenzhen Stock Exchange, Listing Requirements, http：//www.szse.cn/main/en/ListingatSZSE/ListingRequirements/，accessed April 2014.〕(中文对应页面名为"主板（含中小企业板）IPO上市对企业'财务状况和盈利能力'的具体要求是什么？")〔http：//www.szse.cn/main/nssqyfwzq/wtjd_news/fxssgy/39741022.shtml〕上海证券交易所于2008年5月发布了《关于加强上市公司社会责任承担工作暨发布〈上市公司环境信息披露指引〉的通知》。"根据文件，上交所上市公司应履行社会责任，处理好利益相关者的利益，并致力于推动可持续经济和社会发展。文件的理念，是上交所上市公司是国家经济的支柱，应鼓励这些公司起到领导作用，促进可持续发展。对推动企业社会责任的公司，上交所有时提供诸如优先考虑入选'上证公司治理板块'等激励措施，以提升入选公司的公众形象，或相应简化对其临时公告的审核工作。文件鼓励所有上市公司增强社会责任意识，制定社会责任战略规划。上市公司在上交所网站上发布公告，披露公司在承担社会责任方面的目标及成绩。为此目的，上交所还创立了'每股社会贡献值'，作为计量公司价值创造的新方法。'每股社会贡献值'即以公司为股东创造的基本每股收益为基础，增加公司年内为国家创造的税收、向员工支付的工资、向银行等债权人给付的借款利息、公司对外捐赠额等为其他利益相关者创造的价值额，并扣除公司因环境污染等造成的其他社会成本，计算形成的公司为社会创造的每股增值额。其目的在于帮助社会公众更全面地了解公司为其股东、员工、客户、债权人、社区以及整个社会所创造的真正价值。公司可以在年度社会责任报告中披露'每股社会贡献值'。"（世界交易所联盟："上海证券交易所"。)〔World Federation of Exchanges，Exchanges and Sustainable Investment, Shanghai Stock Exchange，http：//www.world-exchanges.org/sustainability/m-6-7-1.php，accessed April 2014.〕

鸣　谢

　　本书在写作过程中，得到了价值总览报告运动成员的大力支持。我们首先要对悉妮·里沃特（Sydney Ribot）女士表示感谢。悉妮是哈佛商学院的研究员，目前正在录制一部在线连载纪录片，讲述全球化对伊斯坦布尔的影响。她参与了本书各章节及附录的研究、撰写、审校、编辑和润色工作，本书第一章"南非"的写作也由她牵头。我们还要在此感谢利·罗伯茨（Leigh Roberts）对第一章内容的核实。他深入参与了南非乃至全球的价值总览报告运动，是核实工作的理想人选。

　　本书其他章节也承蒙诸多人士的帮助。首先要感谢的是哈佛商学院（Harvard Business School）研究员蒂姆·尤曼斯（Tim Youmans）和安德鲁·克瑙尔（Andrew Knauer）。蒂姆和安德鲁共同参与了第五章"重要性"和第六章"可持续价值矩阵"的写作。蒂姆牵头第五章的写作。应通过将确定重要性列为董事会的责任，把重要性与公司治理相联，是他提出的洞见。他还就其他章节的草稿，向我们提供了宝贵的意见。安德鲁对 91 家公司重要性矩阵的分析是第六章的数据基础，也让他成为这一议题当之无愧的世界级专家。安德鲁还为本书其他章节所涉及的量化分析提供了帮助。仰赖于他的技术，我们才能从各方努力收集的数据中，获得深刻的理解。

第七章"报告质量"要归功于以下三位，他们是 Colcomgroup 总裁兼首席执行官戴维·科尔格伦（David Colgren）、执行总监布拉德·蒙泰里奥（Brad Monterio）和 Workiva 新兴市场总监利瓦·沃森（Liv Watson）。在繁忙的日常工作之余，他们拨冗协助，花费数百个小时的时间，共同收集、分析了 124 家公司价值总览报告的数据。他们也促成了第九章"信息技术"的写作。第九章的内容，仅靠我们两位作者的知识是难以完成的。我们同时还要感谢国际价值总览报告委员会的乔蒂·班纳吉（Jyoti Banerjee）和 SAP 的彼得·格拉夫（Peter Graf）、托马斯·奥登瓦尔德（Thomas Odenwald）。我们在认为该章已接近完成时，请他们审阅了草稿。他们的反馈让我们意识到，大功还远未告成。乔蒂对草稿的评价是"还不到火候"。我们于是敦请他伸出援手，加以斧正，他亦欣然从命。若没有他的参与，我们很可能看不到第九章的付印之日。正是由于他的帮助，该章才能与读者见面，我们也才有机会向读者介绍由他提出的"背景关联报告"。

第八章"报告网站"要特别归功于哈佛商学院贝克图书馆芭芭拉·埃斯蒂（Barbara Esty）女士的不倦努力。她仅凭一己之力，完成了为 500 家公司网站编码的艰巨任务。在此过程中，芭芭拉成了报告网站领域的行家里手。我们在分析编码数据时，也获得了她大量的帮助。

来自英杰华投资（Aviva Investors）的史蒂夫·韦古德（Steve Waygood）和来自英杰华集团（Aviva）的路易丝·黑格（Louise Haigh）是价值总览报告运动的重要参与者。他们在许多领域，尤其是与价值总览报告紧密相连的公共政策倡议和非政府组织运动领域，给予了我们真知灼见。关于这些领域，我们从他们那里学到许多，并将在今后继续向他们请教。在我们看来，史蒂夫是价值总览报告在监管和运动层面最重要的支持者之一。史蒂夫不仅长于思考，更善于实干。他也通过自己的写作，为价值总览报告运动添薪加柴。我们期待同史蒂夫、路易丝和他们在英杰华投资、英杰华集团的同事继续合作，共同促进价值总览报告运动的发展。

本书对五大"支持组织"作了评述，我们愿在此感谢这些组织的代表对评述所作的反馈，也要感谢他们在价值总览报告运动中发挥的作用。他们分别是碳信息披露项目的奈杰尔·托平（Nigel Topping）、全球可持续发展评级倡议组织的艾伦·怀特（Allen White）、全球报告倡议组织的内尔玛拉·阿韦克斯（Nelmara Arbex）和恩斯特·里希特林根（Ernst Ligteringen）、国际价值总览报告委员会的保罗·德鲁克曼（Paul Druckman）和莉萨·弗伦奇（Lisa French），以及可持续会计准则委员会的阿曼达·梅德雷斯（Amanda Medress）和琼·罗杰斯（Jean Rogers）。我们期待将来同他们，包括恩斯特在内，继续并肩前行。虽然恩斯特即将卸任全球报告倡议组织首席执行官一职，但我们相信他仍将会在价值总览报告运动中扮演重要角色。我们同时也要感谢他为可持续发展报告和价值总览报告作出的杰出贡献，并在此祝愿他未来的事业一帆风顺。

我们在写作过程中采访了诸多人士，他们都为本书提供了真知灼见。借此机会，我们要向内尔玛拉·阿韦克斯（Nelmara Arbex）、乔蒂·班纳吉（Jyoti Banerjee）、阿伦·克拉默（Aron Cramer）、彼得·德西蒙（Peter DeSimone）、亚历山德拉·多布科夫斯基—乔伊（Alexandra Dobkowski-Joy）、简·迪普洛克（Jane Diplock）、保罗·德鲁克曼（Paul Druckman）、路易丝·黑格（Louise Haigh）、鲍勃·赫茨（Bob Herz）、颜慧、安东尼·米勒（Anthony Miller）、吴芷茵、凯茜·雷贝尔纳克（Kathee Rebernak）、理查德·塞克斯顿（Richard Sexton）、芝坂佳子、苏珊·斯托默（Susanne Stormer）、奈杰尔·托平（Nigel Topping）、迈克·华莱士（Mike Wallace）、史蒂夫·韦古德（Steve Waygood）、艾伦·怀特（Allen White）、克丽丝蒂·伍德（Christy Wood）和张颖表示感谢。GRI 的伊恩·范德鲁格（Ian van der Vlugt）和萨图·勃兰特（Satu Brandt）就第三章中可持续发展报告和价值总览报告的数量，向我们提供了相关资料。诺和诺德公司（Novo Nordisk）的克里斯蒂娜·萨洛莫内（Christina Salomone）、斯科特·迪尔（Scott Dill）和苏珊·斯托默（Susanne Stormer）向我们提供了网站使用情况的数据。我们还要感谢皮帕·安布雷斯特（Pippa Armbrester）高效、周密的排版工作。普拉内·博斯（Pranay Bose）对部分大型制药公司报告作了细致的分析。我们也将在单独的出版物中引述他的工作。来自 Workiva 公司的埃里克·赫尔曼（Eric Hermann）精通图形设计，为书中的图表提供了莫大帮助。我们的开发编辑斯泰茜·里韦拉（Stacey Rivera）严格把关，积极配合我们的工作，确保了本书的质量标准和及时交付。

　　我们感谢哈佛商学院为本书仰赖的部分研究提供的资金支持。我们还要感谢价值总览报告运动成员、同样来自哈佛商学院的乔治·赛拉菲姆（George Serafeim）教授。他的智识和精神让我们受益良多。我们也期待与他在思想和行动上继续互助同行。

　　最后，纵使千言万语，也无法表达我们对两位贤内助——安妮·劳林·埃克尔斯（Anne Laurin Eccles）和玛丽莲·米勒·克鲁斯（Marilyn Mueller Krzus）的感激之情。她们给予了我们关爱、鼓励和精神上的支持。这是我们的第二次写作，所以她们晓得在书没有完成之前，我们一身难以两顾的情状。如今书已付梓，我们由衷希望，能够弥补一些之前亏欠她们的时间。

艾博思（Robert G. Eccles）

迈克尔·P. 克鲁斯（Michael P. Krzus）

术 语 表

AA1000 Assurance Standard	《AA1000 鉴证标准》
AA1000 Principles Standard	《AA1000 原则标准》
American Institute of Certified Public Accountants（AICPA）	美国注册会计师协会
Association of Chartered Certified Accountants（ACCA）	特许公认会计师公会
business model	业务模式
Cadbury Report	《卡德伯利报告》
CDP	碳信息披露项目
Chartered Institute of Management Accountants（CIMA）	英国特许管理会计师公会
Climate Change Reporting Framework	《气候变化报告框架》
Climate Disclosure Standards Board（CDSB）	气候披露标准委员会
Close Corporation Act of 1984	南非《1984 年封闭式公司法》
Codification	编集成典
Communication on Progress（COP）	进展情况通报
Companies Act of 1973	南非《1973 年公司法》
Company Experimentation	公司试验
conciseness	简练性
connectivity of information	信息连通性

Consultation Draft of the International <IR> Framework	《国际〈IR〉框架征求意见稿》
contextual reporting	背景关联报告
Corporate Sustainability Reporting Coalition（CSRC）	企业可持续发展报告联盟
Environmental，Social and Governance（ESG）	环境、社会和治理
Expert Commentary	专家评注
eXtensible Business Reporting Language（XBRL）	可扩展商业报告语言
Financial Accounting Standards Board（FASB）	美国财务会计准则委员会
Framework for Integrated Reporting and the Integrated Report	《价值总览报告框架》
Framework for Integrated Reporting and the Integrated Report Discussion Paper	《价值总览报告框架讨论文件》
G4 Sustainability Reporting Guidelines	《G4 可持续发展报告指南》
Generally Accepted Accounting Principles（GAAP）	公认会计准则
Global Initiative on Sustainability Ratings（GISR）	全球可持续发展评级倡议组织
Global Reporting Initiative（GRI）	全球报告倡议组织
Institute of Chartered Accountants of England and Wales（ICAEW）	英格兰及威尔士特许会计师协会
Institute of Directors in Southern Africa（IoDSA）	南非董事协会
Institute of Management Accountants（IMA）	美国管理会计师协会
Institutionalization	建章立制
integrated assurance	价值总核鉴证
integrated ratings	价值总核评级
integrated reporting	价值总览报告
Integrated Reporting Committee of South Africa（IRCSA）	南非价值总览报告委员会

integrated thinking	价值总览思维
International Accounting Standards Board（IASB）	国际会计准则理事会
International Federation of Accountants（IFAC）	国际会计师联合会
International Financial Reporting Standards（IFRS）	国际财务报告准则
International Integrated Reporting Council（IIRC）	国际价值总览报告委员会①
International Organization of Securities Commissions	国际证券委员会组织
International Standard on Assurance Engagements（ISAE）	《国际鉴证业务准则》
Johannesburg Stock Exchange（JSE）	约翰内斯堡证券交易所
King Committee on Corporate Governance	金氏公司治理委员会
King III	《金氏报告与规则（第三版）》
Material Issues	具有重要性的议题
Material Societal Issues	兼具重要性与显著社会影响的议题
materiality	重要性
materiality determination process	重要性确定流程
Materiality Matrix	重要性矩阵
materiality threshold	重要性阈值
One Report：Integrated Reporting for a Sustainable Strategy	《统一报告：为可持续发展战略作价值总览报告》②
Principles for Responsible Investment	负责任投资原则
Public Company Accounting Oversight Board	美国上市公司会计监督委员会
reporting boundary	报告边界
Sarbanes–Oxley Act of 2002	美国《2002年萨班斯—奥克斯利法案》

① 又译"国际综合报告委员会"。
② 中译本名：《统一报告：企业可持续发展战略整合报告体系》。

Securities Act of 1933	美国《1933 年证券法》
Securities and Exchange Act of 1934	美国《1934 年证券交易法》
Securities and Exchange Commision（SEC）	美国证券交易委员会
Societal Issues	具有显著社会影响的议题
South African Institute of Chartered Accountants（SAICA）	南非注册会计师协会
stakeholder engagement	利益相关者参与
Statement of Significant Audiences and Materiality	显著受众与重要性声明
Sustainability Accounting Standards Board（SASB）	可持续会计准则委员会
sustainability report	可持续发展报告
Sustainable Stock Exchange Initiative	可持续证券交易倡议
Sustainable Value Matrix（SVM）	可持续价值矩阵
The International <IR> Framework	《国际〈IR〉框架》
The Prince's Accounting for Sustainability Project（A4S）	威尔士亲王可持续发展会计项目
triple bottom line（TBL）	三重底线
United Nations Global Compact	联合国全球契约
World Federation of Exchanges（WFE）	世界交易所联盟

译后记

译事不易，而一名之立，更需旬月踟蹰。鉴于价值总览报告这一概念在国内尚属新生事物，翻译是否到位，做到"名"正"言"顺，直接影响到引介之后价值总览报告发展的势头，译者因而如履薄冰。在本书之前，相关翻译并无统一的用法，如 assurance（是鉴证，还是审验？①）、materiality（是重要性，还是实质性？②）等关键术语，中文译名根据出版物不同而各异。甚至连 integrated report 本身应如何翻译（是价值总览报告、综合报告，还是整合报告？③），此前也未形成共识。这无疑对价值总览报告的相关讨论造成了困难。

本书希望能够在现有中文文献中择优定选一套通用的术语，助力中文语境下对价值总览报告有的放矢的探讨。为此目的，凡涉术语、专有名词等，均于文中圆括号内给出对应的英文词汇。此外，同时在

---

① 鉴证[《国际〈IR〉框架》（2013）、《G4 可持续发展报告指南》（2013）]；审验[《AA1000 原则标准》（2008）]。

② 重要性[《国际〈IR〉框架》（2013）]；实质性[《G4 可持续发展报告指南》（2013）、《AA1000 原则标准》（2008）]。

③ 价值总览报告（中国可持续发展工商理事会）；综合报告[《国际〈IR〉框架》（2013）]；整合报告[《G4 可持续发展报告指南》（2013）、《统一报告：企业可持续发展战略整合报告体系》（艾博思等著，赵伟韬译，2010）、《基于可持续发展理念的企业整合报告研究》（蔡海静等，2011）]。

书末附上双语对照的关键术语表，方便读者查阅。

在规范、统一使用术语，做到"信"与"达"之后，译者也勉力确保中文的通顺易懂，避免"翻译腔"，在可读性上下功夫。这一方面是为了让普通读者亦能够经由本书了解价值总览报告，另一方面也是对《国际〈IR〉框架》相关指导原则①的遵循。

本书原著的另一精华所在，是对正文所作的详尽注释。考虑到书中所引材料绝大多数尚无中文译本，故在将作者、标题等译入中文之余，一律在中括号内附上原文引用信息以利检索。而译注则均以正文中使用脚注、注码使用圆圈码为格式。

本书作者，特别是艾博思教授，十分重视价值总览报告在中国的推广。他亲力亲为，在国内多个城市主持研讨会和交流活动，了解实际情况，回答运动各方行动者的问题。在本书的翻译过程中，他也给予了莫大的帮助，通过电子邮件和面对面交流，与译者讨论本书重点、难点，意在将价值总览报告的要点准确地传达给广大读者。

随着商界与各方利益相关者的联系日趋紧密和互动日益深入，价值总览报告势必将是报告领域引领未来的"明日之星"（the next big thing）。就国内目前的情况看，以作者总结的价值总览报告运动四阶段为背景，各方行动者可借力于后发优势，通过学习别国经验，结合中国国情，实现三阶段（公司试验、专家评注、编集成典）并进。待到时机成熟时，再由监管部门因势利导，建章立

---

① 价值总览报告应"使用清晰易懂的通俗语言"。

制。如此，则作者在书中对中国的畅想和厚望① 或可在不远的将来化为现实。

译者虽已勉力而为，拙译仍不免存在疏漏之处。在译责自负的同时，也恳请本书的读者不吝赐教。

译者

2015 年 5 月

---

① 见本书第九章末节"华篮国际"、第十章末节"可能的发展轨迹"。

图书在版编目（CIP）数据

价值总览报告运动：含义、势头、动因和重要性 /（美）艾博思，（美）克鲁斯，（美）里沃特著；王彦博译 . —北京：东方出版社，2015.8

书名原文：The Integrated Reporting Movement：Meaning，Momentum，Motives，and Materiality

ISBN 978-7-5060-8411-6

Ⅰ.①价…　Ⅱ.①艾…②克…③里…④王…　Ⅲ.①企业管理 – 研究报告　Ⅳ.①F270

中国版本图书馆 CIP 数据核字（2015）第 229217 号

价值总览报告运动：含义、势头、动因和重要性

（JIAZHI ZONGLAN BAOGAO YUNDONG：HANYI、SHITOU、DONGYIN HE ZHONGYAOXING）

［美］艾博思　［美］迈克尔·P.克鲁斯　［美］悉妮·里沃特　著　王彦博　译

策划编辑：李　斌　鲁艳芳
责任编辑：梁　欣
出　　版：东方出版社
发　　行：人民东方出版传媒有限公司
地　　址：北京市东城区朝阳门内大街 192 号
邮政编码：100010
印　　刷：三河市金泰源印务有限公司
版　　次：2015 年 11 月第 1 版
印　　次：2015 年 11 月北京第 1 次印刷
开　　本：710 毫米 ×1000 毫米　1/16
印　　张：26.75
字　　数：341 千字
书　　号：ISBN 978-7-5060-8411-6
定　　价：58.00 元
发行电话：（010）64258117　64258115　64258112